AF540366

दूसरी कहानी

(कहानी-संग्रह)

दूसरी कहानी

अलका सरावगी

राजकमल प्रकाशन

ISBN : 978-81-267-0677-8

मूल्य : ₹495

पहला संस्करण : 2000
तीसरा संस्करण : 2021

प्रकाशक : राजकमल प्रकाशन प्रा.लि.
1-बी, नेताजी सुभाष मार्ग, दरियागंज
नई दिल्ली-110 002

शाखाएँ : अशोक राजपथ, साइंस कॉलेज के सामने, पटना-800 006
पहली मंजिल, दरबारी बिल्डिंग, महात्मा गांधी मार्ग, प्रयागराज-211 001
36-ए, शेक्सपियर सरणी, कोलकाता-700 017

वेबसाइट : www.rajkamalprakashan.com
ई-मेल : info@rajkamalprakashan.com

मुद्रक : बी.के. ऑफसेट
नवीन शाहदरा, दिल्ली-110 032

DOOSARI KAHANI
(Short Stories) *by* Alka Saraogi

क्रम

ये रहगुजर न होती

एक मुद्दत के बाद बचपन के उसी पुराने मकान में घुसते हुए उसके अंदर धड़कन-सी होती है। ऐसा लगता है, जैसे मकान की आँखें हों और वह अपनी बूढ़ी, मरती हुई आँखों से उसे गौर से देख रहा हो। अंतिम बार, दादी की तरह—जैसे कुछ कहने की इच्छा रह गई हो।

उसने अपने साथ चलते डेढ़ बरस के अपने बच्चे का हाथ छोड़कर झुककर उसे गोद में उठा लिया। उसका बच्चा इस बीती हुई दुनिया में उसकी नई जीती हुई दुनिया का छोर है। बच्चे को अपने से सटाकर वह कुछ सहज हो आई।

छोटे-से अहाते में घुसकर वह बैठक के सामने पहुँची। वे बैठक में दरवाजे के पास उसी तरह उसी पुरानी कुर्सी पर बैठे थे, जैसा कि उसे डर था कि वे बैठे होंगे। बैठक खाली पाने की उम्मीद फुस्स होने पर एक क्षण के लिए उसमें गहरी हताशा भर गई। उसके अंदर फिर वही बचपन वाला खयाल उगा कि कितना अच्छा होता कि इस मकान के अंदर घुसने की कोई ऐसी सीढ़ी होती, जो इस बैठक के रास्ते से गुजरे बिना भी ऊपर ले जाती। पर अब वह चूँकि बड़ी हो

गई थी, उसके दिमाग में यह बात आई कि तब तो बैठक भी शायद उसी सीढ़ी के पास होती।

बाबा उसी कुर्सी पर बैठे उसी तरह उसे देख रहे थे–बिना मुसकुराए, जैसे कोई किसी अनजान, घर में घुसे आ रहे व्यक्ति को देखता है। उसने मुसकुराने की कोशिश की, तो उसका चेहरा उसी खिलेपन से भर गया, जिसके कारण लोग उसे हँसमुख कहते थे। कई लोगों का चेहरा ऐसा होता है कि जरा-सी हरकत होते ही हँसमुख दिखाई पड़ता है। ऐसे लोग खिसियाहट में भी हँसमुख ही दिखते हैं।

"कैसे हैं बाबा ?" उनसे न बच पाने की अपनी जानी-पहचानी हताशा को तोड़ने की जी-जान से कोशिश करते हुए उसने पूछा।

इन तीन शब्दों में उसने बाबा का स्थिर, भावहीन चेहरा बदलते देखा–जैसे किसी ने पटाखे के पलीते के अंतिम सिरे में आग लगा दी हो और वह जलता हुआ आग को पटाखे की तरफ बढ़ा रहा हो। अचानक न जाने कहाँ से उसके दिमाग में पापा का झुका हुआ चेहरा और बाबा का इसी तरह भड़कता हुआ चेहरा कौंध गया। दोनों के कितने मिलते हुए चेहरे ! पर कितने अलग ! उसे यह सोचकर–बल्कि अचानक देखकर–बेहद आश्चर्य हुआ कि अब पापा साठ साल की उम्र पार करने के बाद बाबा की ही उम्र के लगने लगे हैं। या अब शायद पापा बाबा से भी बड़ी उम्र के लगते हैं। तो क्या बाबा की उम्र कहीं बरसों पहले रुक गई थी और आगे नहीं बढ़ी ? नीले रंग का बुलवर्कर लेकर कसरत करते बाबा की पुरानी छवि उसे याद आ गई।

"कैसे हैं बाबा ? ठीक हैं बाबा। अभी तक मरे नहीं। बैठे हैं बाबा अभी तक–साले सारे बेईमानों को देखने, जो यहाँ से जा-जाकर बड़े साहब बन गए हैं। कोई आया पूछने कि कैसे हैं बाबा ? उनकी माँ मरने को मर गई, किसी ने पूछा ? न पूछे तो न सही। अभी तुम्हारा बाबा इतना कमजोर नहीं हुआ, समझी ? एक कान खराब हुआ तो क्या ? अभी बाबा ठीक हैं। वे लोग तो सोचते थे कि पहले ही मर-खप जाएँगे। पर मरे नहीं। उसको जरूर फूँक आए–उन सालों की माँ को।"

उसका चेहरा हँसी के बिना डरा हुआ दिखने लगा है। उसके दिमाग में आता है कि 'मरने को मर गई' का क्या मतलब है ! पर वह कुछ नहीं बोलती। चुप रहती है। बाबा के सामने कोई कभी नहीं बोला। पापा नहीं बोले। दादी चुप रहीं। मम्मी तो घर की बड़ी बहू थीं। वे कैसे जुबान खोलतीं ? अब सब चले गए और बाबा अकेले रह गए।

उसने कोशिश की कि इस बूढ़े अकेले व्यक्ति के प्रति सहानुभूति से सोचे।

वह सामने दीवार पर दादी की फोटो देखती है। हँसती हुई फोटो। फोटो के काँच पर लगी हुई बड़ी लाल टिक्की। दादी सुहागिन मरी हैं। इसी बैठक में तीन साल बिस्तर पर पड़े-पड़े। अब वे फोटो में हँस रही हैं। अंतिम दिनों में उनका दिमाग फिर गया था, वे कुछ-कुछ अंट-शंट प्रलाप करती रहतीं–इधर-उधर की स्मृतियाँ, कहाँ-कहाँ की बातें ! पर बाबा का डर पागलपन भी नहीं तोड़ पाया था। बाबा डाँटते तो चुप हो जातीं। फिर चुप रहतीं और आँखें भींच लेतीं। घंटों वैसे ही पड़ी रहतीं।

यह फोटोवाली हँसी कितनी पुरानी है ? शायद यह उनकी अंतिम हँसी रही हो। ऐसा भी तो हो सकता है। कितनी भयानक बात है कि आदमी को हँसते वक्त यह पता भी न हो कि यह उसकी अंतिम हँसी है। उसके रोएँ खड़े हो जाते हैं।

कितनी देर से वह बच्चे को गोद में लिये खड़ी है। बाँहें दुखने लगी हैं। बाबा बच्चे की तरफ नहीं देखते। न ही उसे बैठने के लिए कहते हैं। वह उम्मीद से बच्चे की तरफ देखती है कि शायद वह कुछ आवाज करे और बाबा का ध्यान उसकी तरफ चला जाए। पर वह सो गया है।

क्या बाबा ने बचपन में उसे कभी इस तरह गोद में लिया होगा ? कभी खिलाया होगा ? उसे इतना-भर याद है कि परीक्षा के दिनों में वह बाबा के कमरे में उनसे यह कहकर सो जाती थी कि उसे सुबह चार बजे उठा दें। वे ठीक समय पर उठा देते–न चार बजने के एक मिनट आगे, न एक मिनट पीछे। वह आँखें खोलकर बाबा की विशाल 'ग्रैंडफादर्स क्लॉक' के बड़े गोल डायल में समय देखती, तो ठीक चार बजते होते थे। बाबा उस घड़ी की चाभी अपनी धोती की अंटी में रखते और उसके खराब पेंडुलम को दिखाने के लिए जब-तब किसी घड़ीसाज को ले आते और घंटों माथापच्ची करते। क्या बाबा को कोई पुरानी बात याद दिलाई जा सकती है ? क्या कोई सेतु बनाया जा सकता है उनके बीच किसी पुराने मिटे हुए क्षण का। क्या बाबा को उसे देखकर, उसके बच्चे को देखकर कुछ भी याद नहीं आता ?

"बाबा, हमारी पुरानी बड़ी घड़ी क्या अब तक ठीक चल रही है ? अभी भी मैं घड़ी चार बजे हुए देखती हूँ, तो हर बार मुझे उसकी याद आ जाती है।"

"कौन सी घड़ी ? ग्रैंडफादर्स क्लॉक ? वह कहाँ है अब ? वह तो कब की बेच डाली मैंने।"

वह सन्न रह जाती है। बेच डाली ? क्यों भला ? उसे बताते तो क्या पता वही खरीद लेती उस घड़ी को। एक ही तो शानदार चीज थी उसके बचपन की,

जिस पर वह गौरव का अनुभव कर सकती थी। कई बार तो बहुत दुख होने पर उसे लगता था कि बाबा के ग्रैंडफादर्स–जो शायद बहुत भले आदमी थे–की यह घड़ी उसके दुख को समझकर उसे दिलासा दे रही है। उस घड़ी के बिना तो यह घर कितना मामूली है ! कितना छोटा अहाता है, कितनी छोटी है यह बैठक, कितनी तंग सीढ़ियाँ, कितना अँधेरा, कितनी सीलन है पपड़ाई दीवारों में ! क्या यह मकान पहले से अब सिकुड़ गया है ?

''जाओ-जाओ, ऊपर जाओ। बैठोगी थोड़े ही। कब तक खड़ी रहोगी ? छोटे भाई से मिलने आई हो ? एक वही बचा हुआ है इस मकान में। पड़ा है बेचारा फँसा हुआ। कहाँ जाए ? कहीं जाने को जेब में गरमी चाहिए न ? अपने बाप के जैसे ही एक वही साहब नहीं बन पाया। कमजोर रह गया। बाकी सब बेईमान चलते बने। यहाँ बिजली का बिल भी बाबा के भरोसे भरवाया जाता था। एक कौड़ी कभी किसी ने नहीं दी। तुम्हारे दोनों चाचा और बड़े भाई सेठ बन गए। पर मेरा रुपया नहीं चुकाया।''

उसका मन होता है कि कुछ कह दे। कहे कि, 'अब छोड़ों न बाबा। तुम्हारे ही तो हैं सब, कोई दूसरे तो नहीं। तुम्हारे मकान वाली बैंक से इतना किराया आता तो है।' पर इतना कहना फिर आग भड़का सकता है। यह सोचकर उसके अंदर कुलबुलाते शब्द शांत हो जाते हैं। अभी तुरंत ऊपर चले जाना संभव नहीं। थोड़ी देर ही सही, पर अभी यहीं बैठना होगा। और किसी के लिए नहीं, तो अपने छोटे भाई के लिए ही, जो यहाँ अपनी बीबी सहित सचमुच फँसा हुआ पड़ा है। बाबा आए दिन दोनों को बिजली-पानी बंद करवाने की धमकी देते रहते हैं–सबका बरसों से बकाया बिजली का खर्च उससे माँगते रहते हैं। वह अपना बिल देना चाहता है तो लेते नहीं। कहते हैं कि वह पहले का हिसाब चुकता करे।

वह फिर हँसने की कोशिश करती हुई बैठक के गद्दे पर बैठ जाती है। उसे एक झटका लगता है, क्योंकि हमेशा बहुत ऊँचा रहने वाला गद्दा नीचा हो गया है। वह बच्चे को गोद से उतारकर गद्दे पर सुलाती हुई उम्मीद करने लगती है कि अब बाबा बच्चे को देखेंगे और उसके बारे में पूछेंगे–क्या नाम रखा इसका ? कितना बड़ा हो गया ? तुमसे चेहरा मिलता है एकदम इसका। जब दो मिनट गुजर जाते हैं और ऐसा कुछ नहीं होता, तो वह कहती है, ''बाबा, यह गद्दा पहले कितना ऊँचा था। अब इतना नीचा कैसे हो गया ?''

उसने फिर एक गलत बात कह दी है। बाबा का घुटा हुआ चमकता गोल चेहरा फिर भड़क उठता है ''अब यहाँ सब कुछ नीचे जमीन में धसकने ही वाला है। गया तुम्हारी दादी के साथ ऊपर का गद्दा भी। साले सब के सब माँ के मरते

ही आ खड़े हुए, अपनी माँ का क्रिया-करम करने। हम फूँकेंगे अपनी माँ को। मैंने कहा कि हाथ नहीं लगाने दूँगा किसी को। मैं अकेला ही बहुत हूँ इसे पार लगाने को। किसी ने हाथ लगाया, तो खून-खराबा हो जाएगा। आए हैं बड़े, माँ के वारिस ! जीते-जी किसी ने पानी के लिए नहीं पूछा। अब माँ को फूँककर दुनिया को दिखाएँगे कि हम माँ के लायक बेटे हैं।''

बाबा का ऊँचा स्वर हाँफने के कारण घरघराने लगा है। वह डर जाती है। बाबा कुर्सी से उठकर गद्दे के किनारे मसनद के सहारे बैठ गए हैं। कहीं बाबा का हार्ट-फेल होकर इसी गद्दे पर उनके प्राण निकल गए तो ? वह डरकर उसी गद्दे पर सोए अपने बच्चे को देखती है। उसका मन होता है कि कुछ करे–बच्चे को उठाकर दौड़कर इस कमरे से बाहर निकल जाए या फिर बाबा की तरह ही उनसे चिल्ला-चिल्लाकर पूछे–'अपनी माँ को उन लोगों ने जीते-जी पानी तक नहीं पिलाया या आपने किसी को पिलाने नहीं दिया ? उनसे बदला लेने के लिए आपने उनकी माँ को–अपनी औरत को–तीन साल इस कमरे में कैद रखा, ताकि वह किसी से न मिल सके। वह तीन साल तक ऊपर अपने कमरे में ले जाए जाने के लिए कहती रही, पर आपने उसकी एक नहीं सुनी...'

वह कुछ कहती नहीं। सिर झुकाए बैठी रहती है, उसी तरह जैसे पापा बैठे रहते थे। वह जानती है कि उसका छोटा भाई बेचैन होकर बाबा की ऊँची आवाज को सुनता अपने को कोस रहा होगा, कि क्यों उसने जिद कर बहन को यहाँ बुलाकर फँसा दिया। उसी तरह जैसे वे लोग बचपन में कुछ फरमाइश कर पापा को इसी तरह यहाँ फँसा देते थे और बाबा के चिल्लाने की आवाज से घबराए कलेजा मुँह में लिये कहीं दुबककर बैठ जाते थे। उन लोगों की हिम्मत नहीं होती थी कि मम्मी की तरफ देखें। बाद में मम्मी पापा पर खूब बरसतीं कि वे क्यों चुपचाप बाबा की सारी बातें सुनते हैं। पापा उनकी भी सुनकर चुप रहते।

साझे कारोबार से बड़े चाचा के यहाँ टी.वी. उसी तरह खरीदकर आ गया था जैसे घर में आने वाली मिठाई या फल से उन लोगों का सबसे पहले हिस्सा निकल आया करता था। बाबा उनसे किस बात के लिए दबते थे–वह सारे बचपन यह सोचती रह गई। बड़े चाचा के बाद हिस्सा होता बाबा-दादी का, फिर छोटे चाचा का और फिर बचा-खुचा उन लोगों का। कई बार उसे ऐसे मौकों पर पापा से लगभग नफरत होती। काश वह बड़ी चाची के पेट से पैदा हुई होती–तब वह भी उनकी बेटी की तरह गोरी होती, उसकी तरह नए-नए डिजाइन के कपड़े पहनती, टी.वी. देखती और कभी नहीं रोती।

चाचा के घर में टी.वी. आने के चार साल बाद, वे तीनों भाई-बहन अपने

गुल्लक में जमा पैसों से पहली किस्त चुकाकर सफेद-काला टी.वी. घर ले आए थे–पापा के जन्मदिन पर उन्हें तोहफा देने। उस दिन, पापा के चेहरे पर खुशी से अधिक शर्मिंदगी देखकर उसे पापा पर तरस आया था। थोड़े दिनों की बात है–उसने सोचा था–थोड़े दिनों में हम तीनों बड़े हो जाएँगे और पापा को जरूरत ही नहीं होगी कि वे उन लोगों के लिए किसी से कुछ बोलें।

वह पूछना चाहती है बाबा से कि 'जिन लोगों को आप साहब बता रहे हैं, उन्हें साहब बनाया किसने ? उन्हें अन्याय करना सिखाया किसने ?' इस जिंदगी में एक बार बाबा से वह यह पूछ लेना चाहती है। पर वह बिना कुछ बोले, पापा की तरह ही बैठी रहती है, जैसे उसके सिर्फ कान हों, जुबान नहीं। तो क्या पापा के अंदर भी इसी तरह शब्द चिल्लाते रहे थे बेआवाज, जैसे उसके अंदर चिल्ला रहे हैं ?

वह चुपचाप दादी की तसवीर की ओर आँख उठाकर बचपन की तरह शिकायत से देखती है और दादी के मरने पर अपनी जिंदगी के सबसे शर्मनाक दृश्य के बारे में सोचती है, जिसे देखने के लिए पापा हरिद्वार से नहीं आए थे। उसने बाबा की बहन, यानी बड़ी बुआ से उसी दिन जाना था कि बाबा के पिता ने भी बाबा को अपनी माँ की अरथी में हाथ नहीं लगाने दिया था। तो क्या बाबा अपने पिता का बदला अपने बच्चों से ले रहे थे ? या इस तरह की बातें खून में आ जाती हैं और पीढ़ी-दर-पीढ़ी चलती रहती हैं ?

''तुम्हारा पापा तो मोडा-साधु बनकर बैठा है हरिद्वार में। वह तो आया तक नहीं अपनी माँ को रोने। तुम्हारी मम्मी मीराबाई बनी सो बनी, वह भी उसके पीछे जोगी बनकर बैठा है। चलो, हमसे तो अच्छी ही गति है उसकी। किसी के आगे बिजली के बिल को नहीं रोना पड़ता। सुना है, तुम्हारा बड़ा भाई उसे खर्च के लिए रुपए भेजता है हर महीने ?''

उसे एक अजीब तरह का सुख होता है, यह देखकर कि बाबा के स्वर में कहीं पापा के प्रति ईर्ष्या है। पापा से आज तक दुनिया में किसी ने ईर्ष्या नहीं की होगी। बरसों बाद बाबा के मुँह से मम्मी के लिए मीराबाई का नाम सुनकर उसकी जोर-जोर से हँसने की इच्छा होती है। मम्मी का कीर्तन-भजन-सत्संग बाबा को कभी फूटी आँख नहीं सुहाया, पर मम्मी ने इस बात के लिए उनकी कोई परवाह नहीं की थी। भुनभुनाने, ताने कसने और पापा को जब-तब खरी-खोटी सुनाते बाबा अंत में थक गए थे और मम्मी की भक्ति बढ़ती ही चली गई थी। और पापा ? क्या पापा में भी भक्ति जाग गई थी या शांति की तलाश में वे मम्मी के पीछे-पीछे चुपचाप चले गए थे ?

वह दादी के चित्र की ओर फिर देख रही है। हँसती हुई दादी की फोटो के काँच पर लगी लाल रंग की बड़ी टिक्की उन्हें किसी अनजान औरत में बदले दे रही है। दादी ने कभी ऐसी टिक्की नहीं लगाई। तब फोटो में किसने लगाई ? क्या दादाजी ने खुद लगा दी है यह टिक्की ? खुद को बताने के लिए कि मरी हुई दादी की फोटो में भी उनके होने का अर्थ है ! क्या बाबा के मरने पर यह फोटो विधवा हो जाएगी ? दादी को बगल का एक रुपया फीस वाला होमियोपैथिक डॉक्टर हर बार कहता–'खूब हँसिए। जोर-जोर से हँसिए। ऐसे नहीं हँस सकते, तो बाथरूम में जाकर, बंद करके हँसिए। पर हँसिए जरूर। स्वस्थ रहने के लिए।' यह कहकर वह खुद हँसता, तो उसके नकली दाँतों का सेट, जो ढीला था, बाहर निकल आता। वह हाथ से उसे अंदर ठेलकर फिर भूत से आदमी बन जाता। इस बात को याद करके वह जब-तब हँस पड़ती थी। दादी हर दूसरे दिन डॉक्टर को बुला भेजतीं–'अरे रामजतन, डागदर बाबू को कहियो आने के लिए।' क्या दादी हँसने के लिए डॉक्टर को बुलाती थीं ? उसके आते ही बाबा कमरे से तुरंत बाहर चले जाते। क्या दादी बाबा को बाहर भेजने के लिए उसे बुलाती थीं ?

उसे याद है कि दादी इसी फोटो की तरह तब भी हँसी थीं, जब उसकी सगाई पक्की हुई थी। उसने बचपन से बड़े होने तक हजारों बार दादी को उसके साँवले रंग के कारण चिंता करते सुना था–'कैसे होगा इसका ब्याह ? आजकल सबको गोरी लड़की चाहिए।' बड़ी चाची की लड़की की सगाई होने के बाद तो उन्होंने इस बात की रट लगा दी थी। लेकिन जब दादी, उसकी सगाई पक्की होने पर इस तरह खुश होकर हँसी थीं, तो उसने उन बातों के लिए दादी को माफ कर दिया था।

''दादी की फोटो क्या देख रही हो ? ऊपर जाकर अपने छोटे भाई के पास फोटो देखो। उसने सारे परिवार की एक बड़ी फोटो करवाकर टाँगी है। लाया था मुझे दिखाने। बहुत बढ़िया फोटो बनवाई है–सफेद-काली तसवीर को रंगीन तसवीर करवा दिया है। सब हैं उसमें–मैं, तुम्हारी दादी, तुम्हारे मम्मी-पापा, तुम और वह खुद। बस, एक जन गायब है।''

दादाजी की आवाज में उत्साह है। वह चुपचाप उनकी तरफ देखती है।

''तुम्हारे बड़े भाई को उसने फोटो से गायब करवा दिया है। वह कोने में था न, इसलिए कोई दिक्कत नहीं हुई। ठीक ही है। जिससे जिंदगी में ही कोई रिश्ता नहीं बचा, उससे फोटो में भी क्यों झूठ-मूठ रिश्ता रखा जाए ! मैंने तो कभी ऐसा दोगलापन नहीं किया अपने जीवन में। मेरा सिद्धांत ही रहा...''

वह उठ खड़ी हुई। उसे यहाँ नहीं रहना है। और एक पल भी नहीं। लेकिन

उसे ऊपर भी नहीं जाना है, उस फोटो को देखने–बिना ग्रैंडफादर्स क्लॉक वाले कमरे में। वह कुछ नहीं कहती, इतना भी नहीं कि 'अच्छा बाबा, चलती हूँ।' उस एक क्षण में उसने उस पहेली को खोल लिया है, जो इतने बरसों तक अनसुलझी रही थी। पापा क्यों चुप रहते थे, यह उसे पता चल गया है। जब सामने वाले जैसे हथियार हम अपने पास न रखना चाहते हों, तो उन्हें झेल लेना ही बहादुरी है। झूठे ही वह पापा को कायर समझती रही थी। उसने इस बात को इन्हीं शब्दों में नहीं, पर इसी अर्थ में समझ लिया।

'लेकिन नहीं बोलने से क्या सब कुछ ऐसा-का-ऐसा ही नहीं रह जाएगा ?' उसके दिमाग में बचपन की तरह एक-के-बाद-एक प्रश्न उठे और उन्हीं प्रश्नों की तरह हवा में टँगे रह गए–'क्या इस तरह सब कुछ घटिया से और घटिया नहीं होता जाएगा ?' वह इन प्रश्नों से कन्नी काटकर निकलते हुए बैठक के दरवाजे तक पहुँची ही थी कि बाबा के दनदनाते स्वर से जड़ हो गई, जैसे उस पर बिजली गिर गई हो–"कहाँ चली ? बेहोशी में रहते हो क्या तुम लोग सब-के-सब ? इसको यहाँ किसलिए छोड़कर जा रही हो ?"

उसको यह समझने में एक लंबे क्षण का वक्त लगा कि 'इसको' का अर्थ उसका बच्चा है। वह जैसे सकते में वापस पलटी–बाबा ठीक कहते हैं। सचमुच बेहोशी की हद कर दी उसने। कैसे अपने इस अंश को यहाँ–इस जगह–भूल सकी ? वह बच्चे के ऊपर झुकी। 'लेकिन न चाहते हुए भी मेरा कितना अंश यहाँ छूटा हुआ है, यह कौन जानता है ?' मन-ही-मन यह सोचते हुए उसने बच्चे को गोद में उठाकर भींच लिया और बौखलाई हुई-सी दरवाजे की ओर बढ़ी, पर दरवाजे तक आते-आते एक पुरसुकून खयाल उसके चेहरे को उसी खिलेपन से भर गया, जिसके कारण उसे लोग हँसमुख कहते थे–उसकी बेहोशी के कारण ही सही, लेकिन आखिर बाबा का ध्यान उसके बच्चे की ओर चला ही गया था।

दूसरी कहानी

अपर्णा एक कहानी लिखना चाहती है पिछले पंद्रह बरसों से। अपने जीवन की पहली और अंतिम कहानी। पर वह कहानी कभी वही कहानी नहीं रहती–समय के साथ वह हर बार एक बदली हुई कहानी होती है। वह कभी लिखी नहीं जाती। बन जाती है पूरी, पर निराकार रहती है। एक बार नौवें साल में उस कहानी ने शरीर ग्रहण कर लिया था, जो ठीक-ठाक ही था। ठीक इस अर्थ में कि यदि वह तीसरे-चौथे साल में ही आकार ग्रहण करती तो उसके रेशे बहुत दुख, पीड़ा, वेदना, कष्ट या ऐसे ही शब्दों के पर्यायों से बनते। और वह भी कोई ऐसा-वैसा मामूली-सा दुख नहीं, बल्कि ऐसा कि एक-एक पल को एक-एक वर्ष की तरह जीते हुए मनुष्य ब्रह्मा-विष्णु हो जाए, तो भी दुख का तल उसे नहीं मिले। लेकिन इस तरह दुख को उघाड़ दिखलाना क्या अश्लील-सा नहीं ? और फिर उसकी इकलौती कहानी अपने दिल की कटुता और नफरत की भड़ास निकालते हुए लोगों से बदला लेने का अस्त्र क्यों हो ? अपर्णा ने हर बार रुककर देखा तो पाया था कि वे सब लोग उसके सबसे अपने हैं।

नौवें वर्ष की उस कहानी को अपर्णा इन सबसे बचाते हुए लिखना चाहती थी। इसलिए उसने अपनी कहानी को एक माँ-बेटे की कहानी बनाया। उसने उसमें दुनिया को घुसने ही नहीं दिया। इससे फायदा यह हुआ कि उसमें से वे ढेर सारे अपने और पराए लोग निकल गए, जो उसके दिमाग में घुसकर उसके अंदर हाहाकार पैदा करते रहे थे। यदि आपने कभी किसी सच्ची वेदना को जाना है, तो आप समझ लेंगे कि आदमी के अंदर ऐसे समय में जो होता है वह हाहाकार ही होता है। (यदि आपने किसी ऐसे क्षण को नहीं जाना है तो पौराणिक कथाओं के अंत में आनेवाली शुभकामनाओं की तरह यहाँ आपके लिए कामना की जा सकती है कि आप इस हाहाकार को कभी न जानें।) बहरहाल, अपर्णा की कहानी में उसके सबसे नजदीक के वे लोग नहीं घुस पाए, जो उसके बेटे सुदर्शन को बेचारा, अपंग या ऐसा ही कोई लुंज-पुंज शब्द कहकर उसके जीवन में देर तक घुसे रह जाते थे। वे अपने लोग भी बाहर रह गए, जो उसकी तरफ बिलकुल ध्यान नहीं देते थे, जैसे कि लोग गरीबों के गंदे फटेहाल बचपनों में कोई बचपन नहीं देखते। वे लोग तो उस कहानी में आते ही क्यों भला, जो अपने न थे, पर चलते-फिरते, जिंदगी में मिल जाया करते थे—सुदर्शन की नकल उतारते हुए या उस पर हँसते हुए या उसे एक अजूबे की तरफ देखते हुए और अपनी जिज्ञासा न रोक पाते हुए। लेकिन फिर भी उस कहानी में—जो कि सिर्फ एक माँ-बेटे की कहानी होना चाहती थी—बार-बार जीवन का यथार्थ कभी दुख बनकर, तो कभी संघर्ष बनकर, घुसता रहा। नतीजा यह निकला कि सारी कोशिशों के बावजूद वह कहानी भी अशरीरी ही रह गई।

उस कहानी की शुरुआत वहाँ से होती थी जब अपर्णा बहुत देर से गहरी नींद में सोते हुए अपने बेटे का मासूम चेहरा और बड़ी-बड़ी पलकोंवाली मुँदी हुई आँखें देखते हुए अपने अंदर ऐसा भारीपन महसूस कर रही थी कि उसके लिए साँस लेना भी मुश्किल हो रहा था। उसने एक गहरी साँस भरकर सीधे लेटते हुए अपने हाथ से कलेजे के बीचोंबीच उस जगह को दबाया जहाँ ऐसे मौकों पर उसे दर्द हुआ करता था। कुछ राहत मिलने पर वह फिर कोहनियों के बल लेटकर नौ साल के सुदर्शन का चेहरा देखने लगी, जिसकी त्वचा अब भी एक नवजात शिशु की तरह कोमल और पारदर्शी थी। उसके माथे पर हाथ फेरते हुए अपने व्यवहार पर फिर एक बार वही अफसोस उसके अंदर उमड़ पड़ा। उसकी जल्दी न भरनेवाली आँखें भर आईं। क्या हो जाता है उसे ? कहाँ से यह खीझ उसे बींधती हुई निकलती है सुदर्शन को चोट पहुँचाती हुई ? क्यों वह दुनिया को—उस दुनिया को जो ठीक-ठाक चलनेवाले और बोलनेवाले बच्चों की दुनिया है—अपने और सुदर्शन के बीच आने देती है ? क्यों वह उसे एक-एक हरकत पर टोकने लग जाती है कि वह ठीक से

चले, ठीक से बोले, मुँह को इस तरह रखे, हाथों को ऐसे रखे–यह जानते हुए भी कि इन बातों पर उसका कोई वश नहीं है और वह खुद अपने बूते से अधिक चेष्टा करता है ? क्यों वह उसकी टीचर ही बनी रहती है हर समय–कभी माँ नहीं बन पाती ? जब वह सो जाता है, तभी वह उसकी माँ बनती है और बादल बनकर उस पर बरस जाना चाहती है। अपर्णा ने एकदम निस्सहाय होकर तकिए में मुँह छिपा लिया–'हे प्रभु, तुमने भी मेरा साथ छोड़ दिया।' ये शब्द उसके अंदर कहीं दूर से आकर बज गए–'मैं क्या करूँ ? आखिर मैं क्या करूँ ?'

नौवें साल में लिखी इस कहानी में अपर्णा ने इस बिंदु पर आकर यह पाया था कि उसकी कहानी में दुख सेंध लगाने लगा है। एक माँ-बेटे की कहानी में, जिसमें माँ अपने बेटे को दुनिया की किसी भी माँ से कम प्रेम नहीं करती और बेटा भी अपनी माँ से उतना ही प्रेम करता है जितना कि दुनिया का कोई भी बेटा अपनी माँ से कर सकता है, दुख का क्या काम है ? क्या प्रेम ही जीवन में किसी भी रिश्ते को या खुद जीवन को ही अर्थ नहीं दे देता–यह सोचकर अपर्णा ने याद किया था कि कैसे उसके रिश्ते दुनियावालों से इस बात पर बनते-बिगड़ते सुधरते रहे थे कि उनके लिए सुदर्शन क्या है। कभी किसी की सहानुभूति चुभ गई थी, तो कभी किसी की उपेक्षा। अपर्णा ने यह जान लिया था कि अक्सर लोग सिर्फ कहने के लिए ही कुछ कहते हैं और दरअसल वे एक राहत ही महसूस करते होते हैं कि उनके जीवन में ऐसी कोई समस्या नहीं आई। वे घर जाकर अपने बच्चों को अधिक दुलराते हैं, जिन्हें वे अन्यथा हमेशा पढ़ने में या खेल में बेहतर बनाने के लिए डाँटते-झिड़कते होते हैं। अपनी-अपनी जिंदगी के रजिस्टर में दुख-सुख का हिसाब-किताब तो हमेशा दूसरों के दुख-सुख के अनुसार ही बनता है, उसका अपने आप में कोई स्वतंत्र लेखा-जोखा थोड़े ही होता है। "कितना दुख झेलना पड़ा तुम्हें बेटी। कोई क्या कभी सोच सकता था कि सब बहनों में तेज तुम्हारे जैसी लड़की को यह सहना होगा।" अपर्णा ने यह सुनकर अपने दुख को सबके सुखों के साथ रखकर देखा था। नहीं, दुख कोई दुख नहीं है। दुख भी सुख है। इसे उसे जिंदगी के अंतिम सत्य की तरह पाना होगा। इसलिए उसने बुद्ध की तरह सबको छोड़ दिया था। दुख का अंत करने के लिए चलना होगा सब छोड़कर। माता-पिता, भाई-बंधु–कोई नहीं। वहीं से शुरू होता था सुख–एक जीवन को गढ़ने-बनाने का, जीवन जीने का सुख, जिसमें एक-एक पल समय का ऐसा हिस्सा था जिसमें जीवन के भरे होने का अहसास जिंदा था। संभावना से भरा हुआ हर एक पल। उसमें दुख कहीं दूर-दूर तक नहीं था। बहुत सुंदर प्रतिमा बनानेवाले कलाकार की तरह दिन-रात महीनों-वर्षों का अकष्टकर कष्ट।

तीन मोमबत्तियाँ केक पर जलती हुईं। बहुत सारे बच्चे कागज की रंग-बिरंगी टोपियाँ पहने टेबल के चारों ओर खड़े हैं। मुँह में सीटियाँ, जिनमें गोल घूमा हुआ कागज जुड़ा है, जो सीटी में फूँकते ही हवा से सीधा खुल जाता है। सुदर्शन को गोद में लेकर अपर्णा ने उसे अपना सहारा देकर उसका हाथ और चाकू दोनों एक साथ पकड़कर केक कटवाया–"मोमबत्तियाँ बुझा दो बेटा।" सुदर्शन फूँक नहीं सकता। वह कोशिश करता है, पर हवा निकलती नहीं। समझ में आने पर अपर्णा फूँककर मोमबत्तियाँ बुझा देती है। उसकी आँखें सामने कैमरा लेकर फोटो खींचने के लिए खड़े पति अजित से मिल जाती हैं। वह तुरंत आँखें हटा लेती है। नहीं, किसी से कोई संवाद नहीं चाहिए–न शब्दों से, न शब्दहीन। रात को दोनों अगल-बगल जागते हुए सोते हैं, बिना हिले-डुले। अगले दिन की सुबह। अजित वही सीटी लिये सुदर्शन को फूँकना सिखाते हैं। बीच-बीच में थोड़ी-सी हवा अंदर पहुँचती है और कागज थोड़ा खुलकर सीधा हो जाता है। अजित हर बार खुश होकर अपर्णा को देखते हैं। उन दोनों के बीच एक संतोष का समुद्र फैला है जिसकी लहरों में वे झूलते रहते हैं। अजित के दफ्तर जाने के बाद अपर्णा इस काम में लगती है। फिर एक गिलास पानी में पाइप डालकर उसमें सुदर्शन से फुँकवाती है। गुड़-गुड़-गुड़-गुड़। हूँ। अगले जन्मदिन की चार मोमबत्तियाँ वह बुझाएगा खुद फूँक मारकर। अब पलंग का सिरा पकड़कर खड़े होने की कसरत। अब पलंग के चारों तरफ पकड़-पकड़कर चलना। एक महीना, दूसरा महीना, तीसरा, चौथा–कितने घंटे, कितने मिनट, कितने पल। हाँ, यह डालो इस डिब्बे में। यह गोल टुकड़ा इस छेद से जाएगा डिब्बे में–देखो चला गया–यह–चौकोर–स्क्वायर–इस छेद में। हाँ, शाबाश ! राजा बेटा। अब बोलने की प्रैक्टिस। ला-लो-ले-ली। केला, केले, कोलो, कोली। "कितने शब्द बोल लेता है आपका बच्चा ?" "तेईस डॉक्टर।" डॉक्टर की आँखें चश्मे के ऊपर से उसे गौर से देखती हैं। वह तेईस शब्द धड़ाधड़ गिनवाती है। "डॉक्टर, यह ठीक हो जाएगा न ?" आप आठवें डॉक्टर हैं, जिनसे मैं यह प्रश्न पूछ रही हूँ–अपर्णा मन-ही-मन कहती है। वह भी औरों की तरह ठीक-ठीक जवाब नहीं देता। अजित की आँखें डॉक्टर की तरफ याचना से देखती हैं। "मैंने एक प्रश्न-सूची बनाई है डॉक्टर, आप देखिए"–अपर्णा उन आँखों को फिर नहीं देखती। प्रश्न-सूची वापस थमाकर डॉक्टर पन्ने पर बाईं तरफ लिखने लगता है–मेंटली रिटार्डेड (मानसिक रूप से अक्षम)। नहीं डॉक्टर, तुम कुछ नहीं जानते। मेरा बच्चा सब समझता है। तुम गलत हो। तुम्हें कोई परवाह नहीं कि तुम जो लिख रहे हो, वह कितना गलत है और उससे कितना नुकसान हो सकता है। हमारी हिम्मत टूट सकती है। मेरा बच्चा है। मैं जानती हूँ कि वह सब जानता है। बोल नहीं

सकता तो क्या ? 'हम होंगे कामयाब एक दिन'–श्वेत-श्याम टी.वी. पर लाइनों में खड़े सैकड़ों बच्चे दिल्ली में कहीं गाते हुए दिखते हैं। बहुत-बहुत दिनों के बाद अपर्णा की आँखों से आँसू बहते हैं। पूरा गीत पहली बार सुनने से ही याद हो गया है। 'हम चलेंगे साथ-साथ...'–कितना बड़ा काम है चलना। लेकिन सभी तो चलते हैं। नुक्कड़वाली भिखारिन का कितना छोटा बच्चा चलने लगा है। नहीं, ऐसे मत सोचो। लिखो भी मत। डायरी में भी नहीं। ''डॉक्टर का प्रिसक्रिप्शन दिखाओ मुझे''–अजित कहते हैं। ''पता नहीं कहाँ गया ? गिर गया कहीं शायद। छोड़ो। कोई काम का नहीं था।''

नौवें साल में लिखी कहानी बार-बार स्मृतियों में भटक जाती है। क्या दो जीवों के बीच की कहानी उनके आज में रहकर प्रेम के तानों-बानों से बुनी नहीं जा सकती ? लेकिन आज में कल की हर पल मौजूदगी को कैसे आने से रोका जाए ? आज सुबह सुदर्शन ने अपर्णा से कहा है–''मैं तुम्हारे पेट से पैदा ही नहीं होता, तो अच्छा होता।'' इस वाक्य में ग्यारह शब्द हैं। चोट खाकर चोट पहुँचाने के लिए बोले गए शब्द। लेकिन ये शब्द कोई आघात पैदा नहीं करते। बस, एक अहसास कि वह शायद जूझते-जूझते थक गई है और दौड़ते-भागते बच्चों की दुनिया को अनजाने उन दोनों के बीच ले आती है। अपर्णा इन शब्दों से यह जान पाती है और यह भी कि सुदर्शन अपनी माँ से अब भी जैसे जन्मनाल से जुड़ा होने के बावजूद उसे यह अधिकार नहीं देता कि वह उसकी हिम्मत पस्त करे। ठीक उसी तरह जैसे अपर्णा किसी और को यह अधिकार नहीं देती। पर अपर्णा निर्वाक् जरूर है इन शब्दों के सामने। नहीं, दुख नहीं। एक नन्हा पौधा अपने पाँव जमाता खड़ा हो रहा है। और शब्दों में अर्थों को उतना ही भरना और निकालना होता है जितना उनका अर्थ जीवन में होता है–यह भी तो उसे सुदर्शन ने बतलाया है–कितनी तरह से।

वह चिट्ठी लिख रही है सुदर्शन के पहले स्कूल की प्रिंसिपल को। सुदर्शन कुर्सी के पीछे खड़ा होकर उसके लिखने को देखता है। वे दोनों आज नए स्कूल की छुट्टी होने के कारण उस औरत से कई साल बाद मिलने जा रहे हैं जिसने सुदर्शन को एक नई जिंदगी का मौका दिया था। ऐसा करने की योजना अपर्णा ने बनाई है। लिखते हुए उसके शब्द कृतज्ञता के घोल में डूब रहे हैं–वह बार-बार उन्हें निकाल पन्ने पर सजाती है। वह नहीं चाहती कि सुदर्शन पढ़े कि वह क्या लिख रही है, पर उसे यह भी नहीं कहना चाहती है कि वह न पढ़े। सुदर्शन कहता है–''कितनी खराब चिट्ठी लिखी है तुमने। मैं सोच भी नहीं सकता था कि तुम ऐसी चिट्ठी लिखोगी। क्या सीधे-सीधे धन्यवाद नहीं लिख सकती, उन्होंने जो किया

उसके लिए ?" वह त्वरित गति से अपनी चिट्ठी की चिंदी-चिंदी कर देती है। भावुकता के लिए गुंजाइश उसके पास हो सकती है, सुदर्शन के पास नहीं। उसे जिंदगी जीनी है, उस पर सिर्फ विचार नहीं करना है। "धीरे चलो, गिर जाओगे। अभी तक पिछली बार के घुटने छिले हुए हैं।" "तो क्या हुआ ? मुझे गिरने से दर्द नहीं होता।"–सुदर्शन के शब्द उसके दिल में छेद कर देते हैं बिना दर्द के। वह सुदर्शन को इस तरह चकित होकर देखती है जैसे पहली बार कोई बर्फ से ढँकी हिमालय की चोटियों को देखता है। पिकनिक में आँख के ऊपर भौंह के पास गहरी चोट लगी है। खून बह रहा है। सारे लोग घबरा रहे हैं। अपर्णा शांत रहती है। रूमाल दो। मिसेज शर्मा अपना नया रूमाल हाथ में दबाए रखती हैं। एक और साथ छूटा। अपर्णा दूसरी तरफ देखती है। कोई रूमाल देता है। सिलाई करवानी पड़ेगी। घाव गहरा है। डॉक्टर कहता है–"आप अपने पति को अंदर भेजिए। आप बाहर बैठिए। बच्चे को कसकर पकड़ना होगा।" "मेरे पति यहाँ नहीं हैं। आप कीजिए सिलाई। कोई बात नहीं है।" डॉक्टर उस बच्चे को हैरानी से देखता है जो सिलाई करवाते हुए चिहुँकता तक नहीं। वह निर्विकार भाव लिये खड़ी माँ से कहता है–"आपका बच्चा बहुत बहादुर है। आप अब बाहर जाकर बैठ जाइए। चक्कर आ जाएगा।" अपर्णा मुसकराती है। "मेरे पति होते तो शायद उन्हें आ जाता। क्यों बेटा ?" सुदर्शन मुसकराता है–"अच्छा हुआ, पापा पिकनिक पर नहीं आए।"

'तुझसे नाराज नहीं जिंदगी, हैरान हूँ, तेरे मासूम सवालों पर परेशान हूँ।' "मम्मी, तुमने मुझे कैसे स्कूल भेजा, जब मैं चलता भी नहीं था ?" "सुदर्शन कहानी सुनना चाहता है। अपनी कहानी। बार-बार।" "क्यों तुम इसे यह सब बताती हो ? या इसके सामने दूसरों को यह सब क्यों बताती हो ?"–अजित कहते हैं। "क्या हर्ज है ? उसे तो जानना ही चाहिए।" "नौ साल की उम्र में उसे सब कुछ जानना चाहिए ?"..."साढ़े तीन साल की उम्र में तुम्हारे लिए एक छोटे स्कूल में गई तो प्रिंसिपल ने फीस लेकर अगले दिन लौटा दी। कहा कि वह तुम्हें नहीं भरती कर सकती।" "तुम्हें कितना गुस्सा आया होगा मम्मी ! है न ? तुम गुस्से में अच्छी लगती हो"–सुदर्शन मुसकराता है। वह हँसती है। "बहुत। मन तो हुआ आग लगा दूँ वहाँ।" "फिर ?" "फिर क्या ? जानते तो हो। इन्हीं मिसेज अली अकबर को चिट्ठी लिखी। उस समय तुम नहीं थे न, बतानेवाले कि कैसे चिट्ठी लिखी जाए। मैंने लिखा कि क्या उनमें इतनी हिम्मत है कि वे एक असाधारण बात को स्वीकार कर सकें ? और वे नहीं करेंगी तो कौन करेगा ? मिलने गई, तो उन्होंने कहा– बैठिए।" "तुमने कहा कि तुम नहीं बैठोगी। पहले वे हाँ या ना में जवाब दें"–

सुदर्शन का स्वर उत्तेजित है। "हाँ, तब उन्होंने कहा—अच्छा, मैं आपके बेटे को अपने स्कूल में ले लूँगी। आप बैठिए। मुझे उसे देखने तो देंगी एक बार ?" दोनों हँसते हैं। "फिर तुम्हारे लिए हत्थेवाली कुर्सी आई और लकड़ी का कटघरानुमा वॉकर बनवाया गया जिसके नीचे चार चक्के थे। बस तुम चल निकले घर्र-घर्र। साढ़े पाँच साल की उम्र में दूसरा स्कूल। तब तुम हाथ पकड़कर चल लेते थे। वहाँ मिली आरती आंटी। एक कॉलेज पास करके आई लड़की। सारे बच्चे लाइन लगाकर तुम्हारा हाथ पकड़ने के लिए सुबह खड़े हो जाते। आरती आंटी ने कहा है। बाद में आरती आंटी ने हल्ला-गुल्ला रोकने के लिए नंबर बाँध दिया। एक दिन कोई नहीं आया पास। आंटी, आरती आंटी ने कहा है, सुदर्शन अपने आप चल सकता है। उसका हाथ नहीं पकड़ना है। मैं हक्की-बक्की खड़ी रही। तुमने मेरा हाथ छोड़ा और चल दिए। धीरे-धीरे। अपने आप।" यहाँ वे दोनों चुप हो जाते हैं एक क्षण। हँसते नहीं। यहाँ वह एक बार फिर सुदर्शन के साथ जिंदगी के सामने श्रद्धा से झुक जाती है। वह जानती है कि सुदर्शन इसी जगह पहुँचने के लिए शुरू से पूरी कहानी सुनता है। "आरती आंटी से मिलने चलोगे ?" "नहीं, थोड़े दिनों के बाद। उसकी शादी हो गई न ?" "हाँ, नहीं तो तुम कर लेते क्या उससे शादी ?" फिर दोनों हँसते हैं। यह हँसी भूत और भविष्य से मुक्त हँसी है। न इसमें भोगे हुए की पीड़ा है और न आनेवाले कल का डर। इसलिए यह हँसी हँस ली जाती है।

डर ? अनंत, अनजाने—कितने डर ! अपर्णा को डर है कि सुदर्शन एक दिन अब तक न आए दुखों से डरने लगेगा। उसने इस डर को जिया है। उसे मालूम है। कितने साल पहले की बात है ? एक दिन वह लेटी हुई अजित को ऑफिस जाने के लिए तैयार होते देख रही थी। अजित ने जब अपनी कमीज पैंट में घुसाकर पेट को सिकोड़ा कि पैंट का बटन बंद कर सके, अपर्णा एकदम बुरी तरह घबरा गई थी। उसके अंदर एक हौल-सा उठा। क्या कभी सुदर्शन इस तरह खुद तैयार हो सकेगा ? छोटे-छोटे काम कितने बड़े हो गए थे, जिन्हें कभी जाना तक नहीं था कि उन्हें भी सीखना-सिखाना पड़ता है। "मंजन का ट्यूब दबाओ। ब्रश को पकड़ो ऐसे—नहीं, यहाँ रख दो। फिर ट्यूब को पकड़कर मंजन लगाओ। फिर दाँतों में घिसो। ऐसे-ऐसे। अब कुल्ला करना है।" अँगुलियों में पानी नहीं ठहरता। मुँह तक लाते-लाते गिर जाता है। अंजलि खाली। "अच्छा, कोई बात नहीं, यहाँ एक गिलास रख दिया है। लो, गिलास में पानी भरकर कुल्ला करो।" खाना खाना। चम्मच से उठाकर मुँह तक ले जाना। बीच में खाना गिरे नहीं। मुँह में सीधे। नाक में नहीं। कपड़े पहनना। बटन लगाना। बिना फीते के जूते खरीदना। टट्टी करने के बाद खुद धोना। मद्रास के डॉक्टर ने प्रिसक्रिप्शन लिखा है—दो बच्चे और पैदा करो।

हाँ, उसे क्या मालूम है कि हमारे पास कितना समय है, बच्चे पैदा करने और पालने का। एक मिनट खाली नहीं। जब तक सुदर्शन जागता रहता है, तब तक अनंत पाठ्यक्रम—अनंत काल तक। सुदर्शन सीढ़ी चढ़ना-उतरना सीख रहा है। "तुम गई नहीं आज उसके साथ इक्सरसाइज करवाने ?"—अजित फोन पर पूछ रहे हैं। "नहीं, आज से मैं नहीं जाऊँगी। वह मुझे देखकर ठीक से नहीं करता। रोता है कि और नहीं करूँगा। चलो, थोड़ी छुट्टी मिली है मुझे, आज आलमारी साफ कर लेती हूँ। अपर्णा कुछ नहीं करती। कोई आलमारी नहीं खुलती। वहाँ उसे देख नहीं पाती। हर क्षण लगता है कि वह सीढ़ी से गिर जाएगा। वह चारों तरफ खून-खून देखती है। नहीं, डरने से नहीं चलेगा। वह नहीं गिरेगा। सीखना तो होगा। "सीढ़ी पर थोड़ा सँभलकर चलना, हाँ बेटा ? वहाँ गिरने से तुम्हारी 'रिपेयरिंग' में बहुत मुश्किल होगी। ठीक ?"—अपर्णा कहती है। सुदर्शन मुसकरा देता है—"तुम हमेशा ऐसे बात करती हो जैसे मैं कोई गाड़ी हूँ।" वह हँसती है। फिर गंभीर हो जाती है। "प्लीज, मेरे लिए। सीढ़ी पर गिरना नहीं। ध्यान से।" "चिंता मत करो मम्मी। जिस दिन बिना रेलिंग पकड़े सीढ़ियाँ चढ़ जाऊँगा, उस दिन तुम देखने आना।" वह क्या जानता है कि उसने साथ जाना क्यों छोड़ दिया है ? अपर्णा कौतूहल से उसे देखती है—वह, जो उसे न सीखे हुए कितने पाठ पढ़ा रहा है। अपर्णा उसे खींचकर अपनी गोद में बैठा लेती है—"तुमसे मेरा जीवन कितना सुंदर है।" "सच कह रही हो तो ? थोड़ी देर में कहोगी—मैं तो परेशान हो गई तुम्हारे कारण। तुम कोई बात सुनते ही नहीं"—सुदर्शन उसकी नकल उतारता है।

"फिर तुम कूबड़ निकालकर बैठ गए ? रीढ़ की हड्डी सीधी नहीं रख सकते ? कितनी बार तुम्हें कहना पड़ेगा ? हूँ, बस मुँह फुला लो। हो जाओ गुस्सा। तुम्हारे अच्छे के लिए ही तो कहती हूँ। लंबे नहीं हो पाओगे इस तरह।" दिमाग की टिक-टिक। कभी कोई बात, कभी कोई—दिन हो या रात, गायब नहीं होती। अजित के साथ ऐसा होता है, तो वह चिढ़ जाती है—"क्यों पीछे पड़ जाते हो उसके ? जितना होता है, चेष्टा करता तो है।" "और तुम जब एक बात को उसे सौ बार कहती रहती हो, तब ? तब वह पीछे पड़ना नहीं होता ?" अजित ने एक बार उसे बताया था कि जब वे शहर से बाहर होते हैं, तो रात-भर सो नहीं पाते। वह भी इसी तरह सोचती है कुछ-कुछ। पर वे दोनों क्या सोचते हैं, इस बारे में आपस में कोई संवाद नहीं किया जा सकता। क्या फायदा ? कुछ भी कहना दूसरे की तकलीफ बढ़ाना नहीं है ? कौन कहता है कि दुख बाँटने से आधा हो जाता है ? बेकार की बात है। कभी-कभी अजित ने इतना-भर पूछ लिया है—"यह ठीक हो जाएगा न ?" बस इतना ही। अपर्णा ने पूरे विश्वास के साथ, कुछ आश्चर्य का

पुट लगाते हुए कहा है–"और नहीं तो क्या ? तुम क्या समझते हो ठीक नहीं होगा ? देखते नहीं, हम लोगों से ज्यादा समझदार है।" "मेरा मतलब शारीरिक रूप से ?" "जब इतना ठीक हो गया है, तो क्या नहीं होगा ? पाँच साल में पचास प्रतिशत ठीक हुआ है तो अगले पाँच सालों में बाकी के पचास प्रतिशत नहीं होगा ?" अपर्णा यह कहते हुए सोचती है–क्या फर्क पड़ता है कि अस्सी-नब्बे प्रतिशत ही हो। क्या सभी लोगों में किसी-न-किसी तरह की कमियाँ नहीं हैं ? सुदर्शन कितना खुशमिजाज है, कितना धैर्यवान। उसके जैसा कौन है ? क्या एक जीवन काटने के लिए इतना कुछ काफी नहीं है ? उसके स्कूल की टीचरें कहती हैं–"हम इसे क्या सिखाएँ ? हम ही इससे सीख रहे हैं।"

"पर अजित शायद अपर्णा की तरह नहीं सोच सकते। पुरुष कमजोर होता है। उसे आश्वासन चाहिए इसी क्षण। वह सह नहीं सकता। अजित रोते हैं। एक दिन बाहर यात्रा से लौटकर। वह बिना अवसाद के उनका रोना देखती हैं। टप-टप गिरते निःशब्द आँसू। अपर्णा ने आज इंडियन म्यूजियम सुदर्शन के साथ घूमकर देखा है। कितना आनंद ! वह कितना कुछ जानता है इतिहास की किताबों से ! लोग उसे हिलते-डुलते चलते देखते हैं कौतुक से। पर वह खुश रहता है अपने में। कहाँ से आती है यह हिम्मत ? अपर्णा एक बचपन की सहेली को वहाँ देखकर उससे बचकर आड़ ले लेती है–क्या फायदा बात करने से ? अभी सुदर्शन के बारे में विस्तार से बताना होगा। सुदर्शन का उत्साह देखकर वह भी मूर्तियों को बहुत ध्यान से देखती है–उसकी आँखों से। वह अजित की भरी हुई आँखों में देखती है–मैं समझ सकती हूँ कि तुम्हें चिंता होती है। दुख होता है। पर तुम देखो कि मैं तो उसकी माँ हूँ, मुझे कोई दुख नहीं है। तुम मुझे रुला नहीं सकते। वह किसी से कम नहीं है–यह देख सकने के लिए तुम्हें ही अपने दुख को खुद जीतना होगा। मैं कुछ नहीं कर सकती तुम्हारे लिए।"

अपर्णा नौवें साल में लिखी कहानी को उलट-पुलटकर कई बार पढ़ती है। आज पंद्रहवें साल में उस कहानी में बहुत-सी कतर-ब्योंत की जा सकती है यानी बहुत-सा अनचाहे घुस आया दुख उससे निकाला जा सकता है। इस अहसास में एक संतोष है, हालाँकि यह सवाल उतने का उतना ही बना रह गया है कि क्या सचमुच दुख कोई दुख नहीं है–और यदि नहीं है तो इस बात को रोज एक नए सिरे से समझना क्यों पड़ता है ? क्यों बार-बार एक सही-सलामत दुनिया उसके और सुदर्शन के बीच आकर खड़ी हो जाती है। सुदर्शन ने नौवें साल में उससे कहा था–"मैं तुम्हारे पेट से पैदा ही नहीं होता तो...तो अच्छा होता।' अपर्णा यह सुनकर सुन्न हो गई थी। सारे दिन जैसे बेचैनी के अथाह पानी में डूबती-उतराती वह शाम

को सुदर्शन को लेने स्कूल पहुँची थी। सुदर्शन भी हमेशा की तरह उस दिन उसे देख उल्लसित नहीं हुआ था। दोनों चुप-चुप थे। वह अपने सुन्न दिमाग को कुरेदती हुई कुछ कहने के लिए खोजती रही थी कि सुदर्शन बोला था–"मम्मी, तुमने मुझे इतनी अच्छी तरह पढ़ाया कि मुझे हिस्ट्री में सबसे अच्छे नंबर मिले हैं।" "अच्छा," अपर्णा ने अपने शब्दों में उत्साह भरने की कोशिश की थी। जिंदगी में बहुत कुछ है–भरापन, जिसे जाने-महसूस किए बिना जीने का कोई मतलब नहीं है। अपर्णा ने अपने को बटोरना चाहा था। सुदर्शन हलके-हलके मुसकराते हुए उसे देख रहा था–"मम्मी, तुम मेरे सब दोस्तों की मम्मियों से ज्यादा इंटेलिजेंट हो। और सबसे सुंदर भी। आई एम प्राउड टू बी योर सन मम्मी (मुझे तुम्हारा बेटा होने पर गर्व है)।" अपर्णा ने गले से ऊपर उठते आवेग को रोक लिया था। पर एक क्षण लंबा होता हुआ दोनों के बीच सन्नाटे को फैलाता रहा था। फिर अपर्णा से रहा नहीं गया था–"और सुबह क्या कह रहे थे तुम !" "सुबह ? ओहो ! तुम जानती हो कि वह तो मैंने वैसे ही कहा था जैसे गुस्से में तुम मुझे कुछ-कुछ कहती हो। ऐसी बातों का कोई मतलब होता है क्या ?" नौवें साल में लिखी माँ-बेटे की कहानी इस बिंदु पर आकर रुक गई थी–इस समझ के साथ कि शब्दों का हर बार कुछ अलग मतलब होता है।

पंद्रहवें साल में इस बिंदु पर अपने को पाकर अपर्णा ने सारी बातों के मतलब को एक बार फिर बेमतलब कर देना चाहा था। ऐसा करने की जरूरत उसे फिर एक बार शिद्दत से महसूस होने लगी थी। नहीं, किसी बात का कोई मतलब नहीं होता। कम-से-कम इतना बड़ा मतलब तो नहीं होता कि उसके सामने जिंदगी बौनी पड़ जाए। पर क्या यह बात उसे सुदर्शन से ही बार-बार सीखनी होगी ? कोई बच्चा स्कूल में सुदर्शन को छेड़े, उसकी नकल उतारे, उसका नाम रख दे, तो भी इस बात का इतना मतलब नहीं होता कि सुदर्शन अपनी माँ को इस बारे में बता तक दे। यदि उसे सुदर्शन के एक दोस्त से जो उससे दूर के रिश्ते से कुछ संबंध रखता है, इस बारे में पता चल भी जाए तो भी ऐसी बातों का इतना मतलब नहीं होता कि सुदर्शन टीचर को उस लड़के की शिकायत करने दे या उस लड़के को ऐसा-वैसा करने की धमकी तक देने दे। लेकिन अपर्णा के लिए हर बात का एक मतलब होता है–कई बार इतना गहरा और दो-टूक मतलब कि बरसों-बरस बाद भी रत्ती भर धुँधला नहीं होता। जो रिश्ते इन मतलबों ने बदले, वे बदल ही गए। हमेशा के लिए। कई बार बहुत तकलीफ होने के बावजूद ! "क्या सुदर्शन की शादी होगी ?"–यह प्रश्न पूछने वाले अपने बहुत नजदीक के व्यक्ति को उसने कभी माफ नहीं किया है। वह तिलमिलाती है फिर उसी तरह आज भी। किसी को यह अधिकार

नहीं कि उसे भविष्य का अंधकार दिखाकर डराए। उसके लिए जिंदगी आज भर है।

कितनी सारी बातें, कितने सारे मतलब—बल्कि हर बात के कितने सारे मतलब ! "तुम क्यों जिद पर अड़ी हो ? सुदर्शन को 'ऐसे' बच्चों के स्कूल में क्यों नहीं भरती करवा देती ?" "ऐसे बच्चों का स्कूल ? सुदर्शन नॉर्मल स्कूल में पढ़ सकता है। यह कोई जिद की बात नहीं है"—अपर्णा अपनी बात कहते-समझाते हर बार अंदर-ही-अंदर मरती जाती है। दुनिया के लिए—और दुनिया उसके लिए। कितनी रातें जागते हुए, तारे देखते, किताबें पढ़ते—हर मतलब को बेमतलब बनाने के लिए कितनी साधना ! पर हर बार ऊपर पहुँचकर फिर नीचे फिसल जाना—फिर वहीं, फिर वहीं—जैसे काई की बनी हुई सीढ़ियाँ चढ़ रहे हों।

कौन देगा मुझे मुक्ति इन सारे बदले हुए और बदलते रिश्तों से ? सुदर्शन ?—अपर्णा पंद्रहवें साल में सोचती है। सुदर्शन ? पंद्रह साल की उम्र में ?—अजित परेशान हो जाएँगे यदि वे किसी चमत्कार से उसके अंदर की बात जान लें। 'हाँ, क्यों नहीं ? वही समझ सकता है, उसे ही कहा जा सकता है क्योंकि वही सबसे सँभला हुआ है—हम सुख-दुख के बीच की सँकरी पगडंडी पर चलते हुए बार-बार डगमगाते हैं—कभी इधर, कभी उधर'—अपर्णा संवादहीन संवाद करती है अजित से।

सुदर्शन स्कूल में टिफिन खाते हुए उसे अपने सबसे अच्छे दोस्त समीर के बारे में बता रहा है—"तुम जानती हो मम्मी मुझे वह क्यों पसंद है ? वह मुझसे बराबरी का व्यवहार करता है। जैसे कि समझो, यदि मैं उसका हाथ मरोड़ूँ तो वह भी मेरा हाथ मरोड़े बिना मुझे नहीं छोड़ेगा। बाकी लड़के ऐसा कभी नहीं करेंगे। वे मुझे कमजोर समझकर छोड़ देंगे।" अपर्णा चुपचाप उसकी तरफ एकटक देखती रहती है। "क्या हुआ, क्या सोचने लगी तुम ? बात करते-करते तुम पता नहीं कब सुनना बंद कर देती हो। पापा कितनी बार तुमसे इसी बात पर गुस्सा हो चुके हैं।" अपर्णा हलके से मुसकराती है। "नहीं, बताओ न क्या सोच रही थी अभी ? बताना पड़ेगा।" अपर्णा हिचकती है। आखिर बात सुदर्शन को लेकर ही है। बरसों से कसकती बात कंठ में अटकी हुई। न निगलते बने, न उगलते। "मैं कई सालों से एक बात को लेकर परेशान हूँ..." वह सुनता है। "लेकिन मेरी शादी की बात पूछने से इतनी तकलीफ क्यों ?...और जो तुम्हें इतना चाहता है, वह तुम्हें दुख पहुँचाने के लिए तो नहीं बोलेगा न ? वैसे भी यह तो मेरी मरजी है कि मैं क्या करूँ या क्या न करूँ।" बात इतनी ही है। सचमुच। एकदम सीधी। इससे ज्यादा सोचने की, बोलने की कोई जरूरत नहीं। सुदर्शन फिर अपने दोस्त समीर की बातें करने लगा है। वह सुनती भी है, नहीं भी। अचानक वह हलकी हो आई है। "...पहले

देखो मैं कितनी परवाह करता था कि कोई लड़का मुझे तुम्हारे हाथ से खाते देखेगा, तो मेरा मजाक बनाएगा। अब मुझे कोई परवाह नहीं। देखे तो देखे। पहले मैं डरते-डरते क्लास में बोलता था—न जाने कहाँ अटक जाऊँ। सारे लड़के साँस रोककर सुनते थे। अब देखो, मेरा हकलाना काफी ठीक हो गया है। हमें लोगों की परवाह करना छोड़ना ही होगा।''

अपर्णा हँसती है उसकी बात सुनकर। खुली हँसी। कितना गहरा सुख। एक और शुकदेव—पिता व्यास मुनि को ज्ञान देता हुआ। हवा में जाड़े की धूप उड़ रही है। ''अच्छा बाबा, मैं तुम्हें एक बार प्यार कर सकती हूँ ?'' वह आँखें बड़ी-बड़ी करके मना करते हुए कहता है—''नो। नॉट एट ऑल। लोगों के सामने हरगिज नहीं।'' टिफिन खत्म हो गया है। वह हँसते-हँसते जाने के लिए उठ खड़ा होता है। पंद्रहवें साल की यह दूसरी कहानी फिलहाल इस ज्ञान-दान और उससे निकले अनिर्वचनीय आनंद पर खत्म होना चाहती है, हालाँकि आने वाले समय में यह कहानी बहुत बार बहुत तरह से लिखी जाएगी।

पार्टनर

धरती माता ! तेरी पहाड़ियाँ, हिम से ढके पर्वत और वन-उपवन मुसकरा रहे हैं। मैं तेरी सतह पर खड़ा हूँ। मैं पराजित नहीं हुआ। मुझे कोई चोट नहीं पहुँची, मुझे घाव नहीं लगे। मैं पूर्ण हूँ। मेरा कोई अंत नहीं कर सका।
धरती मुझे ठौर दे–मुझे कहीं ठौर दे। **–ऋग्वेद की स्तुति**

उस छतनार पेड़ की छाया धूप में एक बड़ा गोल घेरा बनाती थी। लड़की उस घेरे के एक किनारे से दूसरे किनारे तक ऊपर देखती हुई चलती गई। फिर लौटकर वह वापस पहले वाली जगह पर आ खड़ी हुई। इतने में उसे पेड़ पर पत्तों में लगभग छिपा हुआ एक कमरख का फल दिखाई पड़ा। अपनी चुन्नी को कंधे पर टिकाती हुई वह ठीक उस फल के नीचे जा खड़ी हुई। "वह नहीं मिलेगा। बहुत ऊँचा है"–कहीं से आवाज आई। उसने देखा तो पेड़ जिस मकान से अपने फैलाव में सट रहा था उसकी बाहर बनी हुई सीढ़ियों पर बीच में एक चौदह-पंद्रह साल का लड़का खड़ा था। वह दुबला

था और उसने चश्मा लगा रखा था। ''इधर सीढ़ी पर आकर देखिए, यहाँ से एक और कमरख दिखाई पड़ रहा है''–उसने दोस्ताना अंदाज में कहा। वह सात-आठ सीढ़ियाँ चढ़कर उसके पास जा खड़ी हुई। ''आपको चाहिए कमरख ? कल के तोड़े हुए से एक बचा है मेरे पास।'' ''नहीं, नहीं। मैं तो बस पहचानना चाह रही थी कि यह कौन सा पेड़ है''–उसने जाड़े की पछुआ हवा में फहराती चुन्नी को रोकते हुए कहा। अब वे एक-दूसरे को देख रहे थे। ''मैं कलकत्ते से आया हूँ। मेरे दादाजी पिछले बीस सालों से हर साल जाड़े में यहाँ आते हैं और इसी मकान में रहते हैं। आप भी कलकत्ते से आई हैं न ?''–लड़के ने पहल करते हुए उससे पूछा। लड़की ने गरदन हिलाते हुए हामी भरी। ''आप क्या पहली बार आई हैं ?''–लड़के ने और जानने की कोशिश की। ''नहीं, हम लोग भी प्रायः हर साल आते हैं और उस मकान में ठहरते हैं।''–लड़की ने पीछे की तरफ बने मकानों की तरफ इशारा करते हुए कहा। ''अच्छा, आपको पहले कभी देखा तो नहीं''–लड़के ने हैरत जताई।

कलकत्ते से तीन सौ किलोमीटर दूर बने इस विश्राम-गृह में बूढ़ों, बच्चों, स्त्रियों–सभी का अपना-अपना मेला हर साल जाड़े में जुट जाता है। सबकी अपनी मंडली है–कहीं कीर्तन-भजन की, कहीं ताश-चौपड़ की, कहीं फिल्मी धुनों पर अंत्याक्षरी की। शहर में जो लोग अपने जान-पहचानवालों तक से बोलने-बतलाने में कतराते हैं, वे भी यहाँ की हवा के असर से अचानक मिलनसार हो उठते हैं। सबको मालूम है कि दोस्ती अस्थायी है, शहर में लौटने के बाद कोई किसी को याद तक नहीं करेगा, पर इस बात से उस छोटे से साथ में आत्मीयता में कोई कमी नहीं आती। कमरख के पेड़ के बगलवाले मकान के लड़के ने जाना कि लड़की का कॉलेज पूरा हो चुका है। उसने उम्र का अंदाज लगा लिया। मन में आया कि पूछा जाए–इसकी अभी तक शादी क्यों नहीं हुई। लड़की उसके सवालों के जवाब देती थी, पर अपनी तरफ से वह लड़के से कोई बात नहीं पूछ रही थी, मानो उसे उसमें कोई दिलचस्पी न हो। वह बार-बार कमरख के पेड़ की ओर देखने लगती थी। उसके अनमनेपन के बावजूद लड़के ने देखा कि वह अपने बारे में कुछ बताता तो लड़की पूरे ध्यान से उसकी बात सुनती थी। ''मुझे तो कलकत्ते में जाड़े की पहली-पहली हलकी शुरुआत होते ही यहाँ की मिट्टी की खुशबू आने लगती है और ट्रेनों की खड़खड़ और सीटियाँ सुनने लगती हैं''–लड़के को लगा था कि वह उसकी इस बात पर जरूर चौंकेगी या कुछ जरूर कहेगी। सचमुच लड़की चौंककर खुश हो गई और उसने कहा–''अच्छा ? सचमुच !'' इस बात से दोनों के बीच अचानक जैसे कुछ बदल गया।

लड़की अब उससे उसके स्कूल के बारे में पूछने लगी। ''तुम्हें कौन-कौन

से विषय अच्छे लगते हैं ?" "सबसे खराब तो भूगोल लगता है, इतना तो मैं जानता हूँ"–लड़के ने मौज में आकर कहा। लड़की का चेहरा उतर गया। वह अचानक पहले की तरह चुप हो गई और मुँह घुमाकर कमरख के पेड़ की तरफ देखने लगी। लड़के को कुछ समझ में नहीं आया। उसे लगा कि इस बदले हुए काल का संबंध भूगोल से है, हालाँकि यह बात असंभव ही थी। फिर भी उसने कहा–"दरअसल भूगोल की हमारी टीचर ही कुछ ऐसी हैं। ऊँट जितनी लंबी हैं, पर बोर्ड पर मैप टाँगने के लिए कुर्सी पर खड़ी हो जाती हैं और कहती हैं–काश मैं थोड़ी लंबी होती। 'र' को 'ड़' बोलती हैं–खुद अपना नाम बताती हैं ड़ानी मुखड़जी–यानी रानी मुखर्जी।" लड़की ने कमरख के पेड़ से आँखें हटाकर उसकी तरफ देखा। वह हँसी नहीं। उसने गंभीरता से कहा–"इससे क्या फर्क पड़ता है कि टीचर कैसी हैं ? मैं तो अपने भतीजे को भूगोल पढ़ा ही नहीं पाती–नदियों के नाम पढ़कर ही पागल हो जाती हूँ–कृष्णा, कावेरी, गोदावरी, तुंगभद्रा...। मैं तो हर नदी से मिलना चाहती हूँ। सबके पास जाना चाहती हूँ।" लड़का उसकी बातें सुनकर उसे हक्का-बक्का होकर देखता रहा। अजीब लड़की है। वह फिर कमरख के पेड़ को देख रही थी। "क्या देख रही हैं आप इस पेड़ में ? इसकी खट्टी-मीठी चटनी अच्छी लगती है न ?"–लड़के ने कुछ सुस्त होकर कहा। "कुछ नहीं देख रही हूँ–मैं इसे पहचान लेना चाहती हूँ ताकि फिर कभी यह पेड़ दिखे तो इसके पत्तों से ही इसे पहचान लूँ।" लड़के के दोस्त आ गए थे और उसे नीचे से क्रिकेट खेलने चलने के लिए आवाजें दे रहे थे। लड़का चुपचाप खड़ा रहा। लड़की ने कहा–"अच्छा मैं चलती हूँ," और सीढ़ियाँ उतरने लगी। अब तक लड़के के दोस्त ऊपर चढ़ आए थे और उसे बहरा-गूँगा बताकर हल्ला-गुल्ला मचाने लगे थे। लड़के ने देखने की कोशिश की कि लड़की कहाँ गई, पर वह गायब हो चुकी थी।

विश्राम-गृह का परिसर बहुत बड़ा है–पीछे की तरफ तालाबों और खेतों और सामने छोटे-छोटे बगीचों के खुलेपन में छितरे कई एक-मंजिले, सीधी छतों वाले और बरामदों वाले एक-से मकान हैं। सभी मकान बरामदों में छाई रहनेवाली जाड़े की उजली धूप को मानो वहाँ की लाल मिट्टी के संग घोलकर बनाए हुए पीले रंग से पुते हैं। सबकी सीढ़ियाँ मकानों के बाहर खुले में बनी हैं। तकरीबन ऐसे ही छोटे-बड़े पीले मकान इस पूरे इलाके में, बल्कि आस-पास के कस्बों तक में इसी तरह लाल मिट्टी और ऊँची-नीची पहाड़ी धरती पर उगनेवाले पलाश और खजूर के टेढ़े-मेढ़े पेड़ों के बीच बने हुए हैं। छोटी-छोटी पहाड़ियाँ क्षितिज पर दूर कहीं-कहीं उगी दिखाई पड़ती हैं। ऐसा लगता है कि इस इलाके में समय आकर ठहर गया हो। हर साल जब शुद्ध हवा-पानी के लिए आस-पास के शहरों से लोग जाड़े की

छुट्टियाँ बिताने पीढ़ी-दर-पीढ़ी आते हैं, विश्राम-गृह के ठीक बाहर शिरीष का विशाल पुराना वृक्ष दूर-दूर तक छाँह किए और टें-टें कर उड़ते तोतों को आश्रय दिए, वैसे ही खड़ा मिलता है। उसके सामने सड़क के पार रेल-लाइन के किनारे-किनारे पीठ किए वही मूड़ीवाले, पुचका-चाटवाले, पानवाले और चायवाले हर बार उसी तरह इंतजार करते मिलते हैं। उनके पीछे से पास के शहर को जानेवाली कोयलेवाली ट्रेन के लिए हर एकाध घंटे में लाइनमैन रास्ता बंद कर देता है और दूसरी तरफ विश्राम-गृह के पीछे से मेन लाइनों पर रेलवे की सारी मुख्य रेलें रात-दिन हॉर्न बजाती हुई उसी तरह गुजरती रहती हैं। कभी कुछ नहीं बदलता—यहाँ तक कि रेल-लाइन के पार गाँव में रहनेवाली पुतली की माँ हर साल अक्षय प्रौढ़ावस्था लिये घर के काम करने के लिए मौजूद रहती है। न उसकी उम्र उसके गहरे काले रंग और पीली डोरेदार आँखों में बढ़ती नजर आती है और न उसकी बेटी पुतली के सलोने यौवन में ही कोई बदलाव आता है। बस पुतली के दोनों लड़के बड़े हो गए हैं और नाक टपकाते बचपन की जगह शहरातियों की फैशनेबल उतरनें पहनकर बाल काढ़े हुए युवावस्था की ओर बढ़ने के लिए आतुर दिखाई देते हैं। उन्हीं की उम्र के शहरी लड़के-लड़कियों के बीच बहुत सारे प्रेम-संबंधों के पनपने की संभावना हवा में हर समय मौजूद है और वे इससे बेखबर नहीं हैं। हर साल कोई-न-कोई किस्सा चर्चा में रहता है, अलबत्ता किसी किस्से का सचमुच कोई परिणाम निकला हो, ऐसा सुनने में नहीं आया। यहाँ जो भी सहज आकर्षण पैदा होता है, शायद वह शहर की दूषित हवा खाते ही मर जाता है। यहाँ सभी शहरी जीवन की दफ्तर-घर या स्कूल-घर या फिर वानप्रस्थावस्था की घर-ही-घर की बँधी-बँधाई दिनचर्या को तोड़ने के लिए आते हैं और बिना यूरिया की ताजी सब्जियाँ खाकर, तेल मालिश करवाकर, खेल-कूदकर, दोस्तियाँ करके लौट जाते हैं। हर साल नई-नई जगह घूमनेवाले यात्री को इस तरह एक ही जगह लौट आने का सुख मालूम ही नहीं हो सकता।

सुबह उठते ही कमरख के पेड़ को देखकर लड़के को उस लड़की की याद आई। कल रात को सामने की तरफ बने चारों ओर से खुले गोलघर में देर तक फिल्मी गीतों पर अंत्याक्षरी का कार्यक्रम चला था। ढेर सारे लड़के-लड़कियों के बीच उसने कई बार उस लड़की को खोजना चाहा था, पर वह नजर नहीं आई थी।

इस बार कलकत्ते से हर साल आनेवाली एक बहुत फैशनेबल लड़की के साथ उसकी चचेरी बहन भी आई थी और उन्होंने हर जगह अपनी फकाफक अंग्रेजी, चुस्त कपड़ों और लटकों-झटकों से अपना सिक्का जमा रखा था। पिछले साल उस लड़की के साथ इस लड़के की कुछ झड़प हो गई थी और इस बार वह उससे बदला लेने के लिए अपनी चचेरी बहनों के साथ मिलकर उसका मजाक बनाने में लगी

थी। उनके इतराने का एक दूसरा बड़ा कारण यह था कि पिछले पच्चीसों वर्षों से ज्यों-के-त्यों बने रहे विश्राम-गृह की साधारण, एक-जैसी स्तरीयता को तोड़ती हुई एक लाल-सफेद बँगलानुमा ढलुवाँ छत वाली कोठी, पीली सपाट छतों वाले मकानों के बीच खड़ी हो गई थी। इस कोठी की सीढ़ियाँ भी उसके अंदर थीं। ये लड़कियाँ उसी कोठी में ठहरी थीं और अपने को बाकी लोगों से एक दर्जा ऊँचा समझ रही थीं। लड़के ने रात का किस्सा याद कर मुँह बिचकाया। पास के छोटे कस्बे से आई एक लड़की के कपड़ों और उसके बैडमिंटन खेलने के प्लास्टिक के सस्ते, बच्चों के-से रैकेट पर ये लड़कियाँ पागलों की तरह हँसती रही थीं। लड़के से रहा नहीं गया था और उसने कह दिया था—"अच्छे रैकेट खरीद लेने से क्या होता है—उसे पकड़ना तक तो आता नहीं तुम लोगों को।" इसके बाद तो उन लोगों पर हँसी का दौरा पड़ गया था और उन लोगों ने उस सीधी-सादी लड़की को उसकी 'होनेवाली' करार देकर उसका खूब मजाक बनाया था। लड़के ने सुबह-सुबह निश्चय किया कि आज से वह उनकी तरफ देखेगा भी नहीं। रात की तिलमिलाहट उसे अब भी महसूस हुई।

कुछ निश्चय करके लड़का पीछे के मकानों की तरफ चल पड़ा। कमरख वाली लड़की ने अपने घर का नंबर नहीं बताया था और इस तरफ कम किराए वाले एक-एक कमरे के साथ रसोईवाले घर बने हुए थे। वह लड़की उनमें से किसी कमरे में होगी, ऐसा माना जा सकता था। वह उन सारे कमरों के सामने से गुजर गया। निराश-सा होकर वह लौट रहा था कि तालाब की सीढ़ियों के पास बने चबूतरे पर वह एक कोने में बैठी नजर आई। उसने भी लड़के की तरफ देखा और मुँह पर अँगुली रखकर आवाज न करने का इशारा किया। लड़की की निगाह का पीछा करते हुए लड़के ने वहीं रुककर देखा कि लाल आँखवाली एक काली कोयल पपीते के पेड़ पर टेढ़ी लटककर बहुत सफाई से एक बड़े हरे पपीते को एक-एक पीली रसदार फाँक की तरह काटती हुई खा रही थी। बहुत देर तक वे दोनों अपनी-अपनी जगह से कोयल को पपीता खाते देखते रहे। कोयल के उड़ जाने पर वह चबूतरे के पास आया। "कितने बढ़िया ढंग से खा रही थी पपीता"—लड़के ने चबूतरे पर बैठना चाहा। "अरे, अरे देखो, उस पौधे को मत छुओ, नहीं तो खुजली होगी पूरे शरीर में"—लड़की ने सीढ़ी के पास लटकती बेल की सुनहरी-हरी छीमियों को दिखाते हुए कहा। "आपको कैसे मालूम ? क्या आपने छूकर देखा है ?" "नहीं, पर उसे छूकर लोगों को खुजली करते देखा है"—लड़की ने हँसते हुए कहा। लड़के ने देखा, उसकी हँसी में एक अद्‌भुत खुलापन है, जो उसे बहुत आकर्षक बनाता है। "अच्छा तो क्या आप यहाँ के सारे पेड़ों के नाम जानती हैं ?" लड़के ने चकित होकर पूछा।

''ऊँ हूँ, सबको तो नहीं''–लड़की ने खुश दिखते हुए कहा। ''हाँ, जैसे कमरख के पेड़ से तो कल ही पहचान हुई है न आपकी। मैं तो उस पेड़ को बचपन से पहचानता हूँ। एक और चीज मैं आपको दिखा सकता हूँ, जो आपने कभी नहीं देखी होगी। यहाँ मंदिर के पास एक पौधा है जिसमें काले मुँह के कड़े-कड़े लाल दाने होते हैं छीमियों में।''–लड़का बहुत खुश था कि वह लड़की को कोई नई चीज दिखा सकेगा। लड़की अचानक उदास होकर बुझ गई। उसने गरदन नीचे झुका ली और बोली–''ओह, काले मुँह वाली लाल चिरमठी ! तुम्हें मालूम है कि सबका वजन एक रत्ती होता है ? मेरी दादी सुनहले सितारों का वजन करने के लिए सिलाई के डब्बे में रखती थीं।'' वह कुछ देर चुप रहकर बोली–''मेरी दादी चिरमठी के बारे में एक गीत गाती थीं जिसमें लड़की की माँ लड़की के पिता को कहती है कि हमारे आँगन में तो सिर्फ चिरमठी का पौधा है, लेकिन हमारी लड़की के ससुराल में–हमारे समधी के आँगन में केवड़ा फूलता है–यानी कि चिरमठी तो हुई एक मामूली चीज–छोटा-सा पौधा–सिर्फ रत्ती उगाए–जबकि केवड़ा है एक खुशबूदार फूल, जिसे बड़ी जगह में ही उगाया जा सकता है।'' इतना कहकर वह चुप हो गई और कुछ सोचने लगी। लड़के का मन हुआ कि उससे पूछे कि उसकी अभी तक शादी क्यों नहीं हुई। पीछे की मेन लाइन से एक ट्रेन धड़धड़ाती हुई गुजर रही थी। लड़की ने लंबी साँस छोड़कर घड़ी में समय देखते हुए कहा–''अमृतसर मेल थी।'' ''क्या आपको सब ट्रेनों का समय भी मालूम है''–लड़के ने आश्चर्य से पूछा। ''हमारे यहाँ पुतली की माँ काम करने आती है न, वह ट्रेन के पहियों की आवाज से ट्रेन का नाम बता देती है''–लड़की हँसी और उठ खड़ी हुई।–''अच्छा मैं चलती हूँ। आज माँ की तबीयत ठीक नहीं है, मैं नहीं रहती तो और चिंता करती हैं।'' ''आप रात को अंत्याक्षरी में नहीं जातीं गोलघर में ?''–लड़के ने पूछा। ''नहीं, मैं जल्दी सो जाती हूँ। रोज सुबह उगता हुआ सूरज देखने की मुझे आदत है। यहाँ बाहर सड़क पर मिशनरी स्कूल के सामने की चट्टान से उगते हुए सूरज का बहुत सुंदर दृश्य दिखता है–धरती फाड़कर निकलता लाल सूरज का गोला। तुमने कभी ऐसा सूरज देखा है ?'' लड़का वहीं देर तक चबूतरे पर अकेला बैठा हुआ सोचता रहा। उस रात गोलघर में चल रहे टी.वी. के विज्ञापनों को मूक अभिनय के जरिए पहचानने के कार्यक्रम में उसका मन न लगा। बीच में ही वह कार्यक्रम छोड़ उठ आया। इतनी जल्दी अपने-आप सोने के लिए घर आने पर माँ के आश्चर्य को बढ़ाते हुए उसने कहा–''मुझे कल उगता हुआ सूरज देखना है।''

जब दूर-दूर तक धरती का फैलाव हो और बीच में कोई पेड़-पौधा तक उस फैलाव में बाधा न डालता हो, तो धरती के किनारे से निकलते लाल सूरज के गोले

को देखना जीवन के शाश्वत अनंत कालक्रम को देखना है—लड़के ने इस बात को बिना शब्दों के लड़की के साथ अगली सुबह के सूरज को देखते हुए जाना। उसके बाद हर सूर्योदय और हर सूर्यास्त को देखते हुए वह बार-बार इस बात को नई गहराई के साथ जानता रहा। पूर्णिमा के चाँद को उसने साँझ ढलते ही पूर्व दिशा में देखा और सूर्योदय के पहले उसे पश्चिम में अस्त होते हुए। विश्राम-गृह के हर उम्र के चलने-फिरनेवाले लोग शिरीष के पेड़ से दो किलोमीटर दूर एक आश्रम को जानेवाले रास्ते में हर सुबह और शाम को सैर करने जाते थे। लड़का भी इसी रास्ते को बचपन से हर सुबह मित्रों की टोली के साथ नापता आया था। पर अब उसने उस रास्ते से फूटते अनेक-अनेक दिशाओं की ओर जाते रास्तों को जाना। वे दोनों जब सुबह की सैर कर लौटते थे, तो सूरज काफी ऊपर चढ़ आया होता और चाय-नाश्ते की दुकानवाले भी सुबह की बिक्री सलटाकर आराम कर रहे होते थे। इस अनमेल जोड़ी को कई जोड़ी आँखों के विस्मय और संदेह का सामना करना होता था। उन दोनों को 'पार्टनर' की संज्ञा न जाने लड़की के घरवालों ने दी या लड़के के घरवालों ने। पर अब वे एक-दूसरे को पार्टनर के नाम से ही संबोधित करने लगे थे।

रेल-लाइन को पार कर दूर दिखते पहाड़ तक जाने के लिए बीसियों खेतों, चट्टानों, नदियों की पतली धाराओं को पार करते हुए उन दोनों ने रास्ता बनाया। रास्ते में चौड़ी नदी मिलने पर लड़के ने लड़की की तरफ निराशा से देखा तो उसने देखा कि वह अपने जूते उतारकर हाथ में लेकर पानी में घुस रही थी। दोनों ने नदी पारकर बालू में बैठकर पत्तों से पाँवों का पानी झाड़कर जूते पहने। पहाड़ की तहलटी में उगे तेंदू के पत्तों और दोने बनाने के लिए पत्ते चुनते आदिवासियों को देखकर वे साथ-साथ मुसकराए। लड़की ने केले के लाल फूल की एक पंखुड़ी को लड़के को तश्तरी की तरह इस्तेमाल करने के लिए दिया, जिसमें उन्होंने चिड़ियों के पंख, कई रंग के पत्थर और जंगली फूल इकट्ठे किए। रेल-लाइन के नीचे बनी गुंबदनुमा सुरंग से गुजरते हुए उन्होंने ऊपर चलती रेल की घड़घड़ाहट सुनी और एक-दूसरे का नाम लेकर पुकारा। लड़के ने लड़की के साथ कल्पना की कि पलाश के सूखे मटमैले पत्तों की जगह जब होली के पास पलाश के फूल लद जाते होंगे, तो भूरा उजाड़ दिखनेवाला जंगल कितना चटख हो उठता होगा। रेल-लाइन पर चलते हुए उन्होंने रेल-लाइन पर कान रखकर सुना कि कहीं रेल पीछे से तो नहीं आ रही और रेल के नीचे दस पैसे के सिक्के को दबाकर उसे चपटा बनाया। कभी कोई जंगली फूल या पत्ता या कोई अजीब आकृति का पत्थर या कोई नीली-पीली चिड़िया दिख जाती, तो लड़की उमंग में आकर लड़के का हाथ पकड़ लेती थी। लड़के को

दुनिया का एक-एक अणु रहस्यमय और अद्‌भुत लग रहा था—ऐसे क्षणों में उसका संसार एक दिव्य आलोक से भर उठता। उसने विश्राम-गृह की धरती में कपूर, तेजपत्ता, दालचीनी, सीताफल, राधा चंपा, नाग चंपा—न जाने कितने पेड़-पौधों को उनकी खुशबुओं, पत्तों, तनों और शक्लों से जाना; आकाश में उसने सप्तर्षि तारों को, शुक्र ग्रह को, चाँद के पूर्णिमा के बाद रोज क्रमशः देर से उगने को जाना।

विश्राम-गृह में उनके बारे में हर उम्र की टोलियों के स्त्री-पुरुषों, लड़कियों-लड़कों में जिक्र हो रहा था। इस बार की चर्चा में कौतुक ही अधिक था क्योंकि दोनों के बीच किसी निंदा करने लायक आकर्षण की संभावना को लड़की-लड़के के बीच उम्र का अंतर और लड़की की गंभीरता खारिज कर देती थी। लड़के के दोस्तों ने भी एक बार उन दोनों के साथ घूमकर उन चिड़ियों-पेड़ों-पत्थरों को देखा, जो उन दोनों के लिए अपूर्व आनंद का स्रोत थे, पर उन्हें इस सिरफिरेपन से ऊब और झल्लाहट ही हुई। रात को गोलघर में आने के आमंत्रण—''दीदी, आप पार्टनर को लेकर आज—'तोल मोल के बोल'—प्रतियोगिता में जरूर आइए''—को लड़की ने अचरज भरी आँखों के साथ हँसकर टाल दिया—''लेकिन मैं तो किसी चीज का दाम जानती ही नहीं।'' उसकी इस बेतुकी बात पर पार्टनर की हँसी उसके दोस्तों को बहुत अखर गई और उन लोगों ने उसका बायकाट करने का फैसला कर लिया। लड़के की इकलौती बहन, जो परीक्षा के कारण काफी बाद में विश्राम-गृह में आई थी, अपने भाई के बदले हुए रुख से काफी हैरान थी। वह बार-बार कहने पर भी भाई को पिछले साल की टोली के साथ पिकनिक पर ले जाने में सफल नहीं हुई। बहन का परिचय अपनी पार्टनर के साथ उसने इन शब्दों में करवाया था—''यह मेरी बहन है। इसे एक बार टी.वी. वालों की तरफ से इनाम मिला था—यह बताने के लिए कि 'तारा' सीरियल में तारा ने किस 'एपिसोड' में कौन से रंग के कपड़े पहने थे।'' इस बात पर दोनों पार्टनरशिप में हँस पड़े थे। इसमें हँसने की क्या बात थी, नाराज होकर बाद में भाई से पूछने पर उसने कहा था—''नहीं, बात तो दरअसल रोने की है। पार्टनर कहती है कि टी.वी. वाले हमें इतना मूर्ख समझते हैं कि वे हमसे ऐसे ही मूर्खतापूर्ण प्रश्न पूछते हैं कि किसने कब क्या कपड़े पहने थे, किसने किसके साथ कौन सा गीत गाया था, किस पंखे का बाजार में कितना दाम है। वे चाहते हैं कि हमारे दिमाग इसी तरह की बकवास से भरे रहें।'' माँ को शिकायत करने पर माँ ने कहा—''तुम्हें क्यों उनकी दोस्ती से तकलीफ हो रही है। अच्छी लड़की है। उसे इतिहास, भूगोल सब पढ़ा रही है। पहले यहाँ आता था, तो रोज कहीं चोट लगा लेता था, किसी से झगड़ आता था। अब इस बार कितनी अच्छी तरह रह रहा है।''

इस पार्टनरशिप से परेशान लोगों ने राहत की साँस ली जब वह लड़की बिना अपने पार्टनर को अपना पता-ठिकाना दिए एक दिन अचानक सुबह अपने माँ-बाप के साथ–जो यहाँ आने के बाद अस्वस्थ ही रहे थे और बहुत कम बाहर निकलते थे, वापस कलकत्ते लौट गई। उसके जाने के बाद दो दिन तक दूर दिखते तेंदू के पत्तों वाले पहाड़ को दिन भर और उसके पीछे डूबते सूरज को शाम देर तक देखकर लड़का भी कलकत्ते चला गया। कई लोगों ने उसके जाने के बाद अपने अंतर्मन में छुपाकर रखे गए ऐसे कई किस्से एक-दूसरे को सुनाए जिनमें इस तरह के अनमेल लड़के-लड़की के बीच भी प्रेम-संबंध पनप जाता था। कई लोगों के पास बड़ी उम्र की औरतों द्वारा छोटी उम्र के लड़कों को फँसाने की दास्तानें निकल आईं। एक सप्ताह तक ऐसा सिलसिला रहा फिर ऊबकर लोग दूसरे-तीसरे किस्सों की बात करने लगे। गोलघर रोज रात को देर तक लड़के-लड़कियों के हुल्लड़ और फिल्मी गीतों से गुंजार रहता था। बड़ी उम्र के लोगों में ताजी सब्जियों–गाजर, मूली, गोभी–की चर्चा रहती थी और तरह-तरह के पकवानों की, जो एक दूसरे को दावत पर बुलाने के लिए पकाए जाते थे। विश्राम-गृह के बाहर मूड़ी-पुचके-चाय की दुकानों पर सुबह-शाम तिल रखने की जगह नहीं रहती थी और इन सबके बीच आगे की तरफ कोयलेवाली रेल और पीछे की तरफ मेन लाइन पर राजधानी जानेवाली रेलों की सीटियाँ हमेशा की तरह गूँजती रहती थीं। पीछे के तालाब में मछली खानेवाली नीली चिड़िया तीर की तरह डुबकी मारकर पानी से मछली पकड़कर ले जाती थी और सोनपाखी 'कहाँ हो', 'क्या कहूँ' जोर-जोर से बोलती हुई मंदिर के ऊपर बेल के पेड़ में घुस जाती थी। सूरज का लाल गोला रोज धरती से अनदेखा निकलता और पहाड़ी के पीछे जाकर उसे सोने के पहाड़ में बदलता धरती के दूसरे छोर पर सुबह करने चला जाता था।

कलकत्ते लौटकर लड़के ने पाया कि दुनिया बहुत बदल गई है। गाड़ियों की गड़गड़ाहट से गुर्राते और उनके धुएँ में हवा के लिए छटपटाते शहर में लौटकर उसे कोई शिकायत नहीं हुई क्योंकि उसने पाया कि शहर का आकाश निराले रूप से सुंदर है। उसने देखा कि सूर्योदय और सूर्यास्त को यहाँ भी खोजा और पाया जा सकता है। उसने अपने पार्टनर का अता-पता ढूँढ़ने की कोई कोशिश नहीं की। वह उन सारी बातों को इकट्ठा करने में लगा रहा, जो जीवन और प्रकृति उसे तरह-तरह से सिखा रही थीं। उसने अपने सोने की जगह बदल ली और पूर्व दिशा की ओर मुँह कर सोने से उसने तारों की कनात को रात को धीरे-धीरे ऊपर की ओर खिसकते पाया। कभी खिड़की पर रात तीन बजे शुक्र तारा उसे आकर जगा गया। अमावस्या के पहले दिन तक वह सूर्योदय के ठीक पहले चाँद की पतली

लकीर को देख लेता था। उसने शहर के हरेक स्थान को घूम-घूमकर देख लिया, जहाँ पुराने पेड़ थे। वह हर जगह आदमियों को न देखकर पेड़ों को पहचानता चलता था। शहर के पास के इलाकों में वह उन जगहों पर घूम आया जहाँ तालाब-ही-तालाब थे और उनके बीच चलने को एक सँकरी पगडंडी मात्र थी। कहीं उसे जलकुंभी के नीले मोरपंखी फूलों का फैलाव मिल गया, कहीं उसे अचानक शत-शत कमल के फूलों से भरा सरोवर मिल गया और कहीं सुर्ख लाल कुमुदिनी से भरा तालाब। उसने हर ऋतु को पहली बार जाना : वसंत ऋतु में आते नए पत्तों ने उसमें उल्लास की हिलोर भर दी, तो कभी इस सोच से वह सिहर उठा कि गर्मी के बाद काले मेघ बंगाल की खाड़ी से चले आएँगे। शरद ऋतु में उसे अनायास कास के सफेद लहराते वन मिल गए और कहीं-कहीं पतझड़ का आरंभ दिखाई पड़ा। उसके अंदर एक विचित्र वेदना और उल्लास एक साथ घुले-मिले थे, जिसका कोई कारण वह नहीं बता सकता था। हर क्षण उसे लगता था कि न जाने कब और कहाँ कुछ नया मिल जाएगा। हर घड़ी वह किसी खोज में था। इतने में जाड़े की पहली हवा चल पड़ी और उसे ट्रेन की सीटियाँ याद आने लगीं।

अपनी उम्र का एक साल गुजारकर लड़का वापस शिरीष के पेड़ में टें-टें करते तोतों के पास लौट आया। उसने कमरख के पेड़ के तने को छूकर देखा और उसकी छाया में एक सिरे से दूसरे सिरे तक चलकर गया यह देखते हुए कि उसमें कितने कमरख लगे हुए हैं। अपना सामान घर में रखकर वह पिछवाड़े की तरफ के मकानों के सामने से गुजरता हुआ जब तालाब के पास पहुँचा तो उसे यह देखकर कोई आश्चर्य नहीं हुआ कि पार्टनर वहीं उसी तरह बैठी थी। यह कोई संयोग नहीं था। यह सिर्फ वैसी ही एक आयोजित घटना थी, जिस तरह चाँद और तारे खुद उसे उठाकर उससे मिल लेते थे। वह जानता था कि वे भी उससे मिलने के लिए उससे कम उत्सुक नहीं हैं। उसने पपीते के पेड़ की तरफ देखा तो यह देखकर उसे एक क्षण के लिए खिन्नता हुई कि वहाँ पपीते का पेड़ नहीं था। पार्टनर ने अभी तक उसे नहीं देखा था क्योंकि वह सिर झुकाए इस तरह बैठी थी जैसे जमीन में कुछ खोज रही हो। उसने लड़के के कदमों की आहट से सिर उठाया, तो लड़का एक मिनट के लिए चौंक गया क्योंकि उसकी माँग में सिंदूर की लाल रेखा खींची हुई थी। "अच्छा, तो तुम आ गए"—लड़की ने मुसकराकर कहा। लड़के को उसे बहुत कुछ कहना था, पर वह चुप रहा और लड़की की पीली सलवार-कुरती पर मँडराती पीली तितली को देखता रहा। एक क्षण के लिए उसके दिमाग में वे खेतों की मेंड़ें, वे तालाबों के किनारे और नदियों की पतली धाराएँ कौंध गईं, जिन पर चलकर वे पहाड़ की तलहटी तक पहुँचे थे। "तो आपकी शादी हो गई—हम लोगों

को बिना बताए ?''–उसने भरसक अपनी आवाज को सामान्य रखते हुए कहा। लड़की ने तितली को देखते हुए कहा–''शादी तो मेरी दो साल पहले ही हो गई थी।'' लड़का साँस रोके खड़ा रहा कि वह आगे बोले। लड़की ने उसके चेहरे की गंभीर जिज्ञासा को आँख-भर देखा। ''मैं लौट आई थी माँ के पास–अपनी मरजी से।'' लड़की फिर नीचे जमीन में कुछ देख रही थी। लड़के का मन हुआ कि पूछे–'किसलिए ?' तभी उसे चिरमठी और केवड़ेवाला गीत याद आ गया जिसमें लड़की की माँ लड़की के पिता से कहती है कि हमारे आँगन में तो चिरमठी का मामूली-सा पौधा है जबकि हमारे समधी के आँगन में केवड़ा फूलता है। उसने गीत के बोल माँ से सीखकर याद कर लिये थे और केवड़े के झाड़ भी 'बोटेनिकल गार्डन' में देख आया था। उसे लड़की की चिरमठी का गीत बताते हुए उदासी भी याद आई। वह लड़की के साथ बिताया कोई क्षण नहीं भूला था। ''आपके वे नहीं आए यहाँ ?''–लड़के ने अपनी धड़कनों को अपने कानों में बजते सुना। उसके अंदर जैसे कोई प्रार्थना चल रही थी। उसके दिमाग में रेल लाइन पर हाथ पकड़कर साथ चलने का दृश्य कौंधकर गायब हो गया। ''आए हैं, सो रहे हैं।'' ''वे उगता हुआ सूरज नहीं देखते आपके साथ ?''–यह कहते-कहते लड़के ने अपना चेहरा छिपाने के लिए पपीते के अदृश्य पेड़ की तरफ मुँह घुमा लिया। उसकी आँखें तालाब की तरह हो जाना चाह रही थीं।

एक पेड़ की मौत

कहानियाँ कई बार शीर्षक लगाकर ही पैदा होती हैं और चूँकि यह एक ऐसी ही कहानी है, इसके साथ यह खतरा जुड़ा हुआ है कि आप समझ लें कि आप इसे पहले ही भाँप सकते हैं और खारिज कर दें। यों भी पेड़—और वह भी कलकत्ता जैसे महानगर में—तो मरते ही रहते हैं और किसे पड़ी है कि यहाँ-वहाँ सड़कों पर पेड़ों तले टूटे-फूटे बरतन-भाँड़ों के साथ गृहस्थी जमाए मरते-जीते लोगों के शहर में, एक पेड़ की मौत का मातम मनाए ?

लेकिन जिस व्यक्ति से हमने यह कथा सुनी, उसी की शैली में हम आपको कथा सुनाने से पहले ही यह बता देना चाहते हैं कि इस पेड़ की मौत में कुछ ऐसा है कि आप चकरा जाएँगे और कथा के अंत में जो सवाल आपसे पूछा जाएगा, उसका उत्तर आप जो भी देंगे, वह न सिर्फ आपको खुद अपने बारे में कुछ जानकारी दे जाएगा, बल्कि आपको इस शक में डाल देगा कि क्या आप पूरी तरह सही हैं ?

जगन्नाथ बाबू हमारे पुराने पड़ोसी हैं और उन्हें कथाएँ-किस्से

सुनाने का बेहद शौक है। उनमें खासियत है कि वे हर उम्र और हर किस्म के व्यक्ति को ऐसी कथा सुना सकते हैं कि वह ऊब ही नहीं सकता। शायद उनसे ज्यादा कोई यह बात नहीं जानता कि हर आदमी की पसंद की कहानी अलग होती है और कोई ऐसी कहानी नहीं हो सकती जो सबको पसंद आए।

जगन्नाथ बाबू के पास इतने कहानी-किस्से होना और उससे भी ज्यादा उन्हें सुनाने की ऐसी इच्छा होना—दोनों ही उन्हें जान लेने के बाद कोई अनोखी बातें नहीं हैं। एक तो जगन्नाथ बाबू ने आज तक छः साल से ज्यादा कभी भी एक जगह नौकरी नहीं की है और पचास के पास पहुँचते-पहुँचते अब तक तीस-चालीस नौकरियाँ बदल चुके हैं। जिंदगी में इस तरह दफ्तर बदलनेवाले लोग एकाध नहीं तो, कम-से-कम दुर्लभ तो होते ही होंगे। जहाँ सारा जमाना इस फिराक में हो कि जैसे-तैसे-कैसे जूते खाकर भी एक जगह टिकने के फायदों को उठाकर जिंदगी को सहा जाए, वहीं जगन्नाथ बाबू का जब सुनो, तभी दफ्तर बदल जाता है। कहते हैं कि शहर में उनका नाम है कि उनके जैसा मुनीम होना मुश्किल है; बड़े-बड़े ऑडिटर और एकाउंटेंट तक उनके आगे फेल हैं—किसी भी कंप्यूटर या कैलकुलेटर से जल्दी वे हिसाब कर सकते हैं और उनके पास अपने ईजाद किए हुए ऐसे-ऐसे फार्मूले हैं कि वे किसी भी गलती को पकड़ने में दो मिनट से ज्यादा समय नहीं लगाते।

जगन्नाथ बाबू बेशक गुणी तो हैं ही कि दफ्तर बदलने में उन्हें दिक्कत न हो, सबसे बड़ी बात यह है कि शादी न करने के कारण उनके पास कोई बीबी भी नहीं, जो आम दुनियावी औरतों की तरह एक जगह टिके पड़े रहने की कायल हो और प्रोविडेंट फंड, ग्रेच्युटी आदि के नुकसान की बातें उन्हें समझा सके। नतीजा यह कि जगन्नाथ बाबू मानो कहानी-किस्से बटोरने के लिए ही दफ्तर-पर-दफ्तर बदलते जाते हैं। कहीं न टिकना जैसे उनका स्वभाव है। न जाने कैसे उन्हें समझ में आ जाता है कि यहाँ काम पूरा हो गया और अब जिंदगी को दूसरे खाँचे में डाल देना है। उन्हें अपनी जिंदगी के सारे टुकड़े अलग-अलग नौकरियों में काटी जिंदगियों की तरह पूरे-पूरे याद हैं और वे अक्सर अपनी बात इसी तरह शुरू करते हैं कि 'यह उन दिनों की बात है जब मैं फलाँ जगह काम करता था।'

संभवतः कहानी सुनाने की इच्छा भी और-और दूसरी आदतों की तरह रक्त में अपने पूर्वजों से चली आती है—कम-से-कम जगन्नाथ बाबू के साथ तो यही सच है। दरअसल जगन्नाथ बाबू की कहानियों में उनके अपने जीवन की कहानी भी बार-बार चली आती है और उन्हें सुनते-सुनते उनके नजदीक के लोग अब उन बातों को एक फिल्म के हिस्से की तरह देख सकते हैं। जगन्नाथ बाबू के ऐसा कुछ कहते

ही सब लोग अपनी-अपनी फिल्में देखने लगते हैं। सबने जगन्नाथ बाबू की बातों से अपनी-अपनी कल्पना में अलग-अलग शक्ल-सूरतों के पात्र अलग-अलग मकानों-इलाकों में बैठा रखे हैं और यह कोई कैसे जान सकता है कि सबकी फिल्म एक-दूसरे से कितनी अलग है—भले ही वह एक ही कहानी के आधार पर बनी हो।

सबकी फिल्मों में जगन्नाथ बाबू के पिता कलकत्ता के श्यामबाजार के इलाके में एक बंद गली—या अंधी गली, जिसके आगे कोई रास्ता नहीं फूटता और वहीं से वापस लौट आना होता है—के अंतिम मकान में एक व्हील-चेयर पर बैठे हुए कहानियाँ बुनते रहते हैं। वे हर आनेवाले को देखकर प्रसन्न होते रहते हैं, जबकि उनकी माँ सिर झुकाए आम की गुठलियाँ सुखाती रहती है। उनकी माँ के चेहरे पर कभी हँसी का लेश भी नहीं रहता। वह एक कड़े चेहरेवाली मर्दाना-सी औरत है, जो अपने संकल्प की बिलकुल पक्की है। अपने जीवन में आ पड़ी दरिद्रता, बीमारी और अपाहिजपन से लड़ने का उसका संकल्प ऐसा दृढ़ है कि वह एक मिनट खाली नहीं बैठती। हर वक्त काम में जुटी रहती है। उसके लिए पति-सेवा—और वह भी एक अपाहिज पति की सेवा—एक ऐसा कर्त्तव्य है जो मानो खुद ईश्वर ने उसके हाथों में थमाया है। उसके पालन में वह एक क्षण का आलस नहीं करती, एक क्षण के लिए भी नहीं थकती और कभी किसी काम में एक क्षण की देर नहीं करती। संभवतः—जैसा कि जगन्नाथ बाबू ने एक बार कहा—अपाहिजपन से जूझनेवाले लोग बहुत बार जिंदगी को एक घोर कर्त्तव्य की तरह ही जी पाते हैं।

जगन्नाथ बाबू की दोनों बड़ी बहनें हर समय नाच-गान के ट्यूशन देने और सिलाई-बुनाई में लगी रहती हैं। इन दोनों कामों से फुरसत मिलने पर वे एक चौकी पर चॉक से हिंदी की सारी वर्णमाला अ, आ, से क्ष, त्र, ज्ञ तक लिखकर—यानी एक प्लेनचेट बनाकर—उस पर एक कटोरी को उलटाकर उस पर अँगुली रखकर न जाने किस-किस की आत्मा का आह्वान करती रहती हैं। उन्हें खासतौर से गाँधी जी की आत्मा को बुलाने का शौक है, हालाँकि उन्हें ठीक समझ नहीं पड़ता कि गाँधी जी की आत्मा कटोरी में इतनी चुप क्यों बैठी रहती है। वह जैसे हमेशा कुछ सोच में डूबी निस्पंद पड़ी रहती है। लेकिन वह महात्मा—यानी एक महान आत्मा—होने के कारण दोनों बहनों को कभी डराती नहीं। उन्हें मालूम है कि वह उन्हें कोई नुकसान नहीं पहुँचाएगी। एक बार बड़ी बहन ने एक अखबार में कहीं एक लेख देखा था जिसका शीर्षक था—'गाँधी जी की आत्मा आज रो रही है'। तब जाकर उन्हें समझ में आया था कि गाँधी की आत्मा चुप क्यों रहती है। उस दिन व्हील-चेयर पर बैठे जगन्नाथ बाबू के पिता ने इसी शीर्षक की एक कहानी बुनी थी।

कई बार आत्माएँ हिंसक होती हैं और वे बुलानेवाले के शरीर में कुछ तकलीफ पैदा कर देती हैं—गला घुटने लगता है, कान सूँ-सूँ करने लगते हैं, आदि-आदि। तब ऐसे मौकों पर आत्मा से हाथ जोड़कर बहुत दीन होकर प्रार्थना करनी पड़ती है कि वह उन्हें माफ कर दे और अपने स्थान पर वापस लौट जाए। कई बार आत्माओं को—खासकर नजदीकी लोगों की आत्माओं को—इतना संसार से मोह हो आता है कि वे वापस जाना नहीं चाहतीं। जगन्नाथ बाबू की बड़ी बहनें ऐसे मौकों पर रो-रोकर माँ का डर दिखाकर इन आत्माओं से लौट जाने की प्रार्थना करती हैं।

हम लोगों की फिल्मों में जगन्नाथ बाबू के परिवार से जुड़े ऐसे और बहुत सारे अद्भुत ब्यौरे हैं, जिन्हें कहने से हमें बचना पड़ेगा क्योंकि कहानी का पहले से लगा शीर्षक फिर हमें याद दिला रहा है कि यह कहानी का मूल कथ्य नहीं है। न कभी जगन्नाथ बाबू के साथ ऐसा हुआ और न कभी व्हील-चेयर पर बैठे-बैठे कहानियाँ बुनते-सुनाते उनके पिता के साथ—कि उन लोगों ने कहानी कुछ सुनानी शुरू की हो और सुना कुछ और गए हों। वे हमेशा ठीक-ठीक कहानी कहनेवाले लोग रहे हैं और उन्हें हमेशा मालूम रहता है कि कहानी कितनी सुनानी है, किस तरह सुनानी है और सबसे बड़ी बात कि कहाँ क्या कहना है और किस तरह कहना है।

हाँ, तो जगन्नाथ बाबू इस पिछली नौकरी में पूरे-पूरे छह वर्ष टिके। सब कोई हैरत में थे कि क्या जगन्नाथ बाबू को कोई साँप सूँघ गया है या उन्होंने ही किसी साँप को सूँघ लिया है। अब देखिए, साँप का बिंब भी हमारी कथा में जगन्नाथ बाबू के कारण ही चला आया है। दरअसल जगन्नाथ बाबू की छोटी बहन सर्प-नृत्य में बहुत कुशल थी और कहते हैं कि वह नाचते समय बिलकुल साँप की तरह ही लचीली और गति-थिरकन से युक्त हो जाती थी। ऐसे लगता था कि उसमें किसी नागिन की आत्मा प्रविष्ट हो गई हो। उसने इस नृत्य में न जाने कितने पुरस्कार जीते थे। अंत में यही नृत्य करते-करते एक दिन उसकी एक पसली टूटकर उसके फेंफड़ों में घुस गई और वह स्टेज पर ही मर गई।

बहरहाल, कहने का आशय यह था कि जगन्नाथ बाबू का एक नौकरी में छह साल तक टिक जाना उन्हें जाननेवालों को अचंभे में डालने के लिए बहुत था और सब समझ सकते थे कि इसका कारण कुछ-न-कुछ अद्भुत ही होगा। क्या जगन्नाथ बाबू किसी स्त्री के प्रेम में पड़ गए थे ?—सबसे पहले लोगों को ऐसा शुबहा हुआ। आखिकार स्त्रियाँ दफ्तरों में खिले हुए कमल के फूलों की तरह होती हैं जिन पर पुरुष भँवरों की तरह मँडराने के लिए मजबूर होते हैं। अभी हाल में कलकत्ते

में बैंक ऑफ अमेरिका ने अपनी शाखा खोली है और वहाँ कटे हुए छोटे-छोटे झूलते रेशमी बालों वाली लड़कियों को देखकर ऐसा लग ही रहा था कि कलकत्तेवालों के सारे खाते यहीं खुल जाएँगे कि दो बड़े पुराने विदेशी बैंकों के अपना कार्यालय बंद करने की घोषणा अखबार में आ गई। इसी तरह कलकत्ते में जब दिल की बाइपास सर्जरी करनेवाला पहला-पहला अस्पताल खुला, तभी कंप्यूटरों के बटन दबाती, चमकीली आँखोंवाली तन्वंगी लड़कियों को देखकर ही हमें समझ में आ गया था कि अस्पतालवालों का सौंदर्य-संग्रह-बोध रंग लाएगा। सुना है कि वहाँ बाइपास सर्जरी कराने के लिए कई बार महीने-महीने इंतजार करना पड़ता है क्योंकि अक्सर बहुत लंबी 'क्यू' लगी होती है।

जगन्नाथ बाबू के एक दफ्तर में टिके होने का कारण किसी सुंदरी की उपस्थिति होना इसलिए भी समझ में आ रहा था क्योंकि जगन्नाथ बाबू का यह दफ्तर एक 'पॉश' इलाके की एक बहुमंजिली इमारत के नौवें तल्ले पर था और वहाँ ऐसे किसी आकर्षण के उपस्थित होने की संभावना आमतौर से कहीं अधिक थी। आखिर पैसे का आकर्षण ही तो सुंदरता के लिए चुंबक का काम करता है। लोगों का यह सोचना कि जगन्नाथ बाबू प्रेम में पड़ गए हैं, और भी पक्का हो चला, जब जगन्नाथ बाबू अचानक चिड़ियों की बातें करने लगे। लोग 'चिड़ियों' का अर्थ लड़कियाँ लगाते और जगन्नाथ बाबू की बातों पर बड़ी भेद-भरी मुसकराहट लिये मुसकराते। खासकर जगन्नाथ बाबू एक लाल चोंच वाली पीली-काली चिड़िया की जब बातें करते, जो 'क्या कहूँ' 'क्या कहूँ', बोलती है, तब लोगों के लिए हँसी दबाना मुश्किल हो जाता।

जगन्नाथ बाबू के व्यक्तित्व में कुछ ऐसा तत्त्व था कि लोग उनकी ओर सहज आकर्षित होते थे। शायद यह जिंदगी को एक कहानी की तरह देख पाने से अन्तस् से उपजी प्रसन्नता ही होगी जिसकी तरफ आदमी खिंचे बिना नहीं रहता था। जगन्नाथ बाबू को कभी किसी ने दुखी नहीं देखा था—यहाँ तक कि अपने अपाहिज पिता, आम की गुठलियाँ सुखाती माँ और स्टेज पर मर जानेवाली बहन की बातें भी वे इस तरह बताते थे जैसे जीवन को रहस्य की तरह देख पाने के कारण भीतर-ही-भीतर बहुत आनंदित हों। अलबत्ता उनकी बड़ी बहन का क्या हुआ, यह बात उन्होंने कभी किसी कहानी में नहीं बताई। उनकी माँ ने विधवा होने के बाद अनाज, नमक और चीनी खाना और चप्पल पहनना छोड़ दिया था। जिस लगन से उन्होंने अपने पति की सेवा की थी, उससे भी अधिक दृढ़ता से उन्होंने अपने कुल की कई सौ साल पहले हुई एक सती—जमुली सती—के प्रचार-प्रसार में अपना

जीवन लगा दिया था। वे उनका जुलूस लेकर सैकड़ों मीलों की कई बार पैदल यात्राएँ कर चुकी थीं और उनका यह साध्वी रूप इतना प्रभावशाली था कि जमुली सती दादी की तसवीरें घर-घर में लग गई थीं और उनका मंदिर भव्य से भव्यतर होता चला गया था। एक बार जगन्नाथ बाबू ने ही बताया कि जमुली सती दादी के आदेश से ही उनकी माँ ने अपने इकलौते बेटे—यानी जगन्नाथ बाबू—की शादी न करने की इच्छा को भी सहर्ष स्वीकार कर लिया था।

जगन्नाथ बाबू में छिपी एक विचित्र आकर्षण-शक्ति को जानने वाले लोगों को इस बात में कोई पोल नहीं लगी कि कोई काली-पीली साड़ी पहननेवाली लड़की इस कदर उनके प्रेम में पड़ गई है कि 'क्या कहूँ', 'क्या कहूँ' कहती रहती है। लोग भीतर-ही-भीतर बहुत प्रसन्न हुए। कहीं तो इस आदमी के अंदर अकेलापन और उदासी छिपी होगी—क्या ऐसा संभव है कि कोई ऐसा आदमी हो, जिसके अंदर यह सब न हो और वह धरती पर साँस लेता हो ? चलो, इस उम्र में ही सही, इसने मनुष्य का शरीर धारण कर मिलनेवाली इस अमूल्य वस्तु यानी प्रेम का अनुभव तो किया। क्या पता इसीलिए यह शख्स दफ्तर-दर-दफ्तर भटकता रहा कि इस अनुभव से गुजर सके। जगन्नाथ बाबू ने ही एक बार एक कहानी में बताया था कि प्रेम ही आदमी की एकमात्र ऐसी सच्ची अनुभूति है जिसमें उसका 'स्व' किसी दूसरे के सामने विलीन हो जाता है और उसका अहंकार लुप्त हो जाता है। वे अपनी माँ के लिए अपने पिता की मृत्यु के बाद जमुली सती की उपस्थिति की जरूरत के बारे में बताते हुए कह गए थे कि धर्म के सारे नकली कर्मकांड और ताम-झाम किसी सच्ची-मुच्ची के प्रेम-पात्र के न होने पर पैदा होते हैं। आदमी के अंदर ऐसे अनुभव की गहरी चाह कभी मरती नहीं, जहाँ उसका अहंकार मटियामेट हो जाए। और कुछ नहीं होता, तो वह धर्म की शरण में जाता है।

जगन्नाथ बाबू की इस तरह की बातों को सुनकर, उनकी कहानियाँ सुनते हुए लोगों के दिल में एक शूल-सा चुभ जाता था कि क्या जगन्नाथ बाबू अपने जीवन में इस तरह की कमी नहीं महसूस करते ? क्या वे आदमी मात्र की इस चरम अभीप्सा के परे हैं ? इसलिए अब लोगों के दिल में उनकी 'क्या कहूँ', 'क्या कहूँ' कहने वाली 'चिड़िया' के प्रति एक सच्ची सदाशयता जागी और उनके कलेजे ठंडे पड़ गए कि जगन्नाथ बाबू के जीवन की यह अपूर्णता तो मिटी।

जगन्नाथ बाबू न जाने लोगों की समझ के बारे में क्या समझ रहे थे। न उन्होंने लोगों की भेद-भरी मुसकराहट पर प्रकट रूप से कोई ध्यान दिया और न अपने तौर-तरीके बदले। वे पूरे उत्साह से दूसरी 'चिड़ियों' के बारे में भी लोगों को

बताने लगे कि एक लंबी पूँछवाली काली-सफेद-भूरी-मटियाली रंगवाली चिड़िया इस तरह बोलती है जैसे कोई दरवाजा खुल और बंद हो रहा हो; लाल सिर वाली हरी चिड़िया हुडुक-हुडुक बोलती है और नीली चिड़िया खाली तभी नीली दिखती है जब वह उड़ने के लिए अपने पंख खोलती है।

जगन्नाथ बाबू की इन बातों ने लोगों के दिल को धक्का-सा पहुँचाया। उन्हें यह काली-पीली साड़ीवाली प्रेमिका के प्रति गैर-वफादारी का रुख लगा और उनके दिलों में जगन्नाथ बाबू के प्रति किंचित् रोष भी उत्पन्न हुआ। इधर जगन्नाथ बाबू ने अचानक चिड़ियों की बातें करनी कम कर दीं, जैसे अब उनकी दिलचस्पी कहीं और मुड़ गई हो और पेड़ों की बातें करने लगे। वे गुलमोहर, अमलतास, पलाश, सेमल आदि पेड़ों के नाम इस तरह लेते, जैसे ये सब उनके कितने पुराने बंधुओं के नाम हों। उनकी हर कहानी में घूम-फिरकर कोई-न-कोई पेड़ चला आता। कभी वे बहाने से कहते कि यह उस समय की बात है कि जब पलाश फूल रहा था; कभी कहते कि उम्र बीत चली और अब जाना कि हर पेड़ का पतझड़ और वसंत अलग समय पर होता है। फिर एक दिन अचानक वे सबको भूलकर एक पेड़ की बात करने लगे, जिसका कोई नाम नहीं था।

जगन्नाथ बाबू ने बताया कि उनका वह पेड़, जिस पर वे चिड़ियों को देखा करते हैं, वसंत के मामले में सबसे ढीला है। उसमें तब वसंत आता है, जब और सारे पेड़ों के पत्ते पुराने पड़ जाते हैं। उसका नाम उन्होंने 'चिड़ियों वाला पेड़' रख दिया क्योंकि उन्हें किसी तरह उस पेड़ का नाम पता नहीं चल रहा था। न जाने कैसे उनमें यह परिवर्तन आया कि उन्होंने कहानियाँ तक बुनती-सुनानी छोड़ दीं और दफ्तर के बाद वृक्षों पर लिखी हुई ढेर सारी किताबों को लाकर उनमें मगजमारी करने लगे। लोग हैरान थे कि उन्हें क्या हो गया है। अब जाकर लोगों को मानना ही पड़ा कि जगन्नाथ बाबू की चिड़ियाँ सचमुच की चिड़ियाँ थीं और उनके पेड़ सचमुच के पेड़ हैं।

जगन्नाथ बाबू वृक्षों वाली किताबों के पन्ने इस कदर उलटते-पलटते रहते, जैसे न जाने किस पन्ने में कोई चीज दबाकर भूल गए हों और उसे ढूँढ़ रहे हों। जब लोगों ने बहुत बार पूछ लिया कि वे क्या खोज रहे हैं, तो जगन्नाथ बाबू ने जैसे मजबूर होकर बताया कि दरअसल वह पेड़, जिस पर सब नीली-पीली-हरी-कत्थई चिड़ियाँ आती हैं, एक विचित्र पेड़ है, जिसका नाम कहीं खोजे से भी नहीं मिल रहा है। वह पेड़ सौ साल पहले अंग्रेजों के द्वारा कलकत्ते में बनाई गई सैकड़ों एक-जैसी पीले रंग की एक-मंजिली कोठियों में से उनके दफ्तर के पिछवाड़े में बनी

एक ऐसी ही कोठी में न जाने किसके द्वारा कहाँ से लाकर लगाया गया पेड़ है। इस पेड़ का नाम उन्हें शहर के सबसे जानकार वनस्पति-शास्त्री भी नहीं बता सके हैं। यह पेड़ बहुत पुराना है और ऐसा मालूम होता है कि सब चिड़ियों को पीढ़ी-दर-पीढ़ी इस पेड़ के बारे में मालूम रहता है। इस पेड़ में दूर-दूर से आनेवाली चिड़ियों के लिए जैसे एक आकर्षण है। न जाने कहाँ-कहाँ से यह चिड़ियों को अपनी ओर खींच लेता है और उस पेड़ पर बैठने के लिए ही शायद वे दूर-दूर का सफर तय करती हैं।

जगन्नाथ बाबू की इन बातों से लोग बहुत चकित हुए। चकित ही नहीं, मुग्ध भी हुए। कितनी सुंदर बात है कि कोई ऐसा पेड़ हो, जो पीढ़ी-दर-पीढ़ी चिड़ियों को अपने पास बुला सकता हो। ऐसा पेड़ तो शायद स्वर्ग की कल्पना में ही कभी किसी ने देखा-सोचा हो। असलियत में ऐसा पेड़ हो सकता है, यह तो कल्पना के परे है। लेकिन जगन्नाथ बाबू की कहानियाँ सुननेवाले लोगों में हर तरह के लोग थे, जैसे कि दुनिया में हर जगह हर समय मौजूद रहते हैं। उनमें से कुछ को यह बात नितांत असंभव लगी कि एक भीड़-भाड़ वाले शहर में बहुमंजिली इमारतों से घिरे एक पुराने मकान में ऐसा कोई अद्भुत, अनोखा पेड़ मौजूद हो, और जगन्नाथ बाबू के सिवाय किसी और को उसके बारे में पता तक न हो। यदि सचमुच कोई ऐसा पेड़ होता, तो क्या अब तक सारे संसार में यह खबर सुर्खियों में नहीं आ जाती ? क्या अब तक अमेरिका के वैज्ञानिक हाथ-पर-हाथ धरे बैठे रहते, और इस पेड़ के रहस्य का पता न लगा लेते ?

बाकी लोगों ने सहज रूप से जगन्नाथ बाबू की बातों को सच ही नहीं माना, बल्कि उतनी ही सहजता से उस पेड़ को देखने की इच्छा व्यक्त की। जगन्नाथ बाबू ने तब उन्हें सालिम अली नामक एक चिड़िया-विशेषज्ञ की किताबों में उन नीली-पीली-हरी-कत्थई चिड़ियों की तसवीरें भी दिखाईं, जिन्हें वे उस पेड़ पर देखते आ रहे थे। उन्होंने बताया कि अब सालिम अली के सहारे वे न सिर्फ उन चिड़ियों के नाम जान गए हैं, बल्कि उन चिड़ियों को उनकी बोली से भी पहचानने लगे हैं। बिना देखे भी उन्हें पता चल जाता है कि उस पेड़ पर फलाँ चिड़िया आई है। जगन्नाथ बाबू ने सब लोगों को आश्वासन दिया कि एक-एक करके 'लंच' के समय उनमें से हरेक व्यक्ति को दफ्तर बुलाकर वह पेड़ दिखा देंगे—अलबत्ता मुश्किल यह रहेगी कि उस बेला में प्रायः चिड़ियाँ दिखाई नहीं पड़तीं। वे अक्सर दोपहर तीन बजे के आसपास आनी शुरू होती हैं।

जगन्नाथ बाबू के 'पॉश' इलाके के शानदार दफ्तर में उनके सारे लोग

एक-एक करके अपने सबसे अच्छे कपड़े धारण करके पहुँचे और वहाँ उपस्थित शानदार लोगों के बीच अपने-आपको निहायत घटिया महसूस करते हुए वह पेड़ देख आए। लेकिन इस 'देखा-देखी' ने उनके और जगन्नाथ बाबू के बीच जैसे कुछ बदल डाला। यों तो जगन्नाथ बाबू के सुदर्शन व्यक्तित्व और आंतरिक प्रसन्नता के कारण उनके सभी साधारण वस्त्र हमेशा असाधारण रूप से शानदार दिखते थे, पर अब उनके दफ्तर में जाकर लोगों के मन में यह भ्रम पैदा हो गया कि जगन्नाथ बाबू ने उन लोगों पर मानो तरस खाकर ही उन्हें अपना मित्र बना रखा है। क्या हैसियत का इतना बड़ा फर्क मन को आच्छादित होने से रोक सकता है ? लोगों ने पहली बार पाया कि जगन्नाथ बाबू के प्रति उनके हृदय में गाँठ सी पड़ गई है। इसी गाँठ के चलते लोगों ने पाया कि उन्हें वह पेड़ कलकत्ता शहर के हजारों-लाखों पुराने पेड़ों की तरह एक मामूली पेड़ लगा, जिस पर न उनकी कल्पना के 'कल्पतरु' की तरह कोई अद्भुत रंग के फूल खिले थे और न ही उनसे कोई दिव्य सुगंध उठ रही थी। दोपहर के वक्त रंगीन चिड़ियों की जगह एकाध कौवे, गौरैया और मैना जैसी आम और मामूली चिड़ियाँ ही वहाँ बैठी नजर आईं।

आश्चर्य को नियोजित करना प्रकृति का शायद एक खेल है, जिसे एक खेल की तरह से न देख सकनेवाले 'संयोग' कहकर पुकारते हैं। इसी संयोग से जगन्नाथ बाबू की इस अद्भुत पेड़ की कहानी पर रत्ती-भर भी विश्वास न करनेवाले हमारे ही इलाके के बैरिस्टर निमाईसाधन घोष ठीक तीन बजे जगन्नाथ बाबू के दफ्तर की उसी इमारत की छत पर दरबान को दस रुपए घूस खिलाकर अकेले पहुँचे और उन्होंने अपने साथ ली हुई दूरबीन से न सिर्फ नीली-पीली-हरी-कत्थई चिड़ियाँ देखीं, बल्कि आधे शरीर में जेबरा जैसी धारियों और आधे शरीर में गेरुआ रंगवाली एक शानदार किलंगी वाली चिड़िया भी देख ली।

उस शाम हमारे इलाकेवालों को एक अद्भुत दृश्य दिखाई पड़ा। बैरिस्टर निमाईसाधन घोष जगन्नाथ बाबू के पैरों के पास जमीन पर बैठे थे और किसी तरह उनके बगल में सोफे पर बैठने को तैयार नहीं हो रहे थे। उन्होंने जगन्नाथ बाबू को अपना गुरु घोषित कर दिया था और सालिम अली की किताबों के पन्ने इस कदर धीरे-धीरे पलटकर श्रद्धापूर्वक उस किलंगीवाली चिड़िया को खोज रहे थे, जैसे किसी वेद-उपनिषद के पन्ने उलट रहे हों। अंततः उन्होंने एक किलकारी-सी मारी और सबको पता चला कि उस चिड़िया का नाम 'हूपू' है। इस चिड़िया को आज तक जगन्नाथ बाबू ने भी नहीं देखा था। बाद में किसी विशेषज्ञ से पता चला कि उस चिड़िया का कलकत्ते में दिखाई पड़ना भी अपने-आप में एक आश्चर्य है

क्योंकि यह चिड़िया प्रायः अधिक सूखे प्रदेशों में दिखाई पड़ती है।

आगे की कथा पेड़ों, चिड़ियों और अद्‌भुत किस्सों से दूर जिंदगी के यथार्थ की कथा है। जगन्नाथ बाबू, जो खुद किसी दफ्तर में आज तक इतने बरस नहीं टिके थे, अब एक पेड़ के प्रेम में बँधे हुए उसी दफ्तर में टिके रहना चाहते थे। लेकिन अचानक दफ्तर के मालिक ने उन्हें सारे दिन खिड़की के बाहर देखते रहने के कारण दफ्तर के हिसाब में हुई भूलों के कारण बरखास्त कर दिया। यह तो लोगों को बाद में ही मालूम पड़ा कि जगन्नाथ बाबू को इसके पहले कई बार चेतावनी दी जा चुकी थी। प्रेम का सबसे बड़ा दुर्गुण यह है–जगन्नाथ बाबू ने यह कहानी सुनाते हुए कहा–कि वह व्यक्ति के जीने के ढंग को उलट-पलटकर रख देता है। आदमी अपने पर नियंत्रण खो बैठता है और चकरघिन्नी हो जाता है। उसके संस्कार, उसकी मान्यताएँ, उसकी धारणाएँ और उसकी आदतें–सब रातोंरात हवा हो जाते हैं। ''लेकिन''–जगन्नाथ बाबू ने एक लंबी साँस छोड़कर कहा–''यह कोई नहीं कह सकता कि यह कोई फायदेवाली बात है या नुकसानवाली। सच तो यह है कि कोई नुकसान सचमुच कोई नुकसान नहीं है और यह फायदे-नुकसान वाली भाषा ही गड़बड़ है।''

यह सब कहने के बावजूद लोगों ने देखा कि जगन्नाथ बाबू उदास रहने लगे। तीन दिन तक दफ्तर के क्रम से निजात पाकर उनके पास काफी समय था कि वे पच्चीसों कहानियाँ बुन लेते, लेकिन वे जैसे किसी गम में घुले जा रहे थे। अंत में उनके शिष्य बने हुए निमाईसाधन वकील बाबू ही उनके काम आए। निमाई बाबू ने उनके घुलने का कारण ढूँढ़ने के क्रम में–क्योंकि उसके बिना जगन्नाथ बाबू का पहले जैसा हो जाना संभव नहीं था–बंगाल के वैज्ञानिक जगदीशचन्द्र बोस की 'अव्यक्त' नाम की पुस्तक प्राप्त की और जगन्नाथ बाबू को उसमें से पढ़कर सुनाया–

...वृक्ष क्या कभी बोलते हैं ? लोग बोलेंगे कि भला यह क्या प्रश्न है ? लेकिन गाछ मूक भले ही हों, क्या यह निस्पंद है ? नहीं, यह तो हमारा मूक संगी है जो जीवन के गंभीर मर्म की कथा हमारे लिए भाषाहीन करके लिपिबद्ध कर रहा है। मैंने कभी यों ही बिना सोचे-समझे लिखा था कि वृक्ष-जीवन मानव-जीवन की छाया है, आज देख रहा हूँ कि मेरा वह स्वप्न आज जागरण में भी सच हो गया है...

निमाई बाबू ने देखा कि जगन्नाथ बाबू यह सुनकर कुछ प्रकृतिस्थ हुए हैं और उनकी प्रसन्नता कुछ वापस लौटती-सी लग रही है। निमाई बाबू ने पुस्तक बंद कर दी और कहीं से भी वकील जैसी न लगनेवाली भाषा और स्वर में बोले–''जगन्नाथ बाबू, बचपन में कहानी सुनी थी कि बुद्ध को एक पीपल के वृक्ष के

नीचे निर्वाण प्राप्त हुआ था–तब समझ में नहीं आया था कि इस बात का उस वृक्ष से क्या संबंध है। लेकिन अब सोचता हूँ तो लग रहा है कि हम सभी एक ही अस्तित्व के तो हिस्से हैं–ये वृक्ष ऑक्सीजन छोड़ रहे हैं, तो हम श्वास ले रहे हैं; हम श्वास छोड़ रहे हैं, तो उसी कार्बन-डाइऑक्साइड से ये वृक्ष श्वास ले रहे हैं; और हमारे अंदर वही तो रस है जो इनमें है–जो घास में है–जो फूल में है। आपने हमारे और इनके बीच की लय का अनुभव कर लिया है, जगन्नाथ बाबू।"

जगन्नाथ बाबू का चेहरा दमक उठा। न जाने वकील बाबू ने ऐसा क्या कहा और न जाने जगन्नाथ बाबू ने क्या समझा, लेकिन लगा कि जगन्नाथ बाबू अपने में लौट आए हैं। अब निमाई बाबू लगभग एक तीर्थयात्री की तरह जगन्नाथ बाबू को साथ लेकर ठीक तीन बजे दोपहर अपने उसी परिचित दरबान की मारफ़त उसी दफ्तर की इमारत की छत पर पहुँचे। लेकिन वहाँ जाकर उन दोनों को ऐसा धक्का पहुँचा कि उनकी बोलती बंद हो गई। वहाँ कोई पेड़ ही नहीं था। वह पेड़ इस तरह गायब हो गया था, जैसे वह कभी वहाँ था ही नहीं।

जगन्नाथ बाबू के मन में इस पेड़ की मौत ने एक ऐसा सवाल खड़ा कर दिया, जिसका उत्तर शायद किसी के पास कभी नहीं होगा–क्या वह पेड़ भी उनसे प्रेम करता था और उनके वियोग में देह-त्याग का संकल्प करके उसने तीन दिनों में ही अपने को कटवा दिया ? क्या वह पेड़ बरसों से–दशकों से किसी का इंतजार कर रहा था ? चूँकि यह कोई मनगढ़ंत कथा नहीं है, जैसा कि जीवन में सहज विश्वास करनेवाले जान रहे होंगे, निश्चय ही वे भी इस अबूझ प्रश्न से जगन्नाथ बाबू की तरह ही जूझेंगे।

जगन्नाथ बाबू ने उस पेड़ की द्वादशी का श्राद्ध किया। इस संसार में प्रियजनों की मौतें होती हैं तो हमारे यहाँ बारह दिन की बैठकें होती हैं, जिनमें मातमपुरसी करनेवालों की आवभगत, घर की सफाई, पूजा, विधि-विधान और भोजन का प्रबंध करने में सब मशगूल रहते हैं। जगन्नाथ बाबू ने इन बारह दिनों में न कुछ खाया, न पीया। उनकी आँखें एक क्षण के लिए भी सूखी नहीं दिखीं। जगन्नाथ बाबू के साथ के लोगों ने भी मौन रहकर उनके दुख में उनका साथ दिया। सभी जगन्नाथ बाबू के प्रश्न से ही जूझ रहे थे और किसी के पास कोई उत्तर नहीं था। यदि वह पेड़ कटना ही था, तो पिछले छह वर्षों के दो हजार दिनों में क्यों नहीं कटा ? वह उन्हीं तीन दिनों में क्यों कटा, जब जगन्नाथ बाबू को वहाँ से निकाल दिया गया। क्या वह पेड़ भी जगन्नाथ बाबू को देखा करता था अपने को देखते हुए ?

बहुत सारे लोग इक्कीसवीं सदी के मुँह पर वृक्ष-पूजन जैसी इस तरह की

आदिम बातों से कुढ़ सकते हैं। वृक्षों में संवेदना है, यह तो विज्ञान भी मानता है। यह बात और है कि हमें पता नहीं कि वह किस हद तक जीवित और क्रियाशील है। बहरहाल, जगन्नाथ बाबू इन पक्ष-विपक्ष के तर्कों से आगे निकल आए हैं। उनके नए दफ्तर के दो तल्ले से बिलकुल सटा हुआ एक सेमल का वृक्ष है। जगन्नाथ बाबू का मानना है कि वे सारी चिड़ियाँ, जो उस अनाम पेड़ से उसी तरह बँधी हुई थीं जैसे कि वे खुद, अब इसी सेमल के वृक्ष पर उनके बिलकुल नजदीक आती हैं।

अँधेरी खोह में

फरवरी महीने के अंतिम दिन। कहीं पतझड़ और कहीं वसंत। पलाश और सेमल के वृक्षों ने भूरी-भूरी खाक धूल और एकतरफा उजाड़वाले साल-वृक्षों के बीच इतराने में कोई कसर नहीं छोड़ी है : इनके सामने गुलाबों की बिसात भी क्या होगी ? लेकिन मिसेज शुक्ला बहुत परेशान हैं। उनकी परेशानी का कारण पलाश और सेमल का पुराने साहित्य की तरह इस कदर दहकना ही नहीं है, उसके और भी हजार कारण हैं। अव्वल तो वे मध्य प्रदेश के इस जगदलपुर-बस्तर के आदिवासी इलाके में अपने पति-बच्ची-मित्र-दंपति के साथ महज तफरी के लिए नहीं आई हैं, इसलिए झड़ने से पहले पीले पड़ते हुए पत्तों की फूलों को मात देती हुई सुंदरता के लिए मिलन से अधिक सुंदर वियोग की उपमा का भाव आना उन्हें कोई प्रसन्नता नहीं देता। उनकी चिंताएँ अनंत हैं, जिनमें यूकिलिप्टस के पेड़ों से धरती का पानी सूखना भी शामिल है। तिस पर उनकी लड़की किसी सारी दुनिया देखी हुई, 'मेड इन इंडिया' प्रेम के लिए

तरसती देसी मेम का गाना इतनी बार बजा चुकी है कि उनके अपने दिमाग से अनजाने ही 'मेड इन इंडिया' की धुन निकलकर होंठों पर आकर उन्हें खिन्न कर जाती है।

'संदीपनी' पत्रिका के संपादक घर आकर कोई रचना देने के लिए बहुत आग्रह कर गए हैं। मिसेज शुक्ला चाहती हैं कि इस यात्रा का एक वृत्तांत लिखकर पत्रिका के संपादक को थमा दें। उन्हें यात्राएँ करने का बहुत शौक है। उनकी पिछली कई यात्राएँ आलस और इच्छा की कमी के कारण बेकार चली गई हैं जबकि उनके ही कॉलेज के हिंदी विभाग के मिस्टर वर्मा अपनी ढाका की इकलौती यात्रा की डायरी छपवा चुके हैं। यों मिसेज शुक्ला साल में दो-एक कहानियाँ और कविताएँ भी लिख डालती हैं, पर कविता-कहानी लिखना अब उनके लिए दिन-ब-दिन कठिन होता जा रहा है। ऐसे होने के भी अनेक कारण हैं। मिसेज शुक्ला को लगता है कि एक बड़ा कारण तो उनका स्त्री होना है और वह भी एक परंपरागत स्त्री होना। उनके अनुभवों की दुनिया इस वजह से कितनी सीमित है। पिता, और फिर पति की रक्षिता स्त्री और लड़कियों के कॉलेज में हिंदी साहित्य की प्राध्यापिका—सिर्फ इतने जीवन में कितनी कहानियाँ-कविताएँ निकल सकती हैं ? किसी 'कामरेड के कोट' या 'पाल गोमरा के स्कूटर' तक पहुँच न होने की व्यथा वे अपने पति के सामने इतनी बार खोल चुकी हैं कि इस असंभव स्थिति के लिए वे खुद को जिम्मेदार कुबूल करने लगे हैं। ऊपर से एक महानगर में पैदाइश और रिहाइश ने उनकी कविताओं को किसी गाँव-कस्बे या छोटे शहर तक की गंध से वंचित कर दिया है। इसी कारण घ्राणेंद्रिय से परिचालित तमाम आलोचकों ने उनकी उपेक्षा कर डाली है। बात यदि यहीं तक होती, तो भी ठीक था। किंतु मिसेज शुक्ला को सबसे गहरी मार अपनी कहानियों के अपने ही जैसे सुविधाभोगी पात्रों से मिली है। वे जब भी कोई कहानी लिखने की सोचती हैं, उनकी पिछली कहानियों से निकलकर खाती-पीती महिलाएँ, सफल रिटायर्ड व्यक्ति और तंदुरुस्त बच्चे उनके सामने खड़े हो गए हैं। उन्हें खुद आलोचकों की पैनी निगाहों से देखी गई इन पात्रों के गालों की चमक बहुत खटक गई है—यहाँ तक कि वह उन्हें अश्लील लगी है। वे भी अब चाहने लगी हैं कि वे अपने मोहल्ले के बच्चों को स्कूल से घर पहुँचाने वाले रिक्शेवाले की फूली हुई नाड़ियों पर या सामने की चाय की दुकान पर बरतनों के साथ अपना बचपन घिसते बच्चे पर कहानी लिखें। लेकिन इन रचनाओं को लिखने की अपनी समस्याएँ हैं। जब-जब मिसेज शुक्ला ने ऐसी कोई कहानी लिखने की चेष्टा की है, कोई बात नहीं बन पाई है। मालिक या मालकिन की संवेदनशून्यता या ऐसी

ही किसी 'थीम' में करुणा का घोल बनाते ही उनका शरीर अजीब-अजीब हरकतें करने लगा है। रात को सोते समय उनके तलवों से भय जैसी कोई चीज उठती है और उनकी रीढ़ को सिहराती हुई ऊपर की ओर चली जाती है। उनके पात्र अपनी भाषा बोलते-बोलते मनमाने स्वतंत्र ढंग से कभी खुद मिसेज शुक्ला की ही नकल उतारने लगते हैं। इसलिए अब उन्हें लगने लगा है कि अपनी अनिवार अभिव्यक्ति को बचाने के लिए उनके पास दो ही रास्ते बचे हैं—या तो वे कथा-रस का पुट लिये यात्रा-वृत्तांत और लेख लिखने लग जाएँ या फिर वे स्वयं आलोचना ही लिखें।

इन्हीं सारी उलझनों के बीच इस रायपुर-बस्तर यात्रा का सुयोग मिसेज शुक्ला के लिए रचने के लिए अपने को बचाने की एक नई संभावना लेकर उपस्थित हुआ है। मुसीबत यह है कि अचानक मौसम बदलकर गरमी बहुत बढ़ गई है और रायपुर जिले के डोंगरिया ग्राम में मित्र-दंपति के घर में तीन दिन रहना विशेष सार्थक नहीं हुआ है। सुबह नौ बजे से चौंधियाती धूप शाम को पाँच बजे तक बाहर झाँकने भी नहीं देती और जो छत्तीसगढ़ी औरत 'दुरपति' घर के काम करने आती है, उसे मिसेज शुक्ला में कोई दिलचस्पी नहीं है। इतना ही नहीं, उसने अपने पति की अचानक बीमारी में मृत्यु और चार साल की लड़की को लेकर मायके लौट आने की घटनाओं का इतना संक्षिप्त और निर्लिप्त भाव से विवरण मिसेज शुक्ला को दिया है कि वे चकराकर रह गई हैं। वे समझ ही नहीं पा रही हैं कि इसे दुरपति की स्थिरप्रज्ञता मानें या भाव-शून्यता, पर इतना जरूर समझ रही हैं कि दुरपति उनसे बात नहीं करना चाहती। गाँव में बिजली का न होना, साँप-गिरगिट का डर और धूप की तपन से भी अधिक उन्हें दुरपति की अपने प्रति यह हिकारत उसे कहने से रोकती है कि वे उसका गाँव देखना चाहती हैं। फिर उन्हें शरण देती है वही प्रकृति, जिसकी उनके साहित्य में कोई उपयोगिता नहीं है—न उद्दीपन-आलंबन के लिए और न किसी और काम के लिए। मिसेज शुक्ला ठीक साढ़े छः बजे सुबह जमीन से निकलने वाले सूरज के लाल गोले की प्रतीक्षा करती हुई एक घंटा पहले से तिल-तिल कर बढ़ती रोशनी और ललाई पर नजरें टिकाए खड़ी रहती हैं; ठीक छः बजे शाम को महुए के सफेद फूलों वाले पेड़ की बगल में जमीन में समा जाने वाली उस सूरज के लाल गोले को निस्पंद होती प्रकृति के बीच देखने के लिए खड़ी हो जाती हैं। उसके बाद घास पर कुर्सी डालकर ललाती और गहराती साँझ, पंचमी से लगातार बढ़ते चाँद और शुक्र ग्रह की चमक को चुपचाप देखती हैं। इस असीम फैली हुई पृथ्वी पर चारों ओर का खालीपन उनमें अपने बौनेपन का एक अब तक

न जाना हुआ आदिम भय जगाता है, जिससे लड़ने के लिए वे कभी किसी विचार-तंतु को पकड़ती हैं, तो कभी साथ के लोगों के बीच बैठकर मामूली गपशप की विस्मृति को। कभी वे साथ लाई हुई किताबों में से किसी को उलट-पुलट लेती हैं।

मिसेज शुक्ला की बेचैनी ऐसी नहीं है कि कोई उसे आसानी से पकड़ सके। यह छटपट अपने अंदर ही घुमड़ती है। इसमें तरह-तरह के संदेह घुले-मिले हैं जिनमें से एक अपने होने के अर्थ के बारे में है। वैसे उनका यह संदेह कोई खुद-ब-खुद पैदा हुई चीज नहीं है। यह जिंदगी की एक और मासूमियत को चटकाता हुआ एक और ज्ञान ही है। उनकी पहली कहानी के प्रकाशित होने पर बहुत से पाठकों के पत्र मिलने के उल्लास को उनकी एक प्राध्यापिका सहेली ने यह कहकर बहुत धक्का पहुँचाया था कि ये पत्र उन्हें एक स्त्री होने के कारण लिखे गए हैं। तब तक उनके दिमाग से यह अहसास गुजरा तक नहीं था कि लिखने-पढ़ने की दुनिया में भी इसी तरह के भेदभाव बरते जाने हैं। बाकी जिंदगी में तो वे बचपन से लेकर अभी तक अपने औरत होने को बहुत कम लड़ाई के साथ स्वीकार करती आ रही थीं। किंतु क्या वाकई कोई उनकी रचना छापेगा या किसी गोष्ठी में बुलाएगा या उन्हें पत्र लिखेगा, तो इसलिए नहीं कि उनकी रचना में कुछ है, बल्कि इसलिए कि वे एक औरत हैं ? मुश्किल यह कि इस जमीन पर लड़ें भी तो किससे ? यहाँ तो कोई साफ-साफ सामने पहचाना भी नहीं जाता कि उसका इस भेदभाव के लिए थोड़ा तिरस्कार तक किया जा सके। सब गंभीर, संजीदा और दायित्व-बोध से लदे नजर आते हैं। एक बार जो मिसेज शुक्ला की यह बचकानी धारणा टूटी कि लिखने-पढ़ने की दुनिया में तो ऐसा फर्क नहीं होता होगा, उनके लिए हर जगह आश्वस्त होना नामुमकिन होता गया। अपनी रचनाओं के मामूली या घरेलू होने या ठेठ हिंदी के ठाठ से वंचित या सुविधाहीन शोषित वर्ग के पात्रों द्वारा अवहेलित या उत्तर-आधुनिक न होने के बारे में अपने अंदर बार-बार उठने वाले सवालों से कहीं अधिक उन्हें यह जरूरी लगने लगा कि वे इस सवाल का जवाब ढूँढ़ें कि इस खास दुनिया में वे कौन हैं और कोई उनसे बात भी करता है तो क्यों ?

जगदलपुर में 'कुटुमसार' गुफा के अँधेरे में आदिवासी गाइड की पेट्रोमेक्स के सहारे धीरे-धीरे लोहे की सीढ़ियाँ उतरते हुए मिसेज शुक्ला को अचानक लगा कि उनके अंदर जो डर बार-बार बुरी तरह धड़क रहा है, वह बहुत जाना-पहचाना है। क्या उन्होंने कभी सपने में इस तरह की अँधेरी खोह में घुसने के डर को महसूस किया है ? कभी बचपन में किसी जगह किसी रोमांचक कहानी को पढ़ते समय ?– मिसेज शुक्ला ने कभी बाहर की रोशनी न देख पाने की संभव असंभावना के बारे

में न चाहते हुए भी सोचते हुए अपने दिमाग को काबू में करने के लिए किसी प्रश्न में उलझने की कोशिश की। कब इसी तरह डर की तरंगें-सी पैरों से उठकर उनके सारे शरीर को कँपाती हुई ऊपर की ओर चली गई हैं ? अभी हाल में ही कब ? पर उन्हें कुछ याद नहीं आया। आदिवासी लड़का बता रहा था कि गुफा में एक जगह पानी में मछलियाँ हैं जो अंधी ही पैदा होती हैं क्योंकि उन्होंने कभी बाहर की रोशनी देखी नहीं है। मिसेज शुक्ला ने इस बात को अपने लिए एक साहित्यिक अनुभव बनाने की कोशिश की—यानी कि संदेहों की खोह का अंधकार ऐसा होता है कि उनमें जीने वाला धीरे-धीरे कुछ भी देखने के लिए बेकार होता चला जाता है, यहाँ तक कि खुद अपनी शक्ल भी। मिसेज शुक्ला के लिए अपने अंदर उठते डर—जिससे बाकी सब अछूते नजर आ रहे थे—को परे धकेलने के लिए कुछ सोचना बहुत जरूरी लग रहा था। उन्होंने ठंडी गुफा में भी माथे पर उग आई पसीने की बूँदों को पोंछते हुए किसी जंगली जानवर या साँप-बिच्छू के खोह में प्रकट हो जाने या पेट्रोमेक्स के बंद होने पर कभी बाहर का रास्ता न खोज पाने की स्थितियों के बारे में न सोचने के लिए अपनी यात्रा के नतीजे पर सोचना चाहा। 'संदीपनी' के संपादक क्या यात्रा-वृत्तांत से संतुष्ट हो जाएँगे ? मिसेज शुक्ला को उस पत्रिका का किसी फिल्मीनुमा औरत की तसवीर का घटिया कवर और गंभीर चेहरा दिखाने की कोशिश जारी रखते हुए जगह-जगह छिटकी हुई चालू मसालेदार सामग्री याद आई। क्या उनकी कोई बाध्यता है इस पत्रिका में लिखने की ? अचानक उन्हें खुद अपनी बेवकूफी पर आश्चर्य हुआ कि एक पुराने मित्र पंकजजी के साथ किसी संपादक का घर आ जाना अपने-आप में इतनी बड़ी वजह हो सकती है कि वे ऐसी पत्रिका में लिखना ठान लें। लेकिन क्या संपादक के बोलने की गंभीर मुद्रा ने ही उन्हें नहीं भरमाया, जैसे वे किसी महान साहित्यिक सेवा का भार लिये हों ? और तो और, पंकजजी का कितना आग्रह कि इस नई पत्रिका में मिसेज शुक्ला को सहयोग करना ही चाहिए जैसे कि ऐसा करना उनका गहन नैतिक दायित्व हो। मिसेज शुक्ला को जैसे एक बिच्छू काट गया—सब मिलकर एक 'औरत' को बेवकूफ बना रहे थे या उस कवर की औरत की तरह ही उनका इस्तेमाल पत्रिका की शोभा बढ़ाने के लिए कर रहे थे ? शायद वे उनसे रचना के साथ उनका एक चित्र भी छापने के लिए माँगते। मिसेज शुक्ला जल उठीं। "मम्मी देखो, तुम्हारा नाम लिखा है गुफा में ! तुम पिछले जन्म में लिख गई थीं क्या ?" बेटी और पति के उत्साह का मिसेज शुक्ला पर कोई असर नहीं हुआ। उन्होंने एक उचटती निगाह एक पत्थर पर चॉक से लिखे अपने नाम पर डाली। मिस्टर शुक्ला से उनकी आँखें मिलीं तो

पेट्रोमेक्स की फैली हुई हलकी रोशनी में भी उन्होंने भाँप लिया कि उनके पति यह ताड़ने की कोशिश कर रहे हैं कि अचानक वही ब्रह्मराक्षस उनके अंदर फिर अपनी देह तो घिसने नहीं लगा है ? उन्होंने धीमे से मुसकराकर मिस्टर शुक्ला का हाथ पकड़ लिया। ''अब निकलें यहाँ से। बहुत हो गया। दम-सा घुट रहा है मेरा तो।''

गुफा के अंधकार से बाहर की ओर आते हुए जब अचानक सूरज की रोशनी ऊपर तंग रास्ते से आती दिखाई दी और ताजा हवा का स्पर्श हुआ, तो मिसेज शुक्ला को राहत मिली : आदमी चारों ओर से घिरे हुए ऐसी घबराहट का अनुभव करता है, तभी उसे 'जान में जान आना' जैसे किसी पुराने मुहावरे का अर्थ मालूम पड़ता है। मिसेज शुक्ला को अपनी एक कहानी का पात्र याद आया जो हर सोमवार और हर महीने की पहली तारीख को यह सोचता है कि आज से जीवन को एक नए सिरे से शुरू किया जा सकता है। उन्हें लगा कि गुफा के अँधेरे से बाहर रोशनी में आने को एक प्रतीक या रूपक या विचार यात्रा का प्रस्थान-बिंदु जैसी भाषिक शब्दावली में बाँधकर कोई आलोचक चाहे, तो अपने लेखन में रंगत पैदा कर सकता है, पर सच तो इतना ही है कि आदमी जीवन की कितनी छोटी-छोटी बातों में अपनी मुक्ति के रास्ते खोजता है। कोई प्रेरणा, किसी निश्चय तक पहुँच पाने के लिए कोई मौका या कि एक संयोग ही। मिसेज शुक्ला ने लोहे की गोलाकार सीढ़ियों पर चढ़ते हुए यह निश्चय किया कि उनका झगड़ा न उनके औरतपन से है और न अपने पात्रों से। क्यों वे थोड़ी-सी भावुकता, थोड़ा-सा आक्रोश और थोड़ी-सी किस्सागोई मिलाकर दुरपति की कहानी लिखें कि उसका पति किसी छोटी-मोटी बीमारी में बिना इलाज या गलत इलाज के कारण जवानी में ही मर गया और ससुरालवालों के चुड़ैल कहने या खाने-पहनने की किल्लत के कारण उसे अपनी साँवली हँसी को हमेशा के लिए खो देना पड़ा ? क्यों वे लिखें उस आदिवासी युवक की कथा, जो नौवीं कक्षा तक पढ़कर बेरोजगारी के कारण उसी तरह की पीतल की मूर्तियाँ गढ़कर और जंगलों में घूम-घूमकर आम, इमली, महुआ के पेड़ों से अपना पेट पाल रहा है, जैसे शायद हजारों सालों से उसके पुरखे करते आए थे ? मिसेज शुक्ला ने अपनी बहुत-सी यात्राओं से कभी कोई स्मृति चिह्न– मूर्तियाँ-दस्तकारी-हस्तकारी का सामान खरीदकर अपना घर नहीं सजाया था। उन्हें लगा कि उनकी रचनाओं में भी यदि वे इस सजावट से बच जाएँ, तो शायद बच ही जाएँगी।

''जंगली हैं साहब ये लोग–और जंगली रहना भी चाहते हैं। सरकार ने इंदिरा-आवास-योजना में घर बनवाकर दिए, वे सब ऐसे ही खाली पड़े हैं। खंडहर होते हुए। मेरी चुनाव की ड्यूटी भीतरी इलाके में लगी तो मैंने देखा कि वे आज

भी तौल में नमक के बराबर अमचूर दे देते हैं–जबकि अमचूर कितना महँगा है। सरकार क्या करेगी–इन्हें यही जीवन चाहिए। कंधे पर एक कुदाल रखकर जंगल में निकल गए–घूमते रहे मस्त"–बाँस के बीज खरीदने के लिए रास्ते में रुके मित्र-दंपति को सरकारी दफ्तर में उड़ीसा से आया अफसर बता रहा था। "इनका विकास होने में अभी पचास वर्ष और लगेंगे कम-से-कम...देखा नहीं आपने, अब भी कितनी कम औरतें ब्लाउज पहनती हैं...जहाँ-तहाँ खड़ी-खड़ी पेशाब कर देती हैं"–उसने आवाज को फुसफुसाहट में बदलते हुए कहा। "किसी औरत को तंदूर या भट्टी में पकाने का भी केस हुआ है क्या यहाँ ?"–मिसेज शुक्ला ने पूछा। पूछने के बाद उन्हें लगा कि उन्होंने बँधी-बँधाई धारणाओं के विरोध में एक उतना ही बना-बनाया प्रश्न रख दिया है। एक मिनट तक सन्नाटा छाया रहा। मिस्टर शुक्ला अफसर की बातें सुनते हुए पत्नी की ओर से किसी ऐसे ही प्रश्न दागे जाने की उम्मीद कर रहे थे। अपने पूर्वाभास को हकीकत में बदलते देख वे मुसकराए। अफसर भी बात समझ में आने पर पूरे कमरे को गुँजाता हुआ हँस पड़ा। "बिलकुल ठीक कहती हैं आप मैडम ! एक तरह से तो ये लोग हमसे ज्यादा सभ्य हैं। हमसे ज्यादा सुखी भी–इन्हें कुछ ऐसा चाहिए ही नहीं जिसके पीछे सारे जीवन भागते रहें। सच कहूँ तो कई बार मुझे ऐसा लगा है कि ये हमें कुछ सिखा सकते हैं..." उसके स्वर में शायद अपने जीवन से निकली कोई कचोट थी।

मित्र-दंपति को बीजों के बारे में बातचीत करने को छोड़ मिसेज शुक्ला पति के साथ बाहर निकल आईं। सड़क पर थोड़ा आगे बढ़ने पर सरकारी वन-विभाग के बगल में गाँव का स्कूल था। सफेद फ्रॉक पहने और आसमानी रंग के रिबन लगाए बारह-तेरह साल की दो लड़कियाँ नंगे पाँव बाहर खड़ी थीं और अंदर मैदान में खेलते हुए बच्चों का शोर उठ रहा था। उन्हें पास आते देख एक लड़की दूसरी लड़की के पीछे छिप गई और उसे पकड़कर उसके पीछे से एक तरफ से झाँककर उन्हें देखती रही। मिस्टर शुक्ला ने हमेशा की तरह पत्नी की ओर से उन लड़कियों से कोई प्रश्न न पूछे जाने पर उनकी तरफ देखा। उन्होंने देखा कि मिसेज शुक्ला खुद भी दोनों लड़कियों की तरह चुप खड़ी उन लड़कियों को देख रही थीं और उन्हीं की तरह झेंप रही थीं। "क्या हुआ, बात करो इन लोगों से"–उन्होंने हतप्रभ होकर कहा। मिसेज शुक्ला पर उनकी बात का कोई असर होता नहीं दिखा। वे उसी तरह अपने को सिकोड़ती-सी खड़ी रहीं। तब मिस्टर शुक्ला ने ही पूछा–"इस स्कूल में पढ़ती हो तुम लोग ?" दोनों लड़कियों ने 'हाँ' करते हुए सिर हिलाया। मिस्टर शुक्ला अपने प्रश्न की निरर्थकता पर और पत्नी के चुप्पेपन पर मन-ही-मन

खीझ रहे थे। "टीचर नहीं आए हैं तुम्हारे ? टीचर...मास्टर...जो पढ़ाते हैं ?" दोनों ने सिर हिलाकर 'नहीं' कहा। "कहाँ रहते हैं ?" सामने वाली लड़की ने हाथ उठाकर दूर कहीं छिपे हुए गाँव की ओर शायद इशारा किया। अब तक स्कूल के दूसरे बच्चे भी खेल छोड़कर एक दल बनाकर खड़े हो गए थे और उन दोनों पति-पत्नी को अजूबों की तरह देख रहे थे। मिस्टर शुक्ला को इस तरह देखे जाने पर कुछ असुविधा-सी महसूस हुई–देखने वे आए थे और खुद ही देखे जा रहे थे। पत्नी के इस अजीब व्यवहार की कोई वजह भी उनकी समझ में नहीं आ रही थी।

"तुम्हारे ऊपर कब, कौन सा भूत सवार हो जाएगा, यह तो तुम्हारे साथ कोई सौ साल रहकर भी जान नहीं सकता"–पेड़ की छाया में खड़े होने के लिए सड़क पार करते हुए मिस्टर शुक्ला ने पत्नी ने कहा। मिसेज शुक्ला खूब समझ रही थीं कि इस आदिवासी अंचल की आत्मा को जान लेने की उनकी इच्छा को पूरी करने की पति की सदाशयता को इस तरह ठुकराकर उन्होंने मिस्टर शुक्ला को चोट पहुँचाई है। पर न जाने क्यों उन्हें उन झेंपती-घबराती लड़कियों से बात करने में इतनी झिझक हो रही थी जैसे वे कोई अपराध करने जा रही हों। पेड़ के बगल में एक आदिवासी साइकिल बनाने की दुकान खोले बाहर बैठा था। उसकी पत्नी कुछ दूर पर बैठी अपने नंग-धड़ंग छोटे बच्चे से खेल रही थी। कुछ देर तक वे दोनों चुप खड़े रहे। मिसेज शुक्ला जानती थीं कि अब मौन साधने की बारी मिस्टर शुक्ला की है। उन्होंने आदिवासी की तरफ देखा। "यह सब किसने लिखा है ?"–मिसेज शुक्ला ने साक्षरता मिशन के चिह्न और इबारतों को दिखाकर पूछा। "दो आदमी आए थे मोटरसाइकिल पर कहीं से। लिखकर चले गए"–उसने उनकी तरफ देखते हुए जवाब दिया और उन्हें ही देखता रहा,–जैसे अगले प्रश्न की प्रतीक्षा कर रहा हो। फिर मिसेज शुक्ला चुप हो गईं। उनका दिमाग जैसे बिलकुल खाली हो गया था। उन्हें समझ में नहीं आ रहा था कि अब क्या पूछें। उन्होंने आदिवासी की पत्नी की तरफ देखा, जो उनकी ओर से बिलकुल लापरवाह अपने बच्चे से खेले जा रही थी। अंत में मिसेज शुक्ला बोलीं–"हम लोग कलकत्ता में रहते हैं। अभी कुटुमसार गुफा देखकर आ रहे हैं। अब चित्रकोट जाएँगे। वहाँ इंद्रावती नदी का पानी नीचे गिरता है तो उसमें इंद्रधनुष लटके रहते हैं न ? आपने देखा है ?" आदिवासी ने नहीं करते हुए सिर हिलाया। अब मिसेज शुक्ला ने मिस्टर शुक्ला की ओर देखा। वे उन्हें इस तरह देख रहे थे जैसे आज पहली बार देख रहे हों।

आक एगारसी

मैं बहुत तेजी से गहरी होती साँझ में तेज-तेज कदमों से दोस्त के घर की ओर चला जा रहा था। मैं बहुत जल्दी में था क्योंकि मैं दोस्त को बहुत जल्दी एक बात कह देना चाह रहा था। मुझे यह डर भी था कि कल रात के स्वप्न की तरह सचमुच दोस्त ने आत्महत्या न कर ली हो। मुझे बार-बार वह क्षण दिखाई दे रहा था जब मैं उसके चिर-परिचित दरवाजे से घुसकर उसकी चिर-परिचित सीढ़ियाँ चढ़ूँगा। मैं उस क्षण तक पहुँचने के लिए बहुत अधीर था। पर बीच का वक्त मेरी पूरी कोशिश के बावजूद अपने समय से ही कट रहा था। अचानक इस सारी दौड़-भाग और छटपट के बीच मेरा ध्यान उस साँझ की ओर गया, जिसमें अभी-अभी एक अजीब-सी पीली रोशनी पैदा होकर सारी चीजों को एक अलग तरह के पीलेपन से रँग रही थी। कलकत्ते में मई के महीने में इस तरह की पीली साँझ मेरी बचपन की स्मृतियों में भी मौजूद थी, पर मैंने आज तक कभी उसका कारण जानने की चेष्टा नहीं की थी। वैसे

मुझे यह मालूम था कि विज्ञान या भूगोल की किताबों में कहीं इसका कारण पता किया जा सकता है। अचानक उस पीली रोशनी में मेरा ध्यान सड़क के किनारे कूड़े के ढेर के पास मेरी तरफ मुँह किए थोड़ी-थोड़ी दूरी पर चुपचाप बैठे हुए तीन कुत्तों की तरफ गया। न जाने क्यों मेरे अंदर एक तरह की परेशानी पैदा हुई। इस तरह चुप बैठे कुत्तों में कुछ अजीब-सा था, जिसके बारे में निश्चित तौर पर कुछ कह पाना मुश्किल था। मुझे कुत्तों के बारे में कोई विशेष ज्ञान नहीं था कि वे शाम को किस तरह का व्यवहार करते हैं। पर कुछ उद्विग्नता-सी महसूस करते हुए मैंने चिपचिपाते पसीने के बावजूद अपनी चाल और तेज कर दी। तभी दोस्त की गली का नुक्कड़ बिलकुल नजदीक आ गया और मुझे अचानक याद आया कि दोस्त इस वक्त घर पर नहीं मिलेगा : मेरी यह सारी भाग-दौड़ बेकार थी। अब जाकर मैंने झख मारकर अपनी चाल बहुत धीमी कर दी और वे सप्तपर्णी के पेड़ मुझे दिखने लगे जो पिछले साल इतने छोटे थे कि उनके नीचे से गुजरा नहीं जा सकता था।

दोस्त की गली में बहुत सारे पुराने पेड़ होने के कारण बाहर की तुलना में ज्यादा अँधेरा था। यों भी इस गली का मौसम हमेशा बाकी शहर से अलग किस्म का होता था—सुबह दस बजे पत्तियों के बीच से छनते रोशनी के गोल-गोल हलके-तेज घेरे और दोपहर की चिलचिलाती धूप में थोड़ी-थोड़ी दूर पर धूप और ज्यादा दूर तक छाँह। तभी उसी गली में खुलने वाले स्कूल के बंद दरवाजे के बाहर पाकड़ के पेड़ के नीचे मैंने चौदह-पंद्रह साल के एक लड़के को देखा। वह पेड़ से कोहनी टिकाए एक पैर को दूसरे पैर से क्रॉस कर, एक बेफिक्र मुद्रा में स्कूल के लोहे के सींकचों वाले दरवाजे से अंदर की तरफ देख रहा था। अचानक मुझे लगा अरे, यह तो सुमंत है। हमारे पिछले मकान-मालिक का बेटा। मैं जैसे अपने आप उसके पास चला गया। ''क्यों सुमंत कैसे हो ? पिताजी कैसे हैं ? पहचाना मुझे ? यहाँ क्या कर रहे हो ? क्या बात है ?'' मुझे कुछ बुरा लगा कि सुमंत न सिर्फ उसी तरफ बेफिक्री के अंदाज में स्कूल की तरफ देखता रहा, बल्कि अब वह मुँह में पड़ी हुई च्यूइंगम भी चबाने लगा। मैं अकबकाकर खड़ा था कि सुमंत मानो कुछ निर्णय कर मेरी तरफ देखकर मुसकराया। उसकी मुसकान हमेशा की तरह मनमोहक थी। उस मुसकान को देखते ही मेरा दिल हलका हो गया—'आज की दुनिया का बच्चा है—टी.वी. वगैरह देखते हुए बड़ा हुआ है। असलियत में कोई सामने पड़ जाए, तो मुसकराहट निकालने में कुछ देर लगती है। हम लोग पुराने लोग हर समय हर बात का बुरा ही मानते रहते हैं'—झट मैंने उसे माफ करते हुए इतनी बातें सोच

लीं। वह फिर मुसकराया और बोला—"आप पुराने किस्म के आदमी हैं।" मैं भौंचक्का रह गया कि उसने कैसे मेरे मन की बात पढ़ ली। मुझे फिर उस शाम में कुछ अजीब-अजीब सा लगने लगा। वह बोला—"मैं सुमंत नहीं हूँ। पर मुझे आप बहुत अच्छे लगे। अपने किसी पुराने परिचित के बेटे का हाल पूछने यदि आप इस गर्मी में रुक जाएँ, तो निश्चय ही आप पुराने किस्म के अच्छे आदमी हैं। मेरा नाम. ..आक एगारसी है।" उसने कुछ रुककर कहा।

मुझे लगा कि मेरा दिमाग खराब हो गया है या फिर मैं कोई सपना देख रहा हूँ। भला एक तो यह सुंमत नहीं है और ऊपर से इसका विचित्र नाम। पर तभी मुझे वह बात याद आई जिसे दोस्त को बताने के लिए मैं भागता-दौड़ता चला जा रहा था। हालाँकि अब मैं कुछ अनिश्चित सा हो चला था कि दोस्त को वह बात बताना क्या वाकई जरूरी था और बताने से भी क्या फर्क पड़ता, पर बात याद आने से और दोस्त की चिर-परिचित गली को देखकर मैं इतना तो निर्णय कर पाया कि मैं बिलकुल ठीक-ठाक हूँ। तो यह सुमंत नहीं है ? अच्छा। पर इसकी उम्र, नाक-नक्श, मुसकराने का ढंग तक सब सुमंत जैसा ही है। लगता है पचास साल की उम्र में ही मैं सठियाने लगा हूँ। क्या दो लड़के एक जैसे नहीं हो सकते ? और सुमंत को तो पिछले तीन सालों से मैंने देखा भी नहीं है। पर इसका नाम ?—मैंने कुछ खिझियाए हुए स्वर में कहा—"तुम्हारा नाम कुछ विचित्र-सा है। मेरा मतलब. ..।" वह फिर अपनी मोहक मुसकान फैलाते हुए बोला—"हाँ, मुझे मालूम था कि आप यही सोच रहे होंगे कि मैं किस जाति का हूँ, किस धर्म को मानता हूँ। पर मैं जहाँ से आया हूँ, वहाँ हमने जाति-धर्म के सभी पहचान-चिह्न खत्म कर दिए हैं। हमारे यहाँ हर व्यक्ति एक व्यक्ति है और उसके नाम में अपने माता-पिता का दिया हुआ कुछ भी नहीं होता। हमने पुराने लोगों की गलतियों में सुधार कर लिया है।" जाहिर था कि उसकी बातें सुनकर मैं चकरा जाता। तो क्या यह किसी दूसरे ग्रह-नक्षत्र से आया है ? इस तरह के कहानी-किस्से मैंने बचपन में बहुत पढ़े थे। बल्कि एक अंग्रेजी की पूरी किताब पढ़ी थी जिसमें यह सूची थी कि सारी पृथ्वी पर इस तरह के कितने चिह्न-निशान बाकी हैं जिनसे पता चलता है कि यहाँ दूसरे ग्रहों से लोग आए थे। आक—इसका अर्थ क्या हो सकता है—मैं सोचने लगा कि इतने में वह बोला—"नहीं, मैं दूसरे ग्रह से नहीं आया हूँ। मैं आपकी पृथ्वी का ही वासी हूँ, किंतु आज की पृथ्वी का नहीं, भविष्य की पृथ्वी का वासी। मेरा समय आपसे सौ साल आगे है। मेरे नाम का अर्थ भी यही है 'आ' का अर्थ है आने वाला और 'क' का अर्थ कल। 'एगारसी' यानी आपसे ग्यारह पीढ़ियों बाद का

मनुष्य ?" अब मुझे मजा आने लगा था। मैंने सोचा कि यदि सचमुच ऐसा है, तो मैं इससे भविष्य के बारे में बहुत-कुछ जान लूँगा। आखिर हमारे यहाँ ज्योतिष–हस्तरेखा–जन्मपत्री वगैरह कितने शास्त्र हैं भविष्य जानने के लिए। बल्कि हर हिंदुस्तानी तो हमेशा वर्तमान से अधिक भविष्य में ही जीता है–उसे वर्तमान से ज्यादा समझ लेने की इच्छा रखता है। मैंने यह भी सोचा कि यदि यह लड़का मुझे बेवकूफ बना रहा है, तो भी कोई हर्ज नहीं। मैं इसके साथ बैठकर भविष्य के काल्पनिक संसार का ही निर्माण कर लूँगा। मैं जीवन के ऐसे दौर से गुजर रहा था जब मेरे अंदर और बाहर की दुनिया में हताशा ही हताशा थी। मैं एक तरह से बिलकुल टूटा हुआ इनसान था। यदि यह लड़का मुझे सौ साल बाद की भी कोई उम्मीद दिखा सके, तो मैं उसकी बातें सुनने के लिए तैयार था। मैंने उसे हाथ के इशारे से पाकड़ के पेड़ के दूसरी तरफ पड़ी एक बेंच दिखाते हुए कहा–"चलो बैठकर बातें करें।" उसने मुसकराते हुए मेरा हाथ पकड़ लिया और हाथ पकड़े-पकड़े ही बेंच तक मेरे साथ गया। उसके इस तरह मेरा हाथ पकड़ने से मेरा दिल उसके प्रति प्रेम से लबालब भर गया। इतने में कहीं से ठंडी हवा चल पड़ी जिसमें कहीं दूर हुई बारिश की नरमाई थी। गली में लगभग अँधेरा हो गया था, पर गली के छोर पर दोस्त के मकान के बाहर जलती इकलौती बत्ती में मैं आक का चेहरा देख सकता था। वह भले ही सुमंत नहीं था, पर उसने मेरे अंदर अपने प्रति कितना स्नेह जगा दिया था। यदि उसकी जगह मेरा अपना बेटा मृदुल होता, तो इससे अधिक स्नेह शायद उसके प्रति भी मैं महसूस नहीं करता। मैंने बेंच पर बैठते हुए पूछा–"कितने भाई-बहन हो तुम लोग ? तुम्हारे माता-पिता क्या करते हैं ?" इस बार आक मुसकराया नहीं। इसने धीमे स्वर में कहा–"हमारे देश में इस वक्त प्रति औरत चार लड़कियाँ पैदा करने का नियम है। मेरी चार बहनें हैं।" मैं चुपचाप सन्न-सा बैठा रहा। वह आगे बोला–"आप लोगों ने इतनी भूलें की हैं–प्रकृति के सारे नियमों को आप लोगों ने इस तरह उलट दिया कि चाहकर भी अब प्राकृतिक नियमों पर नहीं जिया जा सकता। आपकी पीढ़ी ने लड़कियों को भ्रूण में ही गर्भपात करके निकालना शुरू किया। उसके बाद की पीढ़ी ने पुरुष वीर्य की छँटाई करके सिर्फ एक लड़का पैदा करना शुरू किया और फिर उन लोगों के बाद की पीढ़ियों में धीरे-धीरे लोगों में बच्चा पैदा करने की इच्छा ही खत्म होती गई। इसका कारण यह था कि प्रायः इकलौते लड़के माँ-बाप से सोलह साल की उम्र के बाद कोई संबंध नहीं रखते थे। किसी-न-किसी लड़की का पति होने के लिए या उससे रिश्ता बनाने के लिए उन्हें बरसों मेहनत करनी पड़ती थी। बहुत सारे युद्ध सुंदर लड़कियों

को पाने के लिए हुए। इसका नतीजा यह हुआ कि हमारे देश में लड़कियों की ही नहीं, पेड़ों और आदमियों की जनसंख्या भी बहुत कम होती चली गई।" आक की बातें सुनकर मेरी समझ में नहीं आ रहा था कि उसकी मजाक-सी बातों पर मैं जोर-जोर हँसने लग जाऊँ या उन्हें सच मानकर स्तब्ध होऊँ। मैंने हलकी रोशनी में पहली बार उसके चमकते हुए चेहरे और बड़ी-बड़ी सुंदर आँखों की ओर ध्यान से देखा। उसके किशोर चेहरे पर कहीं कोई पुरुषत्व का चिह्न नहीं था। बल्कि उसके चेहरे पर एक स्त्री-सुलभ कोमलता, लज्जा और शालीनता के भाव थे। मैंने उसकी भाषा और आवाज पर भी गौर किया तो मुझे लगा कि वह बहुत ही मीठी आवाज में शुद्ध हिंदी बोल रहा था। उसने हलकी नीली कमीज और उससे कुछ गहरा नीला पैंट पहन रखा था। उसकी आँखों में प्रतिभा की चमक थी। न जाने क्यों उसके प्रति मैंने अपने दिल में फिर एक तरह का लगाव महसूस किया और मैंने यह भी निर्णय किया कि मैं उसकी बातों को सच मानकर उससे उसी के जैसी गंभीरता से बातें करूँगा। यों भी मैं इतने महीनों से नहीं हँसा था कि मेरी इच्छा नहीं थी कि एक प्यारे लड़के की बातों का मजाक बनाकर उस पर हँसूँ। इसके अलावा मैं चाह रहा था कि वह फिर मुसकुराए और मुझे एक अच्छा आदमी बताए। मैंने उससे पूछा–"और तुम्हारे पिता क्या करते हैं ?"

इस बात पर आक ने अपनी भुवनमोहिनी मुसकान फेंककर कहा– "आपका प्रश्न आपके समय की धारणाओं से निकलता है। हमारे यहाँ पिता का अर्थ सिर्फ वह वीर्य है जो कोई औरत एक सुंदर, बुद्धिमान लड़की पैदा करने के लिए बैंक से लेती है। वैसे मैं जानता हूँ कि मेरे पिता मुझसे छः पीढ़ियों पहले के एक महान वैज्ञानिक थे जिन्होंने विज्ञान का इस्तेमाल दुनिया को नष्ट करने के लिए या लोगों में नई चीजों के प्रति कभी न बुझनेवाली तृष्णा जगाने के लिए नहीं बल्कि इस दुनिया को सुंदर और स्वस्थ बनाने के लिए किया था। मेरी माँ ने मुझे सृष्टि का संतुलन बनाए रखने के लिए पैदा किया था। प्रायः लोग अब लड़का पैदा नहीं करना चाहते क्योंकि यह माना जाता है कि लड़के आमतौर पर हिंसक, क्रोधी और स्वार्थी होते हैं। संसार के किसी भी युद्ध की शुरुआत किसी स्त्री ने नहीं की है।" अचानक मेरे दिमाग में एक ऐसी बात आई जिससे मुझे लगा कि इस लड़के का यह विचित्र नाटक खत्म हो जाएगा और हम दोनों मिलकर मुझे बेवकूफ बनाए जाने के उपलक्ष्य में एक साथ हँसेंगे। मैंने कहा–"तुमने अपने को मुझसे सौ साल बाद का और ग्यारहवीं पीढ़ी का मनुष्य बताया है। किंतु सौ साल में तो अधिक-से-अधिक चार पीढ़ियाँ पैदा हो सकती हैं। यदि तुम मेरे मरने के सौ साल बाद भी पैदा होते हो,

तो भी तुम ज्यादा-से-ज्यादा आठवीं पीढ़ी में रहोगे।" मुझे लगा कि आक की आँखों में उदासी घिर आई। उसने संजीदा स्वर में कहा–"आप नहीं जानते। बीच में बहुत सी भूलों और दुर्घटनाओं का हिसाब है।" उसके स्वर में ऐसा कुछ था कि मुझे सिहरन हुई। मुझे एकबारगी लगा कि मैं इस बीच के समय के बारे में कुछ जानना भी नहीं चाहता। यह कुछ ऐसी ही बात थी कि अच्छी फिल्मों का बहुत शौकीन होने के बावजूद मैंने नाजियों के कासंट्रेशन कैंप पर बनी एक मशहूर फिल्म यह सोचकर नहीं देखी थी क्योंकि मुझे लगा था कि मैं यह देख नहीं पाऊँगा कि आदमी कितना क्रूर हो सकता है।

हमारे बीच का समय यकायक बहुत भारी हो चला था। मैं जानता था कि वह भी इस बात को समझ रहा है। मुझे अचानक आश्चर्य हुआ कि पहली मुलाकात में ही मुझे उस पर इतना विश्वास हो गया था कि वह मुझे बिलकुल ठीक तरह से समझ पा रहा है। उसकी ही उम्र के अपने बेटे से मेरा यह संबंध मेरी सारी कोशिशों के बावजूद नहीं बन पाया था। इस लड़के की संवदेनशीलता सचमुच अलौकिक थी यानी इस लोक की नहीं थी। मुझे यह भी लगा कि मैं उससे अपनी जिंदगी के बारे में और मेरे दोस्त की परेशानी के बारे में भी बातें कर सकता हूँ। वह शायद मुझे कोई ठीक-ठाक सलाह दे सके। आखिर उसने सारे पिछले समयों यानी मेरे बाद के समयों और उनके परिणामों को ठीक-ठीक जाना है। इतने में उसने अपनी जेब से एक सफेद रंग की पुड़िया निकाली जिस पर काले रंग से 'चार' लिखा हुआ था। उसने होमियोपैथिक दवाई की पुड़िया की तरह उसे खोलकर उसका महीन पाउडर अपने मुँह में डाल लिया। उसकी जीभ पर वह पदार्थ लगते ही उसमें एक अद्‌भुत परिवर्तन हुआ। वह जैसे बिलकुल हलका होकर पहले के जैसे मुसकराने लगा। मैं इस घटना से अवाक् हो गया। इसके साथ ही मैंने एक गहरे अफसोस का अनुभव किया जैसे मुझे कोई बहुमूल्य चीज मिलते-मिलते रह गई हो। तो यह इस सारी कहानी का पटाक्षेप है। यह लड़का नशे की स्वप्निल दुनिया की सैर कर रहा था और इसने मुझे भी अपनी लपेट में ले लिया–मैं अपने पुराने मकान-मालिक हेमन्त बाबू और उनकी सुदर्शना पत्नी की याद करके खिन्न हो उठा। अपनी इकलौती संतान सुमंत की यह हालत देखकर हेमन्त बाबू कितने दुखी होंगे। पहले ही पत्नी की मृत्यु ने उन्हें तोड़ दिया था। कितना प्रतिभाशाली लड़का था सुमंत–कितनी किताबें पढ़ता था–और अब इसकी यह हालत। मैं जैसे एक अथाह उदासी के गड्ढे में उतरता चला गया।

ऐसी स्थिति में बिलकुल चुप रह जाना उचित न समझकर मैंने उससे पूछा–

"यह आदत कब से लगी तुम्हें ?" मेरा यह प्रश्न सुनकर वह पहली बार अपने मोती जैसे दाँत दिखाकर हँस पड़ा–"मैं जानता हूँ आप क्या समझ रहे हैं। मैंने आपके समय का पूरा अध्ययन किया है, तभी यहाँ आया हूँ। नहीं, यह कोई ड्रग या नशीला पदार्थ नहीं है। हमारे समय में इस तरह की चीजें संसार में कहीं पैदा की या बनाई ही नहीं जातीं जो आदमी को विनाश की ओर ले जाती हों। न हमारे समय में शराब, सिगरेट, तंबाकू तथा नशीली चीजें हैं और न ही ऐसे हथियार, जो बड़े पैमाने पर आदमी को खत्म कर सकें। हमने जीवन की कीमत को जान लिया है, इसलिए हम हर घड़ी प्रसन्न रहना चाहते हैं। यह पाउडर साधारण मीठी चीनी का चूरा है। इस पर जो नंबर लिखा है, वह यह हिसाब रखने के लिए है कि मैंने इस महीने कितनी बार हताशा का अनुभव किया। अब मैं इसे जाकर अपने व्यक्तिगत कंप्यूटर के कनेक्शन एकाउंट में डाल दूँगा, जो मुझे निर्देशित करेगा कि मुझे जीवन को किस तरह अधिक-से-अधिक ऊर्जा, आनंद और शांति से जीना चाहिए।" वह इस तरह हलके-हलके मुसकरा रहा था जैसे उसके अंदर आनंद के बुलबुले फूट रहे हों। उसकी यह मुसकान मुझ पर जादू की तरह काम कर रही थी। मैंने भी अपने अंदर एक दुर्लभ-सी शांति का अनुभव किया। मुझे लगा कि भूतकाल की बातों का, यहाँ तक कि कल की भी बातों का क्या महत्त्व है ? क्यों न हम भूत और भविष्य में न पड़कर आज, बिलकुल आज को, पूरी तरह जिएँ ? मुझे एक क्षण के लिए ऐसा लगा जैसे मुझे कोई जीवन का इतना बड़ा सत्य मिल गया हो कि अब मेरा जीवन बिलकुल बदल जाएगा। पर दूसरे ही क्षण मुझे दोस्त की और अपनी परेशानी याद आ गई और वह पहला क्षण भक्क से बुझ गया।

आक मुझे बहुत ध्यान से देखता जा रहा था। मुझे ऐसा लगा जैसे वह पल-पल मुझे पढ़ रहा हो। अब मुझसे रहा नहीं गया। मुझे अपने दोस्त की आत्महत्या करने की इच्छा और रात को देखे स्वप्न की बात याद आ गई। मैंने आवेश से उसकी बाँह को लगभग झिंझोड़कर पूछा–"इस दुनिया में इतना अन्याय क्यों है ? तुम बताओ मुझे ? तुम क्या जानते हो हमारी दुनिया के बारे में ?" अपनी इस उत्तेजना पर शर्मिंदा होते हुए मैंने अपने को कुछ संयमित करते हुए उसकी आँखों में झाँककर देखा, तो उनमें दोस्त के मकान की प्रकाश फैलाती बत्ती की परछाईं थी। उन आँखों में दुख और वेदना का वही समुद्र लहरा रहा था, जो इन दिनों मेरे दोस्त की आँखों में लहराता दिखाई देता था। एक क्षण के लिए मुझे संभ्रम हुआ कि मैं दोस्त से बात कर रहा हूँ। फिर अपनी भ्रांति को जानते ही मुझे बहुत पछतावा होने लगा कि कहीं उसे मेरे कारण अपनी पाँचवीं पुड़िया न खानी पड़ जाए। "हमने इस समस्या

को भी सुलझा लिया है। हमने यह जान लिया है कि आदर्श के मुद्दे को मनुष्य के नैतिक विवेक पर भरोसा कर छोड़ा नहीं जा सकता है क्योंकि आदर्श और भ्रष्ट के बीच सिर्फ एक कदम का फासला है। मनुष्य चलना जानता है, इसलिए वह कभी भी इस फासले को माप सकता है–कभी-कभी तो वह जीवन के बिलकुल अंतिम वर्ष में ऐसा कर जाता है। इसलिए हमने एक कंप्यूटर मशीन को सरकार, न्यायालय और पुलिस का काम सौंप दिया है। यह मशीन मनुष्यता के चरम विवेक से बनाई गई है, और हमारे सारे व्यक्तिगत कंप्यूटरों से उसका स्नेहपूर्ण संबंध है। वह परम प्रेम का साकार रूप है। वह स्वयं सत्य है। वह कभी गलत नहीं होती, कभी पक्षपात नहीं करती–अन्याय शब्द तो उसके कोश में ही नहीं है। पर मुझे बहुत दुख है कि अभी आपको या आपके समय को इसी अन्याय में जीना होगा। क्या आप मुझे अपनी तकलीफ बता पाएँगे ?'' उसने अपनी मीठी आवाज में मुझे सांत्वना देने की मानो भरसक कोशिश करते हुए पूछा।

मेरी आत्मा जैसे इसी क्षण की प्रतीक्षा कर रही थी। पर मुझे समझ में नहीं आया कि मैं बात कहाँ से शुरू करूँ। मैंने कहा–''मैं इस गर्मी में गिरता-पड़ता अपने दोस्त को यह बताने जा रहा था–जो बात मुझे कुछ घंटे पहले अचानक सूझी थी–मैं उससे कहना चाहता था कि इस दुनिया में अपनी ताकत का गलत इस्तेमाल कर दूसरों को रौंदनेवाले लोग हमेशा मौजूद रहे हैं और शायद रहेंगे। दबानेवाले और दबनेवाले। लेकिन सच यह भी है कि दबाने वाले दबने वाले बनते रहते हैं और दबनेवाले दबानेवाले। इसीलिए यह दुनिया कभी सुंदर नहीं बन सकती–और कम-से-कम दबाने वाले के लिए तो बिलकुल भी नहीं।'' आक की आँखें मेरी बात सुनकर चमक उठीं। उसके चेहरे से करुणा की झाँईं उड़ गई और वह पहले की तरह बिना मुसकराए भी हँसमुख दिखने लगा। ''आप लोगों के समय में एक सुंदरता भी है–एक आँच, एक गरमाहट। मेरे सारे अध्ययन में यह बात मैं समझ नहीं पाया था। एक लड़ाई–अन्याय के खिलाफ ! कितनी सुंदरता है इसमें। कैसी अद्भुत ! यह हमारे जीवन में नहीं है। इतनी सारी उलझनों के बीच आप जिंदा बने रहते हैं। हमारे समय की समस्या कुछ और ही है...।'' ''तुम्हारे यहाँ समस्या ?''–मैंने चकित होकर पूछा। ''हाँ, एक नई समस्या। हम किसी तरह का दुख बर्दाश्त नहीं कर सकते। हमारे यहाँ एक मौत होने पर दिल टूटने से मर जानेवालों की एक शृंखला बन जाती है। हमारे हृदय इतने कमजोर हो गए हैं कि हम किसी की कोई तकलीफ नहीं देख पाते।...आपका दोस्त क्या करता था ?'' मैं उसकी आँखों की वेदना याद कर डरते हुए अपनी आवाज खोजता रहा। मुझे चुप देखकर वह बोला–

''कॉलेज में पढ़ाता था आपके साथ या अखबार में काम करता था...या किसी दफ्तर में नौकरी करता था ?'' मैं उसकी अंदाज लगाने की क्षमता पर मुँह बाए आश्चर्य से उसका चेहरा देखता रहा। ''निकाल दिया गया होगा अपमानित करके ? बहुत योग्य रहा होगा। बहुत मेहनत की होगी बहुत सालों तक उसने ?'' उसने फिर कहा। मैंने बिना कुछ कहे सहमति में गरदन हिलाई।

इतने में सड़क की दूसरी ओर से हेमंत बाबू की जानी-पहचानी आवाज सुनाई पड़ी–''सुमंत, ओ सुमंत। जल्दी करो, देर हो रही है।'' हेमंत बाबू के हाथों में खरीदारी के कई थैले थे। सुमंत ने मेरी तरफ अपनी मोहक मुसकान फेंकी और दौड़कर हेमंत बाबू और हमारे बीच का फासला पार कर गया।

रिपन स्ट्रीटेर परवीन अख़्तर

परवीन अख़्तर ! हाँ, वही तो है। सोलह साल बीत गए तो क्या ? है तो बेशक परवीन अख़्तर ही। रिपन स्ट्रीट की परवीन अख़्तर।–अंजलि चौधरी अपने सामने के काँच में पीछे के काँच के सामने बैठकर बाल कटवाती या चेहरों पर कुछ-कुछ करवाती औरतों में से कोने वाली औरत को देखकर चौंकी–लेकिन यह क्या ? इसका तो एकदम साफ रंग हुआ करता था, अब चेहरे पर झाँइयाँ कैसे हो गई हैं जगह-जगह। और इसकी एक आँख छोटी और दूसरी आँख बड़ी कैसे लग रही है। या शायद पहले भी इसकी दोनों आँखों में एक बहुत हलका अंतर था और अब यह अंतर साफ दिखने लगा है। मगर परवीन अख़्तर पैंतीस की उम्र में ही इतनी कैसे बदल गई ? कितना कच्चापन हुआ करता था इसके दुबले सफेद चेहरे पर और बड़ी-बड़ी काली आँखों में कैसी अकूत गंभीरता। हमेशा न जाने क्या सोचती हुई। कॉलेज की चुलबुली–मस्त लड़कियों के बीच में परवीन अख़्तर एक बेवक्त संजीदा हो गई लड़की थी और शायद इसीलिए सबसे अलग भी।

अचानक एक क्षण के लिए अंजलि चौधरी की आँखें शीशे में परवीन अख्तर की आँखों से मिलीं और तुरंत अपनी आँखों में न पहचानने का भाव भरकर अंजलि ने अपनी आँखें घुमा लीं। पास रखी औरतों की एक पत्रिका उठाकर उसमें आँखें गड़ाकर अंजलि आश्चर्य से सोचती रही कि परवीन अख्तर की आँखों में उस क्षण अजनबियत कैसे दिखाई दी थी—क्या परवीन अख्तर ने उसे पहचाना नहीं या वह उसे भूल चुकी है ? तो क्या वह खुद भी इतना बदल गई है कि परवीन उसे न पहचाने ? अंजलि चौधरी ने आँखें उठाकर अपने को ब्यूटी पार्लर के शीशे में गौर से देखा—दो बच्चों की माँ होने से कुछ तो अंतर आएगा ही लेकिन बहुत ज्यादा बदलाव नहीं आया है उसमें। कितना वजन बढ़ा होगा तबसे अब तक ? ज्यादा-से-ज्यादा सात किलो। नहीं, परवीन अख्तर उसे न पहचाने, ऐसा नहीं हो सकता। भूल भले ही गई हो। लेकिन अंजलि चौधरी को तो उसका जन्मदिन तक याद है। हर साल अठारह जुलाई को उसे याद आ ही जाता है कि आज परवीन अख्तर का जन्मदिन है—रिपन स्ट्रीट की परवीन अख्तर का जन्मदिन ! न जाने कहाँ होगी वह। और तो और, एकाध बार परवीन अख्तर अंजलि चौधरी को सपने में भी दिख चुकी है इन सोलह बरसों में। अब जब वह सामने है तो क्यों नहीं अंजलि उसके पास जाकर कह रही है—कैसी हो परवीन तुम ? कहाँ रहती हो ? कलकत्ते में या बाहर ? क्या कर रही हो इन दिनों ? लेकिन परवीन अख्तर तो बदल गई है। एकदम ! अब क्या होगा उससे बात करके ? जो चीजें परवीन अख्तर की पहचान थीं, वे तो गायब हो गईं। 'गुजरा हुआ जमाना'. ..कहीं से किसी गीत की टूटी कड़ी अंजलि चौधरी को याद आई। वह उदासी से भर गई। अठारह साल की उम्र में हर लड़की के अंदर जिंदगी के प्रति एक धुकधुकी भरी उत्सुकता होती है जो हर लड़की को कुछ खास बनाती है—लेकिन वह चीज ठहरती कहाँ है ? अच्छा ही होता कि 'रिपन स्ट्रीट की परवीन अख्तर' स्मृति में ही रहती और इस तरह कभी दिखी नहीं होती। अंजलि को शेफाली बोस याद आई जिसने परवीन अख्तर को बांग्ला कवि जीवनानंद दास की 'नाटूरेर बनलता सेन' की तर्ज पर 'रिपन स्ट्रीटेर परवीन अख्तर' नाम दिया था।

लॉरेटो कॉलेज के कॉमन रूम के उस विशाल हॉल में, जो कभी अंग्रेजों का बॉल रूम हुआ करता था, जगह-जगह लगे बेंत के सोफा-सेटों में परवीन अख्तर ने एक कोने में एक जगह चुन रखी थी, जहाँ बैठकर वह अंग्रेजी के रोमांटिक उपन्यास पढ़ा करती थी। उसकी वह जगह इतनी निश्चित थी कि लगता था कि जब वायसराय और दूसरे अंग्रेज अधिकारियों की स्त्रियाँ इस हॉल में अपने शानदार गाउन पहनकर विदेशी संगीत पर नृत्य करती होंगी, तब भी परवीन अख्तर यहीं बैठी रही होगी। वैसे

यह खयाल भी इतिहास की विद्यार्थी शेफाली बोस के ही दिमाग की उपज था, लेकिन अंजलि चौधरी को इतना जँच गया था कि उसने कल्पना में सचमुच ऐसी ही एक तसवीर गढ़ ली थी। परवीन अख्तर में कुछ ऐसा था जो एक बीती हुई दुनिया का लगता था—उसकी पतली-पतली सफेद अँगुलियाँ, रक्तहीन दुबले चेहरे की सादगी और अक्सर सफेद चुन्नी कॉलेज के पिछवाड़े के बृहत् लॉन में लगी 'वर्जिन मेरी' की मूर्ति की याद दिलाती थी। धीरे-धीरे अंजलि और दूसरी कई लड़कियों का एक झुंड परवीन अख्तर के चारों तरफ जुड़ गया था। इन सब लड़कियों में एक सामान्य बात यह थी कि ये लड़कियाँ या तो हिंदी माध्यम के स्कूलों से आई थीं या फिर बांग्ला माध्यम के स्कूलों से। इस कारण ये लड़कियाँ अच्छी अंग्रेजी नहीं बोल पाती थीं और फकाफक अंग्रेजी बोलने वाली, अंग्रेजी में ही सोचने और सपने तक देखनेवाली कॉलेज की मुख्यधारा की लड़कियों से कटी हुई अलग-थलग थीं। इन लड़कियों को किसी ऐसी लड़की की छाँव की जरूरत थी, जो मुख्यधारा की तरह अंग्रेजी जानती हो, लेकिन उनसे दूसरे दर्जे के नागरिक की तरह व्यवहार न करे। न जाने कैसे धीरे-धीरे ऐसी लड़कियाँ परवीन अख्तर के इर्द-गिर्द जुटती गईं—लगभग उसी तरह जैसे कहीं रखी हुई मिठाई के पास चीटियाँ पहुँच जाती हैं। परवीन अख्तर से ये लड़कियाँ चालू अंग्रेजी के जुमले सीखने लगीं और उसकी दी हुई या बताई हुई किताबें पढ़ने लगीं। इन लड़कियों के लिए कॉलेज का जीवन अब उतना कष्टकारक नहीं रहा। उनका आत्मविश्वास लौट आया। वे हँसने-बोलने, मजाक करने लगीं और दूसरी लड़कियों की तरह कल्पनाएँ करने लगीं और सपने देखने लगीं। कुछ-एक लड़कियों ने संगीत या टेबल टेनिस या किसी अन्य विशेषता के कारण मुख्यधारा से संबंध बना लिया और इससे उनके गुट की साख काफी बढ़ गई।

ऐसा होने के कुछ दिन बाद परवीन अख्तर ने अपने गुट के साथ जैसे एक नाटक खेलना शुरू किया। किसी लड़की के साथ वह अकेली होती तो कहती—"मेरे पिता बहुत दिन से एक घर ढूँढ़ रहे हैं। हम लोग रिपन स्ट्रीट में रहते हैं न।" रिपन स्ट्रीट कलकत्ते का एक मुसलमान-बहुल इलाका है जो दोनों तरफ ट्राम लाइन की खड़खड़ाहट के बीच रिक्शों—ठेलों वालों के जमघट और दर्जी-धोबी से लेकर तरह-तरह की दुकानों से घिरा है। पार्क स्ट्रीट के अभिजात इलाके के बहुत नजदीक होते हुए भी रिपन स्ट्रीट की अंदर जाती गली ठसाठस सटे मकानों से अँटी हुई एक पिछड़े हुए शहर की गली नजर आती है। इतिहास की विद्यार्थी शेफाली बोस ने उन लोगों को बताया था कि तीन सौ साल पहले जब कलकत्ता शहर बना था, तब रिपन स्ट्रीट का इलाका पार्क स्ट्रीट—चौरंगी के 'गोरे' लोगों के लिए काम करने वाले खानसामों,

उस्तागरों, नाइयों, अर्दलियों और वेश्याओं का इलाका रहा था। बाद में भारतवासियों के सबसे प्रिय वायसराय 'लार्ड रिपन' के नाम पर रखा गया इसका नाम भी इसे कोई ऊँची हैसियत न दे सका। बल्कि 'अनीस बारबर (नाई) लेन' जैसी नामालूम गली का नाम 'रिपन लेन' क्यों पड़ा, इसके पीछे भी शायद किसी लार्ड रिपन के हमवतन विरोधी की साजिश थी। शेफाली ने उन लोगों की आँखों के सामने एक चित्र-सा खींच दिया था यह बताकर, कि कैसे 'काले' भारतीयों के हक़ की बात करके रिपन ने अपने ही देशवासियों को अपना दुश्मन बना लिया था। लार्ड रिपन की बग्घी जब चौरंगी से गुजरती थी, तो उसे अंग्रेजों की टिटकारियों और तानों का सामना करना पड़ता था।

परवीन अख्तर ने अपने नाटक का रिहर्सल सबके साथ अलग-अलग किया। वह कहती–"हम लोग किसी तरह रिपन स्ट्रीट से निकलना चाहते हैं। मेरे पिता एक अच्छा घर ढूँढ़ते-ढूँढ़ते थक गए हैं और अब मुझे लगता है कि यह काम मुझे ही करना पड़ेगा।" उसकी बातें सुनकर अक्सर ऐसा होता कि लड़कियाँ उसे अपने-अपने मुहल्ले के किसी खाली घर या निकट भविष्य में खाली होने वाले घर की सूचना देतीं। उसके बाद नाटक का एक दूसरा सिलसिला शुरू होता। परवीन अख्तर उस सूचना देने वाली लड़की के कॉमन रूम में आते ही उससे पूछती–"क्या हुआ मैडम ? क्या कहा उस मकान मालिक ने। क्या वह खाली फ्लैट भाड़े पर देना चाहता है ?" कुछ दिन तक वह लड़की टालमटोल करती रहती। फिर वह कहती–"आय एम सॉरी परवीन। वह फ्लैट उसने किसी रिश्तेदार को भाड़े पर दे दिया।" तब परवीन की बड़ी-बड़ी आँखों और सफेद दुबले चेहरे पर निराशा की परछाईं पड़ जाती। वह कहती, "लगता है हम लोगों को हमेशा रिपन स्ट्रीट में ही रहना है।" इस नाटक के सारे संवाद हर बार वही रहते थे। बस परवीन के सामने वाला पात्र बदल जाता। हर बार प्रथम और अंतिम डायलॉग में रिपन स्ट्रीट का जिक्र रहता। परवीन इस नाटक में इतनी मँज गई थी कि हर बार पहले ही उसकी आँखें उदासी से पल-पल गहरी होती जातीं–उसे शायद पूर्वाभास हो जाता कि संवाद वही रहेंगे। वह अंतिम डायलॉग बोलकर अपनी अँगुलियों के नाखूनों के किनारे की चमड़ी दाँतों से काटने लगती।

इतनी सारी लड़कियों के बीच अंजलि का परवीन अख्तर से एक खास संबंध बना क्योंकि सिर्फ वही जानती थी कि परवीन अख्तर कविताएँ लिखती है। परवीन अख्तर ने भी इतनी लड़कियों में सिर्फ अंजलि को ही अपने मन की बातें बताने के लिए चुना, इसके पीछे एक कारण था। बाकी लड़कियाँ परवीन के पास इसलिए आती थीं क्योंकि वे उससे जुड़कर एक बड़े गुट से जुड़ जाती थीं। इससे वे अपने

अकेलेपन और सबसे कटे होने की घबराहट से निजात पा जाती थीं। लेकिन अंजलि के लिए परवीन अख़्तर में कुछ ऐसा आकर्षण था, जिसे वह खुद भी समझ नहीं सकती थी। उसे परवीन अख़्तर की आवाज में, आँखों में, पतली-पतली अँगुलियों में जिनके नाखून वह प्रायः दाँत से काटती रहती थी–कुछ ऐसा नजर आता था जो दुनिया की मामूलियत से कुछ अलग था। वह उसे कुछ मासूम और ऊँचा नजर आता था। अंजलि परवीन अख़्तर के पास इसलिए जाती थी क्योंकि परवीन की उदास आँखों के सामने उसे कॉलेज की दुनिया की सारी चहल-पहल बहुत सतही और घटिया लगती थी। वह परवीन को जानना चाहती थी–यदि उसके अंदर किसी बात का गम था, तो वह उसकी तह तक पहुँचना चाहती थी। धीरे-धीरे वह अपना पूरा खाली समय परवीन के साथ कॉमन रूम में गुजारने लगी। जिस दिन परवीन अख़्तर ने उसे अपनी पहली कविता सुनाई, उस दिन से उन दोनों के संबंधों में बहुत बदलाव दिखाई दिया। कुछ दिनों में गुट की सारी लड़कियों को आभास हो गया कि वे नहीं चाहतीं कि दूसरी लड़कियाँ उन दोनों के बीच में आएँ। परवीन की कविता में अंजलि को एक अनोखी खूबसूरती दिखाई देती। "दो सितारे आसमाँ से जमीं पर उतरे/और तुम्हारी आँखें बन गए/तभी से बस/मैं/सितारों को निहार रही हूँ।" उसकी सीधी-सादी कविताओं में प्रेम, विछोह और तकलीफ का एक ऐसा संतुलन होता कि वे अठारह साल की अंजलि के बिलकुल अनुभवरहित उत्सुक हृदय में उतर जातीं। अंजलि के पिता अपनी लड़की को विवाह के पहले किसी प्रेम-व्रेम की हवा से दूषित न होने देने के मामले में काफी सख़्तमिजाज थे। अंजलि के किसी हमउम्र लड़के से बात तक करने की कोई दूर-दूर तक संभावना नहीं थी। वह परवीन के दिए रोमांटिक उपन्यासों को पढ़कर जिस कल्पना-लोक में उतरना चाहती थी, वहाँ पाँव टिकाने के लिए उसके पास कोई जमीन ही नहीं थी। इसलिए उसने परवीन की ही दुनिया को अपनी दुनिया बना लिया और परवीन अख़्तर के फैयाज अहमद की काल्पनिक छवि बना ली। फैयाज की वे कविताएँ जो वह परवीन की आँखों पर लिखा करता था, उसे अद्‌भुत लगती थीं। वह फैयाज के प्रेम को समझ सकती थी क्योंकि वह खुद परवीन के लिलि के सफेद फूल जैसी नाजुक सफेदी में जड़ी बड़ी-बड़ी काली आँखों की उदासी से प्रेम करती थी। "तेरी आँखों के सिवा दुनिया में रखा क्या है/मेरा जीना, मेरा मरना इन्हीं पलकों के तले..." ये पंक्तियाँ अंजलि इतनी बार गुनगुना चुकी थी कि उसकी छोटी बहन 'तेरी आँखों' कहते ही चिढ़ जाती–"हाँ, पता है, पता है, कि इस गाने के अलावा तुम्हारे लिए दुनिया में कुछ नहीं रखा है। पागल हो जाऊँगी मैं सुनते-सुनते।"

कॉमन-रूम का वह कोना, जो बहुत सारी लड़कियों से गुंजार रहता था, धीरे-धीरे परवीन और अंजलि का निजी कोना बन गया, जहाँ उनकी अंतहीन बातें चलतीं। अंजलि ने परवीन को मना कर दिया कि वह अपने मकान ढूँढ़ने की बात किसी के सामने न करे। यह भी बता दिया कि लड़कियों ने उसका नाम ही 'रिपन स्ट्रीटेर परवीन अख्तर' रख छोड़ा है। लेकिन वह खुद अपने पिता, चाचा और मामा से अपनी सहेली के लिए एक फ्लैट खोज देने की बातें करने लगी। उसके छोटे मामा ने, जो उससे कुछ ही साल बड़ा था, एक दिन उसे बहुत खुश होकर बताया कि भवानीपुर में उसके दोस्त के मकान में एक तीन कमरों का फ्लैट खाली हुआ है। अंजलि ने कहा–"मैं अभी परवीन को फोन करती हूँ।" मामा चौंक पड़ा–"परवीन ? क्या नाम है तुम्हारी सहेली का ?" "परवीन अख्तर नाम है मामा। उसके पिता गलीचों का व्यवसाय करते हैं। बहुत अच्छी लड़की है परवीन"–अंजलि ने उत्साह से कहा। "लेकिन वह तो मुसलमान है। मेरा दोस्त तो गुजराती जैन है। उससे पूछना पड़ेगा।" मामा ने सुस्त होकर कहा। अगले दिन मामा ने बताया–"नहीं होगा तुम्हारा काम। मेरा दोस्त तो एकदम बिगड़ गया मुझ पर। कहने लगा–तुम्हारा दिमाग तो खराब नहीं हो गया जो मुझसे ऐसी बात पूछ रहे हो। तुम्हारी भानजी से कहो ऐसे-वैसे लोगों से दोस्ती न रखे–ऑल मुस्लिम्स आर फेनैटिक्स (सारे मुसलमान कट्टर धर्मांध होते हैं), वह नहीं जानती क्या ?" "तो तुम भी मुझे यही सलाह दे रहे हो न मामा ?" अंजलि ने गुस्से और अंदर से उठते आँसुओं से रुँधी आवाज में बिगड़कर कहा। "अरे नहीं-नहीं। मैं तो तुम्हें सिर्फ बता रहा हूँ कि मेरे दोस्त ने क्या कहा। तुम नाराज क्यों होती हो ?"

अंजलि कई दिनों तक इस बात से अवसन्न रही। कैसे सोच सकता है कोई इस तरह ? जिसने परवीन को देखा नहीं, जाना नहीं, वह परवीन के बारे में कैसे ऐसी बातें कर सकता है ? मामा का वह दोस्त एकदम घटिया आदमी है–मामा को उससे दोस्ती छोड़ देनी चाहिए। वह इतनी गुमसुम हो चली कि परवीन और फैयाज की कविताओं में भी उसका मन नहीं लगता था। कॉलेज की बाकी लड़कियों को उसने गौर से देखना शुरू किया। उन दोनों को एक साथ बैठे देखकर लड़कियों के चेहरों पर आनेवाली मुसकानों के कई-कई अर्थ उसकी समझ में आने लगे। 'रिपन स्ट्रीट की परवीन अख्तर', 'मकान मालिक ने अपने किसी रिश्तेदार को फ्लैट किराए पर दे दिया'–आदि-आदि बातों के नए अर्थ खुल गए। परवीन के प्रति वह सहानुभूति से भर उठी। परीक्षाओं के दिन नजदीक आने लगे थे। वह और परवीन अब ज्यादातर लाइब्रेरी में बैठकर काम करने लगीं। उनका कॉमन-रूम का कोना खाली रहने लगा।

इसी बीच एक दिन परवीन कॉलेज नहीं आई। दिन में बार-बार जाकर अंजलि ने कॉमन-रूम का अपना कोना देखा। पर परवीन उस दिन आई ही नहीं। घर जाकर फोन करने पर परवीन के घर में किसी ने कहा कि वह घर में नहीं है और फोन रख दिया। अगले दिन अंजलि फिर लाइब्रेरी और कॉमन-रूम के बीच परवीन को खोजती हुई चक्कर लगाती रही। यदि परवीन बीमार होती, तो शाम को घर में ही रहती। तब फिर क्या बात है ? उसने खुद अंजलि को फोन क्यों नहीं किया ? क्या अंजलि किसी तरह उसके घर जाकर उसका पता लगाए ? परवीन का घर दूर नहीं है कॉलेज से। यदि वह लंच की छुट्टी होते ही निकल जाए, तो वापस समय पर कॉलेज लौट सकती है।

कॉलेज से निकलकर वेलेजली स्ट्रीट की ट्राम-लाइनों की चिल्ल-पों को पारकर अंजलि रिपन स्ट्रीट के सस्ते रेस्तराँ, दर्जियों, घड़ीसाजों, लॉण्ड्रियों, ब्यूटीपार्लरों, अंडे, रुई बेचनेवालों की दुकानों और छोटे-मोटे क्रिश्चियन स्कूलों को पार करती हुई एक सँकरी गली में मुड़कर 'सासून मैंशन' के बोर्ड के पास जा खड़ी हुई थी। वह पुराना मकान किसी की शादी की तैयारियों से गुंजार था। उस पर यहूदियों का चिह्न 'स्टार ऑफ डेविड' बना हुआ था। परवीन ने अंजलि को दूसरे महायुद्ध के दौरान हिटलर के शिकंजों से बचकर भागे हुए इस यहूदी 'सासून' के बारे में बताया था। वह तीस साल की उम्र में जर्मनी से भागकर शंघाई चला गया था, जहाँ वह दो हजार रिक्शों का मालिक बन गया था। फिर उन्नीस सौ अड़तालीस में माओ-त्से-तुंग की लाल सेना के शंघाई के करीब आने पर वह भागकर इजराइल जाते हुए अपने चाचा के पास कलकत्ता आया था। न जाने क्यों वह यहीं टिक गया था और उसने यह 'सासून मैंशन' बनवा लिया था। उसका लड़का कुछ पागल सा था। वह अरब-इजराइल युद्ध की याद आते ही उन लोगों का पानी बंद करवा देता था। अंजलि ने देखा कि मकान के ठीक बाहर लगे ट्यूबवेल पर एक लुंगी पहना हुआ आदमी रगड़-रगड़कर नहा रहा था। शादी की तैयारियों को बाहर खड़े होकर देखता एक अमरूद खाता आदमी अंजलि को देखकर हँसा। उसके हाव-भाव में पागलपन साफ जाहिर था। क्या यही 'सासून' का लड़का है ? मकान के अंदर तेज कदमों से जाती हुई एक बुरकेवाली महिला को अंजलि ने रोककर परवीन के बारे में पूछना चाहा कि तभी 'हैलो' कहकर किसी ने उसे पीछे से हाथ लगाया। वह चौंककर मुड़ी। उसी के कॉलेज की फातिमा, जो उससे एक साल सीनियर थी, जरीदार साड़ी पहने खड़ी थी। अंजलि के 'परवीन...' कहते ही वह बोल पड़ी—"परवीन इज गैटिंग मैरीड टू फैयाज टुडे।" (परवीन की आज फैयाज से शादी है।)" यू नो दे वर इन लव सिंस चाइल्डहुड। (जानती हो न, उन दोनों में बचपन से प्रेम था।) तुम शादी के

लिए तैयार होकर नहीं आईं ? सीधे कॉलेज से ही ?'' अंजलि मुँह सिले खड़ी रही– शादी ? परवीन ने बताया तक नहीं उसे ? बुलाया भी नहीं ? बचपन से प्रेम ? यह तो परवीन ने नहीं बताया था। ''फातिमा, क्या परवीन फैयाज को बचपन से जानती थी ?'' ''हाँ, वह उसकी फूफी का लड़का है न। यू नो, हम लोगों में ऐसा होता है''–अंजलि के चेहरे को देखकर फातिमा ने कुछ परेशान होते हुए कहा था। अंजलि धीरे-धीरे चलते हुए कॉलेज लौट आई थी। जब वह रिपन स्ट्रीट से मुड़ी तो रिपन स्ट्रीट की मोड़ पर एक दुकान के बाहर बैठा एक बूढ़ा आदमी चश्मा लगाए बहुत ध्यान से एक फूलवाली साड़ी में रफू कर रहा था। दुकान के बाहर लिखा था– ''यहाँ शहर का सबसे अच्छा रफू होता है।'' उस दिन के बाद कई सालों तक जब भी किसी कटे हुए या जले हुए कपड़े को रफू कराने की बात होती तो अंजलि को वह रफूगर और परवीन अख्तर याद आ जाते थे।

''हैलो अंजलि ! अंजलि ही हो न तुम ! पहचाना नहीं मुझे ? आय एम परवीन अख्तर''–अंजलि ने अपना झुका हुआ सिर पत्रिका से उठाकर परवीन को देखा। परवीन को अभी-अभी पहली बार देखने और कोई खजाना मिल जाने जैसी खुशी का नाटक करना अंजलि को बहुत कष्टकर लगा था। ''पति कैसे हैं ? कितने बच्चे हैं ? कहाँ पढ़ रहे हैं ? तुम क्या कर रही हो ? लॉयर (वकील) बन गई ? ओह, बट यू वर ऑलवेज सो ब्राइट (लेकिन तुम हमेशा से ही पढ़ने में तेज थीं)''–परवीन ने एक ही साँस में सब कुछ पूछ लिया था। क्या ये सारी जानकारियाँ उसे मायूस बना रही थीं ? कहीं से एक परछाईं परवीन के चेहरे पर आकर चली गई थी। ''अब अपनी भी बताओ''–अंजलि ने थके स्वर में पूछा। ''ज्यादा कुछ नहीं है मेरे पास कहने को। फैयाज इज फाइन। 'रेडीमेड' कपड़ों का बिजनेस करता है। एक लड़की है हमारी तीन साल की। इतने साल बाद हुई। यू नो, आई वाज ऑलवेज सो फ्रेल (तुम जानती हो, मैं हमेशा से दुर्बल थी)। हाँ, तुमसे एक बात करनी है। हम लोग मटियाबुर्ज में रहते हैं, लेकिन हम लोग घर बदलना चाहते हैं। मुझे वह 'एरिया' पसंद नहीं। क्या पिछड़ा हुआ इलाका है। इससे तो रिपन स्ट्रीट ही अच्छा था। तुम जानती हो किसी को, जो कोई फ्लैट भाड़े पर देना चाहता हो–इधर-कहीं ?'' अंजलि की आँखों के सामने वाजिद अली शाह का इमामबाड़ा देखने के लिए मटियाबुर्ज की यात्रा में देखी हुई, रिक्शे में कहीं जाती वे औरतें घूम गईं जिनके रिक्शे को चारों ओर साड़ी के लपेटे मारकर चलता-फिरता जनानखाना बना दिया गया था। परवीन अख्तर अपनी साँवली पड़ गई अँगुलियों के किनारे की चमड़ी दाँतों से काटने लगी थी।

'इन' लोगों ने धावा बोल दिया है

छात्राओं की दुनिया की 'एस.टी.' यानी अर्थशास्त्र की वरिष्ठ प्राध्यापिका श्रीमती शीला तयाल घनी चुप्पी और अँधेरे में आँख-कान खोले उस विचित्र और बे-सिर-पैर के सपने के बारे में सोचती रहीं, जो उन्होंने अभी-अभी देखा था।

'क्या सपने बिलकुल हवाई होते हैं ? उनकी जड़ें हकीकत के किसी छोर तक से अटकी नहीं होतीं ?'—एस. टी. ने दिमाग पर जोर डालकर याद करने की कोशिश की कि रात को सोने के ठीक पहले वे क्या सोच रही थीं। उन्हें याद आया कि गृहस्थी के अर्थशास्त्र के आँकड़ों से अलहदा उन्होंने कुछ नहीं सोचा था : 'तीन-तीन रोटियाँ सबके हिसाब से बनाईं। छह बड़े, चार बच्चे। तीस रोटियाँ। लेकिन किसी का अगर चौथी रोटी खाने का मन हो गया तो ? यों तो सबसे छोटी राधिका तीन रोटियाँ कभी नहीं खाती, पर आज उसने खा लीं तो ? बेकार। सब किया-कराया चौपट। कोई-न-कोई सुना ही देगा सुबह...आप तो खाकर जल्दी सोने चली गईं। हमारे लिए खाना ही नहीं रखा था...—क्या फायदा

हुआ जल्दी काम सलटाने का ? लेख लिखने का मूड चौपट हो गया।' मिसेज शीला तयाल यानी एस.टी. को याद आया कि यही सब सोचते हुए थककर उन्होंने बत्ती बुझा दी थी और तुरंत ही नींद की स्तब्धता में उतर गई थीं।

पिछले तीन महीने से एस.टी. इसी तरह सुबह साढ़े तीन बजे उठ रही हैं। रात की आवाजों से उनका परिचय इस उम्र में अब जाकर हुआ है : पास के किसी मकान या पेड़ से आनेवाली उल्लू की आवाज और भोर होने के पहले गीत की एक पूरी लंबी कड़ी शुरू से अंत तक बार-बार दोहरानेवाली अनाम चिड़िया का मीठा स्वर, जो बार-बार सुनने पर उबाऊ हो जाता है। क्या उनके लेख का भी यही हश्र होनेवाला है ?–एस. टी. चिंता से सोचती हैं। इस लेख को लिखने के लिए पिछले तीन महीनों से वे अपनी इधर-उधर बिखरी जिंदगी से एक-एक मिनट समय बचाकर जोड़ रही हैं : कलकत्ता महानगर के तीन सौ वर्ष पूरे होने के उपलक्ष्य में एक अंतर्राष्ट्रीय प्रकाशन द्वारा उन्हें कलकत्ते पर एक लेख लिखने के लिए कहा गया है। कितने सम्मान की बात है ! इस एक ऑफर ने उनकी जिंदगी बदल दी है।

अर्थशास्त्र में गोल्ड मेडलिस्ट एस.टी. के जीवन की हर पंचवर्षीय योजना हमेशा विफल होती रही है। वे बहुत बार सोचती हैं–'क्या मैंने इतनी मेहनत इसलिए की थी कि दिन-ब-दिन बदतमीज और आलसी होती छात्राओं की हर वर्ष की फसल को जोतने में अपनी सारी प्रतिभा नष्ट कर दूँ ? उनके लिए प्रश्न-पत्र बनाऊँ ? उनकी उन सारी टेढ़ी-सीधी तरकीबों को धराशायी करने में अपने को खर्च करूँ जो वे परीक्षा में आने वाले प्रश्नों को जानने के लिए कक्षा में काम में लेती हैं ? वे नकल न करें, इसके लिए परीक्षा-हॉल में बीसियों किलोमीटर चक्कर लगाऊँ ? उनके उत्तरों की बकवास को कॉपी-दर-कॉपी जाँचती रहूँ ? अपनी पी-एच.डी. पूरी न कर पाने का अफसोस एस.टी. को आज भी सालता है–उन्हीं दिनों बिटिया पेट में आ गई थी और फिर उसके बाद समय ही कहाँ था कि कुछ और सोच पातीं ? अपनी इस कुंठा से निजात पाने के लिए ही वे साल में दो-चार छिटपुट लेख लिखकर भेजती रहती हैं।

फिलहाल लेख का विषय है–'पहले विश्वयुद्ध के बाद से अब तक कलकत्ते की अर्थव्यवस्था।' अपना ही शहर है कलकत्ता। इसी की मिट्टी, जल, वायु में पलकर बड़ी हुई हैं एस.टी.। कितना अद्‍भुत है इसके इतिहास में पीछे लौटना–जानना कि पहले कब, कहाँ, क्या होता था। उन्हें मालूम ही कहाँ था कि अठारहवीं शताब्दी से कलकत्ते में 'तीसी के बाड़े' में 'बारिश का जुआ' खेला जाता था–सारे जुआड़ी

दिन भर आकाश देखते रहते कि बारिश हो गई तो आज पौ-बारह और बारिश नहीं हुई तो मारे गए। लोगों से बातें करने के लिए मिलते-जुलते और शहर की लाइब्रेरियों की खाक छानते एस.टी. को मालूम हुआ है कि यह सिलसिला आज तक चला आ रहा है। बारिश के अलावा दूसरी चीजें भी जुड़ गई हैं–क्रिकेट में किसी टीम का जीतना या वैसा ही कुछ-कुछ।

मुश्किल यह है कि इतिहास में पीछे लौटते हुए एस.टी. के लिए वर्तमान असह्य हो उठा है–वह हर काम जो लेख की बातों से उन्हें दूर ले जाता है, डंक की तरह चुभने लगा है। वे हर वक्त कलकत्ते शहर के प्रति सम्मोहन जैसी अवस्था में हैं और ऐसे ही रहना भी चाहती हैं। इधर-उधर पढ़ी हुई बातों और लोगों से की गई मुलाकातों में उन्होंने असंख्य तथ्य बटोर लिये हैं। ये उनके दिमाग में सोते-जागते, चलते-बोलते इस कदर चहलकदमी करते रहते हैं कि अक्सर उन्हें न किसी का कुछ कहा हुआ सुनाई पड़ता है और न आँखों से देखा हुआ कुछ दिखाई पड़ता है। यह उनके लिए समाधि की तरह एक विशुद्ध आनंद की अवस्था है, लेकिन जब-जब उन्हें वास्तविकता के धरातल पर मजबूरन उतरना पड़ता है, वे लड़खड़ा उठती हैं।

हालात कुछ ऐसे हो चले हैं कि एस.टी. को हर आदमी एक शत्रु की तरह नजर आता है, जो उनका समय और सोच खाने के लिए षड्यंत्र रच रहा है। रही-सही मुसीबत यह है कि उनके घर में खाना पकानेवाली उनकी अति प्रिय नौकरानी लक्खी बीस दिनों से अपने घर डायमंड हार्बर गई हुई है। एस.टी. को लगता है कि उनकी सहनशीलता का 'इंडेक्स' अभी सबसे निचले बिंदु पर आ गया है। चाहे उनकी सास का रखा गया मासिक कीर्तन हो या बेटी की नजदीक आ गई दसवीं कक्षा की बोर्ड की परीक्षा–हर काम उनमें एक विरोध और झल्लाहट पैदा करता है। कितना अच्छा होता कि जिंदगी के बाकी सारे कामों को सिनेमा के किसी दृश्य के क्षण की तरह 'फ्रीज' कर दिया जाता और अपना काम पूरा होने के बाद ही उसे चालू किया जाता। पर यह बात उनके दिमाग में चलते ऊटपटांग खयालों में से एक है। और तो और, प्रकृति भी उनके लिए बैरी बन रही है–पिछले तीन दिनों से शाम होते ही घनटोप बादलों से आकाश भर जाता है और काल-बैसाखी का अंधड़ उठ जाता है। खिड़कियाँ खुली रह जाएँ तो घर धूल से भर जाता है, कपड़े सूखते रहें तो चिमटियों से निकलकर उड़ जाते हैं। एस.टी. की देवरानी के चेहरे पर यह भाव स्पष्ट है कि आखिर वह अकेली कितना काम करेगी, हालाँकि वे उसे मनाने के लिए अपने लेख की दिलचस्प बातों के बारे में बताती रहती हैं।

उनके पति उनसे कई बार पूछ चुके हैं कि क्या उन्होंने लेख लिखना शुरू कर दिया है। वे जानती हैं कि इसका अर्थ यह है कि वे आखिर कब इस झंझट से मुक्त होंगी। 'लेकिन झंझट क्या होती है ? झंझट तो वह सब है जो मुझे बिना इच्छा के मजबूरन करना पड़ता है। पर मुश्किल तो यह है यह सब कहा नहीं जा सकता'–एस.टी. सोचती रहती हैं–'कहने को कहा तो किसी से क्या जा सकता है? किसी लेख को लिखने का अर्थ तथ्यों का संयोजन मात्र नहीं होता–यह किसी को कैसे बताया जा सकता है ?'

एस.टी. के दिमाग में ये तथ्य अब एक खास दृष्टि से संयोजित होने लगे हैं। लेकिन यह तो वे ही जानती हैं कि ऐसा होने के लिए एक यात्रा से गुजरना पड़ता है। इन तथ्यों को रचने-पचने के लिए समय देना होता है। मगर यह सब उन लोगों को समझाया नहीं जा सकता, जिनका यह काम नहीं है। एस.टी. ने अपने लेख का शीर्षक भी चुन लिया है–'कलकत्ते की अर्थव्यवस्था-1918 से अब तक : विगत गौरव की कथा'। लेकिन शुरू कहाँ से किया जाए ? कई-कई शुरुआती वाक्य उन्होंने दिमाग में बनाए हैं, पर कुछ बन नहीं पाया है। सब कुछ बनने लगता है, कोई-न-कोई एक माँग लेकर खड़ा हो जाता है–कभी कॉलेज में, कभी घर में। बेटी कह चुकी है–'लेख तो तुम फिर कभी लिख सकती हो, पर मेरे बोर्ड के इम्तिहान तो तुम्हारी मरजी से नहीं होंगे न ?' बात गलत नहीं है उसकी–वे जानती हैं, लेकिन क्या करें ? किसी काम में मन ही नहीं लगता। कुछ करने की इच्छा नहीं होती। कई बार सोचती हैं कि बेटी के नंबर अच्छे नहीं आए, तो उन्हें हमेशा अफसोस रहेगा। लेकिन यह सोच भी उन्हें उसके लिए कुछ करने को उत्प्रेरित नहीं करता।

सबसे बड़ी समस्या यह है कि किस तरह और कहाँ से शुरू करें लेख को ? कलकत्ते की वर्तमान पिछड़ी हुई अर्थव्यवस्था से या अतीत से–जब प्रथम विश्वयुद्ध के बाद मुंबई या दिल्ली से कलकत्ते की स्थिति बहुत आगे थी ? क्या उन सारे कारणों का उल्लेख करें जो अलग-अलग लोगों के दिमाग में कलकत्ते की अधोगति होने के मूल में हैं। एस.टी. के काका कहते हैं–"अंग्रेज साहबों का चला जाना ही ऐसा होने का कारण है–वे ज्यादा मेहनती, ईमानदार और कदरदान लोग थे।" पड़ोस के मुखर्जी बाबू की राय है कि विधानचंद्र राय का गुजर जाना ही कलकत्ते के 'डाउनफॉल' होने की शुरुआत थी। कई लोग दूसरे प्रदेशों से आए लोगों को अभियुक्त मानते हैं, कई पूर्वी बंगाल से आए शरणार्थियों को। एस.टी. की माँ बताती हैं कि उनकी माँ कहती थीं, "कलकत्ता कारपोरेशन ने गंगाजल से सड़कें धोना बंद कर दिया है। अब कलकत्ता बदल जाएगा। पहले जैसा नहीं रहेगा।" लेकिन विशुद्ध

तथ्यों के आगे क्या लोगों के दिमाग में पलने वाली इस तरह की आधारहीन धारणाओं और किंवदंतियों का कोई महत्त्व है ? इनका उल्लेख क्या लेख को बहुत आमफहम नहीं बना देगा ? एस.टी. का दिमाग उलझता जाता है, अपनी ही बनाई उलझनों में।

क्यों वे एक भारी-भरकम शोधपूर्ण लेख नहीं लिख देतीं जिसे पढ़ते ही लोगों पर उनकी विद्वता की छाप पड़ जाए ? उन्नीस सौ अठारह से उन्नीस सौ तीस के बीच के बारह सालों में अंग्रेजों की जूट में 97 प्रतिशत और कोयला खदानों में 89 प्रतिशत मिल्कियत का धीरे-धीरे खत्म होते जाना और मारवाड़ी व्यापारियों का प्रथम विश्वयुद्ध में कमाए पैसों से उद्योग में प्रवेश कर 60 प्रतिशत जूट मिलों और कोयला खदानों पर 45 प्रतिशत मिल्कियत प्राप्त कर लेना; प्रफुल्लचंद्र राय के आर्थिक स्वदेशीकरण के नारे से प्रभावित होकर बंगालियों का दवाओं, केमिकलों, साबुनों, तेलों, बत्ती, पंखे आदि बनाने के उद्योग लगाना, लेकिन धीरे-धीरे असफल होकर खत्म हो जाना; 1955 तक कलकत्ते में मुख्यालय रखने वाली अनेक बहुराष्ट्रीय कंपनियों का पेट्रोलियम, गैस, तेलों से लेकर सिगरेट, साबुन, मंजन और डिब्बाबंद चाय के उत्पादन पर अधिकार कर लेना। एस.टी. की समझ में नहीं आता कि क्या इन सब तथ्यों और ऐसे अनेकानेक तथ्यों से लेख लिख डालें या इन तथ्यों को आपस में एक कहानी की तरह बुना जाए, जिसकी जड़ें वाकई जीवन में जमी हुई हों ?

रात साढ़े तीन बजे घुपचुप अँधेरे में फिर यही उधेड़बुन करते हुए एस.टी. खिड़की से आकाश में गुजरते हुए एक तारे की तरह टिमटिमाते उपग्रह को देखती हैं। 'कितना अजीब सपना था जो मैंने देखा था—न जाने कैसे संभव हुआ मेरे लिए ऐसा सपना देखना ? और कुछ नहीं तो दिख गए गणेश—हाँ, वही सूँडवाले, मोटे पेट वाले गणेश जी। खूब मोटे, खूब बूढ़े और शायद बीमार भी। सपने में गणेश बिस्तर पर लेटे हुए थे। सवाल यह है कि मुझे क्यों दिखे ? मेरे जीवन का कोई लेन-देन कभी गणेश से नहीं रहा।'

एस.टी. को काफी चिढ़ है उन लोगों से, जो तरह-तरह के गणेश अपने घरों में सजाकर रखने लग गए हैं। अचानक न जाने कैसे सबके घरों में गणेश के लिए जगह हो गई है—पंजाबी हों या गुजराती या सिंधी या राजस्थानी—शायद ही पहले गणेश कभी इतने लोकप्रिय रहे हों। कहीं बैठे हुए गणेश हैं, कहीं खड़े हुए, कहीं अधलेटे। कहीं चित्रों में, कहीं मूर्तियों में—गोया गणेश न हो गए कोई चौकीदार हो गए—डरे हुए शुभाकांक्षी लोगों की सुरक्षा के लिए या कोई ऐसा ब्रांड हो गए कि

लोगों को संस्कृति-प्रेमी सिद्ध कर सकें।–ऐसा सोचने वाली एस.टी. को गणेश क्यों दिखे सपने में और वह भी बूढ़े, बीमार, लेटे हुए ?–'मेरी सास को भी दिखे होते तो कोई बात थी,' अचानक यह सोचते-सोचते एस.टी. को सपने की आगे की कड़ी याद आ गई। वे चौंककर बिस्तर पर उठ बैठीं–मैंने सपने में गणेश से बहुत बातें की थीं और तब गणेश स्वस्थ हो गए थे। इस कड़ी के साथ ही एस.टी. को वह किंवदंती भी याद आई जिसके अनुसार व्यास ऋषि को अपने दिमाग में घुमड़ती अनंत कथाओं को लिखवाने के लिए सबसे बड़े ज्ञानी गणेश को बुलाना पड़ा था। गणेश ने यह काम करने की हामी इस शर्त पर भरी थी कि वे लिखते हुए रुकेंगे नहीं और व्यास ऋषि ने मान लिया था कि वे बिना रुके बोलेंगे, बशर्ते कि गणेश किसी बात को बिना समझे नहीं लिखेंगे।

"तो क्या मुझे किसी गणेश की जरूरत है लेख लिखने के लिए ? उन सारे बिखरे तथ्यों को जोड़ने के लिए, जो मेरे दिमाग में लगातार दौड़ मचा रहे हैं। पर कौन मिलेगा ऐसा, जिसमें ऐसी योग्यता हो और इच्छा भी कि वह किसी दूसरे के काम का एक पुर्जा बन सके ? रसोई का काम सँभालने के लिए लक्खी आ जाए गाँव से, तो मैं खुद ही अपना काम पूरा कर लूँ। 'पुर्जा ?' " अचानक एस.टी. के दिमाग में आया–"लक्खी एक पुर्जा ही तो है मेरे जीवन में। सबसे जरूरी पुर्जा, जिसके बिना मेरी योजनाएँ कभी पूरी नहीं हो सकतीं। लेकिन लक्खी ने पुर्जा बनना क्यों स्वीकार किया है मेरे लिए ? पाँच सौ रुपए, रोटी, दो-तीन जोड़ी कपड़ों के लिए ? अपने बीमार पति से दूर रहकर मेरे लिए एक ऐसा संवेदनशील, स्नेही पुर्जा बनना उसने क्यों स्वीकार किया है ? क्यों वह अपने लकवाग्रस्त पति को अकेला छोड़कर, पाँच घंटे लेनेवाली उस बस में घबराई हुई मुझ तक आने के लिए बैठ जाती है, जिस बस में उसे लगातार उबकाई आती रहती है ? लक्खी की माँ क्यों नहीं आई थी शहर में नौकरी करने ?" एस.टी. अँधेरे में बैठी हुई लक्खी से जुड़े असंख्य सवालों से घिर गई।

लक्खी के पिता की आठ बीघा जमीन गंगा नदी ने रास्ता बदलकर हड़प ली थी। उसका पति खेतों में या छोटे-मोटे उद्योगों में दिहाड़ी मजदूर था। शुरू में उसका खर्च चल जाता था। बच्चे नहीं हुए थे क्योंकि इमरजेंसी के दौरान सत्रह साल की उम्र में लक्खी के पति की नसबंदी कर दी गई थी। इसके एवज में उसे पाँच सौ रुपए मिले थे और सरकार को नसबंदी किए लोगों के आँकड़ों में बढ़ने के लिए एक और संख्या। लेकिन धीरे-धीरे उन दोनों के खाने तक का खर्च निकालना मुश्किल होता गया था और लक्खी के पति ने दूर किसी अनजाने प्रदेश में किसी

बड़े कारखाने के कंट्राक्टर के साथ छः महीने के लिए जाना स्वीकार कर लिया था। रेल में तीन दिन लग गए थे उसे पहुँचने में। वहाँ से वह उच्च रक्तचाप के कारण छत्तीस वर्ष की उम्र में लकवाग्रस्त होकर लौटा था और तब लक्खी गाँव की किसी मौसी के साथ कलकत्ते तक पाँच घंटे का सफर तय करनेवाली बस में रोती-सिसकती बैठ गई थी।

पिछले एक साल से गाँव के सारे लोग नदी पर जाल फेंककर 'बाघदा चिमड़ी' मछली पकड़ने लगे हैं–छोटी-छोटी बाल जैसी सौ महीन मछलियों के बच्चे पकड़कर 'पाइकिरी' (थोक विक्रेता) को बेचने से सौ रुपए मिल जाते हैं। लेकिन मछली हाथ में आना लॉटरी आने की तरह है। कभी सौ कभी दो भी नहीं। नदी पर रोज एक मेला-सा लगा रहने लगा है। इन मछलियों को नमक के पानी में रखकर वे लोग ले जाते हैं। बाद में ये तीन-चार किलो की हो जाती हैं। मगर लक्खी को नदी से डर लगता है। वह नदी में उतरना नहीं चाहती कमर तक पानी में। इसलिए उसके पास एक ही रास्ता है जीवन खेने का–कलकत्ते वाली बस में बैठना। जिस दिन वह बस में बैठती है, उसका पति खाना नहीं खाता। वरना रोज दोनों साथ ही आमने-सामने बैठकर खाते हैं। रक्तचाप की दवा महँगी है। उसे रोज दवा लेना जरूरी है। इसलिए लक्खी का पति चुप रहता है। अब वह घिसटते हुए चलने लगा है। खाना भी बना लेता है किसी तरह। गाँव पेट नहीं भर सकता–उसके लिए शहर जाना ही है। लेकिन गाँव ने पेट भरना क्यों बंद कर दिया है–एस.टी. के मस्तिष्क में यह प्रश्न बार-बार डायमंड हार्बर की नदी में उठती लहरों की तरह उठने लगा।

तथ्य–किताबी तथ्य और जीवन से हासिल किए गए तथ्य। इनके अंतर के बीच एक आदमी के एक पुरजे में बदलने का किस्सा है। सवाल यह है कि यह बात शुरू कहाँ से हो, किस भाषा में हो ? एस.टी. सोचती कि क्या भाषा यह होगी कि ऐतिहासिक तथ्य ये हैं कि कलकत्ते के कृषि-प्रधान पृष्ठ प्रदेश ने उन्नीस सौ तीस के बाद से एक-के-बाद-एक आघात सहे हैं। पहले प्रथम विश्वयुद्ध के बाद डिप्रेशन, उसके बाद तैंतालीस का बंगाल का अकाल और फिर आजादी का विभाजन। हर बार कलकत्ते में बाहर से चले आए लोगों से यहाँ की अर्थव्यवस्था और चरमराती गई है। गाँवों की बिगड़ती हालत के कारण लगातार शहर में नौकरी की तलाश में आने वाले लोगों की संख्या बढ़ती गई है। कम-से-कम रुपयों में काम करने को तैयार लंबी-से-लंबी कतारों में ये लोग इंतजार में खड़े हो गए हैं। कलकत्ते में बस्तियों की संख्या और फुटपाथों पर सोने-रहनेवाले लोगों की संख्या बढ़ती गई है। एस.टी. फिर उपलब्ध तथ्यों से जूझने लगीं : कलकत्ते का 1967-72 का

नक्सलपंथी आंदोलन, युवा विद्रोह के कारण, उसके अर्थव्यवस्था के लिए दूरगामी नतीजे।

अचानक एस.टी. के दिमाग में फिर सपने में दिखे गणेश और लक्खी एक साथ कौंध गए। साथ ही यह निर्णय भी कि इस लेख की शुरुआत उसी 'पुरजे' से होगी जो इन सारे ऐतिहासिक तथ्यों की परिणति है। यानी शुरुआत लक्खी की कहानी से होगी और अंत भी लक्खी की कहानी से। एस.टी. बत्ती जलाकर लेख लिखने बैठ गईं। आज कॉलेज से छुट्टी, घर के कामों से छुट्टी। रात का खाना वे बना लेंगी। शाम तक लेख पूरा हो ही जाएगा।

दोपहर दो बजे दरवाजे की तीन-चार घंटियाँ बज उठीं। एस.टी. ने लिखते-लिखते सिर उठाया। घर में सन्नाटा है। लगता है सब सोए हैं। वे दरवाजा खोलने के लिए कलम खुली छोड़कर उठ खड़ी हुईं। पोस्टमैन है।–'रजिस्टर्ड पत्रिका रायपुर से। यहाँ साइन कीजिए और मनीऑर्डर के ये लीजिए दो सौ अस्सी रुपए।'

एस.टी. रुपए लिये दरवाजे पर खड़ी रहीं। पोस्टमैन जा चुका था। वे सोचती खड़ी रह गईं। इतने बड़े अखबार की पत्रिका और दस महीने पहले भेजे गए उनके लेख के लिए सिर्फ दो सौ अस्सी रुपए के ये गंदे-पुराने नोट। इतने श्रम की इतनी-सी कीमत ? और वह भी इस तरह के सड़े-गले नोटों में। उसका मन नहीं हुआ कि पत्रिका खोलकर 'ग्लोबलाइजेशन' पर लिखे अपने लेख को देखे।

तभी देखा कि लक्खी हाँफती हुई सीढ़ियाँ चढ़ रही है जैसे कहीं से दौड़ती हुई आ रही है। एस.टी. का चेहरा खिल उठा–"आ गई ? क्या हो गया था ? तुम्हारे आदमी की तबीयत तो नहीं बिगड़ गई थी ? दवा खाता है न ठीक से ?"

"ओरे बाबा, अंदर तो आने दो"–लक्खी ने बांग्ला में कहा।

"अच्छा ! ले, तू ये रुपए रख। दो सौ अस्सी हैं"–एस.टी. का दिल अचानक उमड़ आई अपनी ही दरियादिली पर उमग उठा। लक्खी ने कुछ नहीं कहा। हाथ बढ़ाकर रुपए नहीं लिये। इधर एस.टी. हिसाब लगाती रहीं कि इन रुपयों से लक्खी के पति की डेढ़ महीने की दवा तो आ ही जाएगी।

"क्या हुआ ? ले ना रुपए। वह जो पहले लेख भेजा था न दस महीने पहले, उसके रुपए हैं। अभी-अभी डाकिया दे गया है।"–एस.टी. का उत्साह पल-पल बढ़ रहा था। कलकत्ते पर लेख अच्छा बन रहा है और एक तरह से लक्खी ही उसका कारण है। यह भी कह सकते हैं कि लक्खी ही इसका मुख्य पुरजा है। एस.टी. यह सोचकर हलके से हँसी।

लक्खी चुप थी। फिर अचानक कह उठी–"तो तुम रखो न रुपए। मैं क्यों

लूँ ? तुमने मेहनत से लिखा था। ये रुपए तुम्हीं रखो।''

एस.टी. हतप्रभ हो गईं। उनके अंदर सब कुछ गड्ड-मड्ड हो उठा। वे लगभग गिड़गिड़ाने के स्वर में बोलीं—''तुम्हारे ही कारण तो लिख पाती हूँ। तुम रखो न। काम आएँगे तुम्हारे।''

लक्खी ने रुपए नहीं पकड़े। ''अच्छा घर में घुसने तो दो''—कहकर उनके बगल से अंदर घुस आई—''नहीं, ये रुपए मैं नहीं लूँगी। तुमने मेहनत की थी। तुम्हीं रखो इन रुपयों को।''

एस.टी. वापस टेबल पर आकर सन्न-सी बैठ गईं। वे खुली कलम को बंद कर बैठी रहीं। कलकत्ते पर लेख लिखने के सिलसिले में जुटाया गया एक ऐतिहासिक तथ्य उन्हें याद आया जिसे वे लेख में कहीं टाँकने वाली थीं—''पहले तो उत्तर कलकत्ते में ही आस-पास के गाँवों से आए 'भिखमंगे' दिखाई देते थे, पर अब 1930 में चौरंगी-पार्क स्ट्रीट के फिरंगी इलाकों पर भी इन लोगों ने धावा बोल दिया है। बहुत जरूरी है कि एक ऐसा बिल पास किया जाए कि इन्हें गिरफ्तार कर इनके ठिकानों पर पहुँचा दिया जाए।''

एस.टी. ने इस ऐतिहासिक तथ्य को अपने दिमाग में ही एक बड़ा-सा क्रॉस बनाकर काट दिया—उसी तरह जैसे वे लड़कियों की कॉपियों की बकवास को काट दिया करती थीं। 'इन लोगों ने धावा बोल दिया है ?'—उनके अंदर जैसे किसी ने प्रश्न पूछा। एस.टी. ने अपना सिर हिलाया—'नहीं, लक्खी ने धावा नहीं बोला है।' अब तक लक्खी अपना थैला दरवाजे के पास बनी आलमारी की दराज में रखकर, हाथ-मुँह धोकर उनके पास खड़ी हुई थी—'उफ् ! शीला दी, जितना कष्ट मुझे इस भीड़-भरी बस में बैठकर कलकत्ता आने-जाने में होता है, उतना तो जीवन में और किसी चीज से नहीं होता। हाड़-हाड़ टूटने लगता है...'—उसने बांग्ला में कहा।

दूसरे किले में औरत

अगले दस मिनट में औरत ने एक-एक करके सब कपड़े उतारे। अंतिम कपड़ा–एक लँगोट–उतरने के साथ-साथ लाल-पीली रोशनियाँ बुझ गईं। धुँधले उजास में वह नंगी खड़ी थी। वह कहाँ की रहने वाली है, मैंने पूछा, गोंडा, बस्ती, बेगूसराय, आरा, छपरा, राँची ? असंभव था जानना। वह इतनी नंगी थी।

–रघुवीर सहाय, 'किले में औरत' कहानी से

फिर मुझे उसी दफ्तर में जाना था और फिर उसी काम से। यों आमतौर पर मेरे जैसे अधीर व्यक्ति के लिए ऐसे मौके पर झल्लाहट स्वाभाविक थी, पर मैं किसी तरह की झल्लाहट का अनुभव नहीं कर रहा था। क्या आप अनुमान लगाने लगे हैं कि इस अस्वाभाविक झल्लाहटहीनता के पीछे क्या वजह हो सकती है ?– आपका पहला अनुमान कहानी के शीर्षक से आपके चेहरे पर मुसकुराहट या चिढ़ (जैसा आपका स्वभाव हो, उसके अनुरूप ही–) के साथ यह होगा कि वहाँ निश्चय ही कोई परी-चेहरा मौजूद

होगा। एक हिंदुस्तानी मर्द के लिए आज भी यानी बीसवीं शताब्दी के अंत में, दफ्तर में औरत की मौजूदगी–और वह भी सुंदर औरत–एक ऐसी स्थिति है, जो उसमें सारे सद्‌गुणों को जागृत कर देती है–मसलन धीरज, सहनशीलता, नम्रता, शिष्टता आदि। (यह सरलीकृत सच लिखते हुए यह माना जा रहा है कि जिंदगी ने उन्हें अब तक इतना नहीं पीट दिया है कि वे मर्द-औरत या सुंदर और असुंदर औरत का अंतर तक भूल गए हों।)

लेकिन मैं आपको पहले ही बता दूँ कि आपका अनुमान गलत है। वहाँ–यानी कि 'इंडिया टावर' की दसवीं मंजिल पर बने उस दफ्तर में कोई औरत पहली बार थी ही नहीं। "अच्छा, अच्छा"–आप सोच रहे हैं–"तो यह बात है, कोई खास परेशानी नहीं।" आपका दूसरा अनुमान तो हर हाल में सही निकलने वाला है। यों भी जब मकान का नाम 'इंडिया टॉवर' है, तो उसमें सब कुछ हमारे इंडिया जैसा ही होगा न ? हमारे देश में लोग तभी झल्लाते और चिल्लाते हैं जब ऐसा करने से कोई नुकसान होने का खतरा न हो। मंत्री, पुलिस-अफसर, कमेटी-मेंबर, सेक्रेटरी आदि-आदि लोगों पर तो कोई क्या खाकर झल्लाएगा, एक अदने क्लर्क के आगे भी झल्लाने में बड़े-से-बड़ा आदमी डरता है, यदि उस क्लर्क में उसका काम बिगाड़ने या उलझाने की ताकत हो। तो आप सोच रहे हैं कि मैं यदि नहीं झल्ला रहा–और वह भी दूसरी बार दौड़ने में ही–तो क्या खास बात है ? बल्कि यदि मैं अपने बारे में यह सोच भी रहा हूँ कि मैं नहीं झल्ला रहा, तो इसका मतलब यह है कि मैं अपने-आपको लेकर बहुत सारे भ्रम पाले हुए हूँ। या हो सकता है कि सचमुच मेरे पास रुपए या ओहदे की या किसी 'खास' जान-पहचान वाले 'कनेक्शन' की ताकत है।

फिर आप गलत हैं। लेकिन आप झल्लाकर इस कहानी को फेक दें, इसके पहले ही मैं आपको बता देना चाहता हूँ कि मेरे न झल्लाने के पीछे एक बहुत मामूली और मासूम वजह थी। (मासूम शब्द में आपको रूमानीपन या आत्म-मुग्धता की गंध तो नहीं आ रही ?) पर सच मानिए, अगर आप अपने अंदर झाँकें और उससे न कतराएँ तो आपको अपने अंदर बचपन की कोई पुरानी चीज या आदत अब भी उतनी ही खुशी देती मिल सकती है जितनी पहले। और यह मासूमियत नहीं तो और क्या है ? जैसे कि हवाई जहाज दिखना या पतंग उड़ती हुई दिखना या रेल का बंद फाटक मिलने पर रेल गुजरते हुए दिखना। मुझे दसवें तल्ले से अपने शहर को और खासकर हावड़ा ब्रिज को देखना बहुत अच्छा लगा था, जब मैं पिछली बार उस दफ्तर में पहली बार गया था। कलकत्ता शहर की ऊबड़-खाबड़, ऊँची-नीची,

बेतरतीब छतों के पार मुझे हावड़ा ब्रिज कितना पुराना, कितना सुंदर और कितना अपना लगा था। फिर से उस सजे-सजाए दफ्तर की काँच की खिड़कियों से उस दृश्य को देख सकूँगा, यह सोचकर मैं यदि पुलकित नहीं, तो पुलकित-सा अवश्य हो रहा था। हालाँकि मैं किसी को अपने इस बचकाने रहस्य के बारे में बताने नहीं जा रहा था, पर अंदर-ही-अंदर जानता था कि मेरे न झल्लाने की वजह क्या है।

तो फिर मैं 'इंडिया टॉवर' की दसवीं मंजिल पर ले जाने वाली लिफ्ट में चढ़कर फिर उसी दफ्तर के सामने खड़ा था, जिसका कारोबार सपने बेचना था। लीजिए, आपको कोफ्त होने लगी है कि इस बात में तो लैटिन अमेरिकी लेखक मार्क्वेज की नकल पर कोई जादुई दुनिया गढ़ने की दयनीय कोशिश की गंध आ रही है। पर देखिए, आपका तीसरा अनुमान भी गलत है क्योंकि यह दफ्तर वाकई सपने बेचता था। उसका नाम ही था–'ड्रीम हाउस एसोसिएट्स'। सपनों के घर का सपना बेच-बेचकर ही इन लोगों ने यह शानदार ऑफिस बनाई थी, जिससे हमारे शहर की पहचान, हमारा 'गुड ओल्ड' हावड़ा ब्रिज देखा जा सकता था।

घर जोड़ने की माया से बड़ी माया आखिर और कौन सी होती है एक आदमी की जिंदगी में ? क्या यही एक आदमी का सबसे बड़ा सपना नहीं है कि उसके पास ऐसा घर हो, जैसा कि उसके पास अभी नहीं है ? मसलन दो कमरे हैं, तो तीन हों; तीन कमरे हैं, तो चार हों। शायद इसी बात को समझते हुए इस कंपनी ने अपना नाम ही 'ड्रीम हाउस एसोसिएट्स' नहीं रखा था, बल्कि अपनी बनाई हुई सारी दड़बेनुमा बहुमंजिली इमारतों के नाम ड्रीमलैंड, ड्रीम गार्डंस, ड्रीम ड्यू आदि-आदि रख छोड़े थे। यह तो नहीं मालूम कि उन मकानों में रहनेवालों के सपने पूरे हुए या नहीं–या उन लोगों ने और बेहतर मकानों के सपने देखने शुरू कर दिए, पर यह कंपनी कभी उन्हें यह भूलने देने के लिए तैयार नहीं थी कि उन्होंने उस कंपनी से अपने सपने खरीदे थे। सपने बेचना हर किसी ऐरे-गैरे के वश की बात भी तो नहीं, आखिर उसके लिए अपने में भी तो कुछ माद्दा होना चाहिए। जाहिर है कि इस कंपनी को बहुत गर्व था कि वह सपने बेचती है, कोई अचार-पापड़, कपड़े-लत्ते या क्रीम-शैंपू जैसी घटिया चीजें नहीं।

बहरहाल, जिसे अंग्रेजी में 'टू कट अ लौंग स्टोरी शौर्ट' यानी सीधे-सीधे मुख्य मुद्दे पर आना कहते हैं, मैं यह बताना चाह रहा हूँ कि मैंने इस कंपनी से अपने सपने खरीदकर उसकी पहली और दूसरी किस्त भी चुका दी थी। पिछली बार जब मैं इस कंपनी के दफ्तर में आया था, तब मैं उन्हें यह याद दिलाने आया था कि अपने वायदे के मुताबिक अभी तक उन्होंने उस पुराने भुतहे मकान को तोड़ना भी

नहीं शुरू किया था, जिसकी जगह पर हमारी पाँच-मंजिली इमारत बनने वाली थी। अंग्रेजों के जमाने में बने ऊँची सीलिंग और काठ की सीढ़ियों वाले उस सौ बरस पुराने मकान में घुसकर और एक पालतू कुत्ते से काटे जाने का खतरा उठाकर अभी हाल में ही मैंने पता लगाया था कि एक नब्बे वर्ष की बूढ़ी क्रिश्चियन औरत अब भी वहीं जमी हुई है।

यह सरासर वायदाखिलाफी थी। सपने बेचते समय कंपनी में यह भनक तक नहीं लगने दी थी कि वह ऐसी जगह मकान बनाने जा रही है जो अभी तक खाली नहीं करवाई गई है। बहुत संभव था कि वह क्रिश्चियन बूढ़ी सनातनी हिंदुओं की तरह 'शतम् जीवेम शरदः' का जाप करती हो और सौ वर्ष की उम्र पाए। तब तक तो मेरे सपने कपूर की तरह उड़ चुके हों या बारिश में भींगते लोहे की तरह जंग खा चुके होंगे। यह भी संभव था कि सपनों के टूटने के आघात से मैं स्वयं ही बुढ़िया के पहले गुजर गया होऊँ। यह सब सोच-सोचकर मेरा दिल बैठा जा रहा था। इतना ही नहीं, अब जाकर मुझे इस कंपनी के बनाए हुए 'ड्रीम लैंड' मकान में छत के ठीक नीचे यानी नौवें तल्ले पर रहने वाले अपने एक मित्र के साले के चचेरे भाई के बहनोई से पता चला था कि उनकी छत प्रायः बारिश में छत न होने का आभास देती रहती थी। तब से मैं रात को प्रायः जागकर इस हकीकत पर विचार करने लगा था कि मैंने बिना पूरी तरह तहकीकात किए ही एक 'टिपिकल' हिंदुस्तानी की तरह अपने सपने 'ड्रीम लैंड एसोसिएट्स' के हाथों गिरवी रख दिए थे।

आखिर अपनी और अपने आसपास की हिंदुस्तानियत के अनुभव मेरे पास कम तो न थे। कभी मेरे धोबी और लॉण्ड्री ने किसी दाग को छुड़ाकर मुझे हैरत में नहीं डाला था। कभी मेरी गाड़ी की मरम्मत करने वाले मिस्त्री के पास मुझे दोबारा गाड़ी न भेजने की नौबत नहीं आई थी। कभी मेरे बच्चे को गणित पढ़ाने आने वाले ट्यूटर ने किसी महीने सप्ताह में दो दिन आने का अपना नियम पूरा करने की जहमत नहीं उठाई थी—वह मुझे आश्वस्त करता रहा कि मेरे लड़के का दिमाग बहुत तेज है, जब तक वह फेल नहीं हो गया। फिर भी देखिए, मैं एक सच्चे हिंदुस्तानी की तरह बार-बार विश्वास करने और चौंककर होश में आने से बाज नहीं आया था। हालाँकि सच मानिए और अपने अंदर झाँककर देखिए, तो आप पाएँगे कि इस विश्वास में, इस उम्मीद में एक भयंकर सुख है। यही मासूमियत—और यह मासूमियत नहीं, तो और क्या है—यही मासूमियत तो है, जो हमें सिर्फ आदमी ही नहीं, इनसान बनाए हुए है। वरना क्या हमारा हाल पश्चिम वालों की तरह बेहाल नहीं होता ?

खैर, मैंने 'ड्रीम लैंड एसोसिएट्स' से सपने खरीद लिये थे और बचपन से ही 'जल में रहकर मगर से बैर नहीं' करने वाली हिदायत सुन रखी थी। पिछली बार कंपनी ने मुझे जी-जान से आश्वस्त किया था कि वे लोग शीघ्र ही काम शुरू करने जा रहे हैं। क्या यह एकदम नामुमकिन था कि वे सच बोल रहे हों ? आखिर कभी-कभी क्या हिंदुस्तान में कोई चीज एकदम ठीक नहीं निकल जाती ? मेरे लड़के के पास एक पेंसिल छीलने वाला शार्पनर था, जो इतनी बढ़िया पेंसिल छीलता था कि जवाब नहीं और वह 'मेड इन इंडिया' ही था।

मैंने लिफ्ट से दसवीं मंजिल तक आते-आते हर तरह की हर बात सोच डाली थी और मन-ही-मन एकदम ठीक-ठाक, लगभग आस्थावान हो चुका था। ऊपर से कलकत्ता शहर और हावड़ा ब्रिज देखने का आकर्षण भी मुझमें एक हलकापन लाए दे रहा था। मैं अपने 'ड्रीम हाउस' या 'ड्रीम फ्लैट' यानी दो कमरों वाले पाँचवीं मंजिल के घर के बारे में सोच रहा था। मेरे घर में एक ऐसी खास बात थी, जिसे जानकर निश्चय ही आप ऐसे ही एक घर के सपने देखने लगेंगे। मेरे फ्लैट के हॉल के बीचोबीच छत का एक छोटा टुकड़ा ईंट-सीमेंट का न होकर काँच का होने वाला था—यानी मेरे घर में उस काँच के जरिए दिन में सूरज और रात में चाँद-तारे आने वाले थे और आकाश तो हर वक्त उस टुकड़े में रहने वाला था। सच तो यह है कि यह मकान 'ड्रीम हाउस एसोसिएट्स' का भी ड्रीम हाउस था। उन्होंने भी पहली बार एक बड़े शहर के अंदर एक ऐसे घर का सपना देखा था जिसमें गाँवों में आँगन में सोने वालों की तरह शहर के बाशिंदों पर सूरज-चाँद-तारे अपनी छाया फैलाएँगे। इस तरह की चीज बहुत गरीबों को मिली होती है, पर उनके पास कोई सपने नहीं होते। लेकिन मैं कभी जिंदगी में गरीब नहीं रहा था, इसलिए मैं सूरज-चाँद-तारों के सपनों में चले आने का हकदार था—उसी तरह जैसे हावड़ा ब्रिज पर हक था 'ड्रीम हाउस एसोसिएट्स' का।

दफ्तर में घुसते ही मेरी नजर जहाँ पड़ी, तो बस पड़ी ही रह गई। न इधर जाना चाहे, न उधर। मैं बाहर के सोफे पर बैठा चपरासी को बताता रहा कि मैं किसलिए किस साहब से मिलने आया हूँ और यह देखता रहा कि वह देख रहा है कि मेरी नजर कहाँ फँसी हुई है। जी हाँ, आपका अनुमान एकदम सही है कि वह वस्तु एक निहायत उजली, स्वस्थ, चिकनी और जवान औरत थी। वह निरी काली पारदर्शी साड़ी और सादा चमकीला ब्लाउज पहने हँसती हुई एक टेबल से दूसरी टेबल पर घूम रही थी। उसके चकाचौंध करने वाले रंग में उसकी काली साड़ी का कितना योगदान है, यह मैं तुरंत समझ गया। पर उसके ब्लाउज का रंग मेरी

समझ में नहीं आया। मैंने अपनी पत्नी और सभी औरतों को काली साड़ी के साथ काला ब्लाउज पहनते देखा था। आज मुझे मालूम हुआ कि वे सब कितनी मूर्ख थीं। उसकी काली साड़ी से चिलकता सफेद चमकीले कपड़े का ब्लाउज कितनी लुभावनी कल्पनाओं को उकसा रहा था। उसके काले लंबे बाल उसकी पीठ पर छितरे चमक रहे थे। आह, यौवन और सुंदरता का यह मिलन कितना मनमोहक है, मैं देखता और सोचता रहा।

वह उस दफ्तर को कैसे जन्नत में बदले दे रही है, यह वहाँ काम कर रहे हर पुरुष के चेहरे की चमक से स्पष्ट था। तभी मैंने देखा कि चपरासी ने उससे जाकर कुछ कहा और वह मेरी तरफ मुखातिब हो गई। मेरे दिल की धड़कन बढ़ गई। मैंने देखा कि वह मंद गति से मेरी तरफ बढ़ रही है और मैंने सुना कि उसके चलने के साथ एक मंद्र रव भी हो रहा है–जैसे कहीं मधुर-मधुर घंटियाँ बज रही हों। क्या सचमुच यह कोई अप्सरा है या मेरे कान मुझसे धोखा कर रहे हैं, मैं समझ नहीं पाया। बस उसे अपनी तरफ आते देखता रह गया। तभी मेरी निगाह उसकी सुकोमल देहयष्टि के मध्य भाग में नाभि के ठीक बगल में काली साड़ी के ऊपर खोंसे हुए चाँदी के गुच्छे पर पड़ी, जिसके घुँघरुओं से हर पद-गति से स्वर उठता था। मैं कुछ सँभला। होश में आया।

कौन है यह औरत ? इस तरह का शृंगार ? एक दफ्तर में ? नहीं, यह यहाँ की नौकरी में नहीं हो सकती। अवश्य ही यह कंपनी के मालिक की पत्नी, नहीं तो बहन या कोई नजदीकी रिश्तेदार है। इस तरह की वेश-भूषा में दफ्तर में किसी महिला को कोई नौकरी पर नहीं रख सकता।

वह मेरी शिकायतें सुनने के लिए मुझे अपने कमरे में ले गई, जो पिछली बार देखे कंपनी के मालिक के कमरे से छोटा था, पर उसकी बगल में ही था। ''जी हाँ, आप ठीक कह रहे हैं कि अभी तक हम उस वृद्ध औरत से मकान खाली नहीं करवा पाए हैं। पर बात लगभग तय हो चुकी है। हो सकता है कि आज उसका सामान उठाना शुरू भी हो गया हो। आपको उसके कुत्ते ने तंग तो नहीं किया ? मुझे तो उस कुत्ते से बहुत डर लगता है।''–''जी हाँ, हम जानते हैं कि वायदे के मुताबिक अब तक पहले तल्ले की ढलाई हो जानी चाहिए थी, पर यकीन मानिए कि इसमें आपसे अधिक नुकसान हमारा है। आफ्टर ऑल, यू सी, ड्रीम हाउस एसोसिएट्स की साख और प्रतिष्ठा का सवाल है। हमें तो और मकान बनाने हैं। कंपनी की बदनामी से हमें सबसे ज्यादा नुकसान होने वाला है।''–''चलिए, आपका ड्रीम हाउस बन रहा है, थोड़ा इंतजार भी करना पड़े तो क्या हर्ज है। कलकत्ते में

ऐसा दूसरा मकान न है, न होगा। इस बारे में भी तो सोचिए।''

सुंदरता और सलीके का संगम हो, तो क्या कहते हैं न–सोने में सुगंध। कौन मूर्ख है जो मंत्रमुग्ध न होगा ? आप यदि यहाँ विश्वास नहीं कर सकते, तो जनाब आप ईश्वर पर भी विश्वास नहीं कर पाएँगे जब वह साक्षात् आपके सामने आ खड़ा होगा। मैंने निश्चय किया कि करूँगा विश्वास। ईश्वर पर नहीं, इस सुंदरी पर।

वह उठ खड़ी हुई, ''आइए, मैं आपको आपके ड्रीम हाउस का मॉडल दिखाती हूँ। आपका पाँचवाँ तल्ला ही तो खासमखास है–सचमुच का ड्रीम हाउस...!'' मैं मंत्रबिद्ध सा पीछे-पीछे चला। पीछे का सौंदर्य अलग तरह का लहराता सौंदर्य था। मेरी निगाहें शिख से नख की ओर फिसलती चली गईं। लेकिन यह क्या ? उसकी काली साड़ी और काली चप्पल के बीच झाँकती एड़ियाँ एकदम फटी हुई, काली बिवाइयों से भरी थीं। अगले ही क्षण वह मुझे भवानीपुर की तंग गलियों के एक झड़ते मकान के टूटे आँगन में बाल्टी भर पानी लेकर सीढ़ियों पर चढ़ती दिखाई पड़ी। मुझे यह भी दिखाई दिया कि उसकी काली साड़ी और सफेद ब्लाउज एकदम सस्ते और घटिया किस्म के थे। मेरा मन मर गया। (मेरा मन भर आया–कहना कुछ ज्यादा भावुक टाइप होगा।)

'इंडिया टॉवर' की लिफ्ट से नीचे उतरते-उतरते मुझे खयाल आया कि मैं दसवीं मंजिल से हावड़ा ब्रिज देखना तो भूल ही गया था।

रात को सोते समय घुमा-फिराकर पत्नी को उस सुंदर लड़की की फटी-फटी एड़ियों के बारे में बताया तो उसने कहा–''बेवकूफ बना रहे हो मुझे ? अरे, यह तो 'क्रैक' क्रीम बनाने वाली कंपनी का विज्ञापन है, जिससे बिवाइयाँ ठीक हो जाती हैं। उसी की अपनी कहानी बनाकर सुना रहे हो मुझे ?''

कब्ज-हर

उसी फुर्ती से हिंदी टाइपिस्ट सच्चिदानन्द सिंह ने हमेशा की तरह टाइपराइटर पर कागज और कार्बन लगाया, पहली पंक्ति टाइप की, लेकिन जिंदगी में सिर्फ दूसरी बार ऐसा हुआ कि वे दूसरी पंक्ति तक नहीं पहुँच सके। यानी बीस साल की नौकरी में दूसरी बार उनके साथ ऐसा हुआ कि टाइपराइटर पर बैठे हुए उनकी उँगलियाँ हवा में स्थिर रह गईं। उनका दिमाग उस पहली पंक्ति में ऐसा उलझा कि न जाने कितने मिनट टिक-टिक करते आगे बढ़ते चले गए। इस बीच सच्चिदानन्द जी ने आदतन अनजाने ही अपनी नाक में उँगली डाल ली और उसमें से आधी सूखी-आधी गीली सरसों के आकार की काली गोलीनुमा चीज निकली। इसे उँगलियों के बीच गोल-गोल घुमाने का आनंद लेते हुए वे उस टाइप की हुई पहली पंक्ति में उलझे रहे।

सच्चिदानन्द सिंह को कभी खँखारने और थूकने की आदत नहीं थी। दफ्तर से घर जाते वक्त सड़क पर चलते हुए जगह-जगह खँखारकर थूके गए कफ को देखकर उन्हें बड़ी घिन होती थी। वे

दूर से ही ऐसे थक्कों को देखकर उनसे दूर चले जाया करते थे—न जाने किसमें टी.बी. के कीटाणु हों और किसमें निमोनिया के। कहीं जूता लग गया, तो घिसे हुए तलवों वाले छह साल पुराने जूतों से क्या कीटाणु ऊपर की ओर नहीं चढ़ जाएँगे ? यों ही रोज सुबह नहाते समय अपने सँकरे सीने की उभरी हुई हड्डियों को देख जब-तब यह डर उनके अंदर दौड़ लगा जाया करता था कि कहीं उन्हें टी.बी. न हो गई हो।

नाक से निकाली गई गोली को सच्चिदानन्द सिंह बहुत ध्यान से देखने लगे—इतने ध्यान से कि टाइप की हुई वह पहली पंक्ति तक उनके दिमाग से उतनी देर के लिए निकल गई। रोज रात को यह गोली अपने कालेपन या राख के जैसे रंग से उन्हें यह बताती आई थी कि आज दिन भर में शहर का कितना प्रदूषण उनके फेफड़ों में घुसना चाहता था। जिस दिन बस में आते या जाते समय रास्ता जाम मिल जाता था जिस दिन बस के इंतजार में खड़े हुए बसों-टैक्सियों का धुआँ ज्यादा देर खाना पड़ता, उस दिन गोली एकदम कोयले के रंग की होती थी। हर रविवार या छुट्टी के दिन गोली राख के रंग की होती। किसी-किसी दिन मिश्रित रंग की—आधी काली, आधी राख के रंग की।

सच्चिदानन्द सिंह ने गोली को कुछ बेमन से ही रोज की तरह खिड़की से नीचे फेंक दिया। रोज की तरह ही यह खयाल उनके मन में आया कि किसी के ऊपर गिर गई तो—और हर रोज की तरह ही उन्होंने इस खयाल को परे झटक दिया। किसी को क्या पता चलेगा कि यह क्या चीज है। और फिर उन्हें कोई रोग तो है नहीं ! मरियल हैं तो क्या, आखिर रात-दिन लोहे से टक्कर लेते हैं—खट्-खट्-खट्। दफ्तर में आठ घंटे काम, कभी-कभी ओवरटाइम भी और ऊपर से घर आकर भी टाइपराइटर पर छात्र-छत्राओं, लेखक-लेखिकाओं के कभी थीसिस, तो कभी लेख, तो कभी कहानी-कविताएँ। आखिर शरीर पनपे भी तो कैसे ? नहीं, उन्हें कोई रोग नहीं। उनके नाक की गोली सड़क पर पड़े कफ-थूक की तरह कभी नुकसान नहीं पहुँचा सकती।

अपनी नाक से निकली गोली की वकालत करते-करते सच्चिदा जी, जैसा कि उन्हें दफ्तर और बाहर के लोग पुकारते थे, अचानक रुक गए। क्या अंट-शंट सोच रहे हैं वे ! बचपन में एक बार अपनी दादी से सच्चिदा जी ने एक विचित्र और भद्दी कहावत सुनी थी, जिसे वे मन-ही-मन बहुत बार दोहराते थे, लेकिन आज तक जुबान पर नहीं ला पाए थे। 'अपना तो पाद भी सबको सुहाता है'—दादी ने माँ को किसी बात पर बहस करने पर कहा था। अपनी नाक से निकाली

गोली पर इतना सोच-विचार करते हुए सच्चिदा जी को यह कहावत एक ध्रुव सत्य की तरह लगी—यों वे दफ्तर में अपने बॉस के बड़ाई मारने पर अंदर-ही-अंदर खीझकर यह कहावत याद करते थे और तब एक रहस्य-भरी मुसकराहट उनके अंदर दौड़ जाया करती थी मानों उन्होंने बॉस से बदला ले लिया हो।

सच्चिदा जी इन बातों को दिमाग से झटककर वापस टाइप की हुई पंक्ति को देखने लगे—"आलू, खीरा, गाजर और सेब के छिलके खाने से क्षार और खनिज प्राप्त होने के साथ-साथ कभी कब्ज नहीं होती।"—तो क्या आलू के छिलके खाना शुरू कर दें ?—सच्चिदा जी ने बेचैनी से सोचा। खीरा और गाजर तो पिछले न जाने कितने सालों से सच्चिदा जी के भोजन से गायब हो गए थे और सेब के बारे में तो उन्होंने सोचा तक भी नहीं था कि वह कभी उनके खाद्य का हिस्सा हो सकती है। लेकिन आलू तो वे हमेशा से खाते रहे हैं। सवाल तो यह है कि इन चार चीजों में से सिर्फ आलू के ही छिलके खाए जाएँ, तो क्या कब्ज की शिकायत दूर हो सकती है ? सच्चिदा जी इस प्रश्न का उत्तर जानने को हर आगे बढ़ते पल-मिनट के साथ अधिक बेचैन होते चले गए।

टाइपराटर की खट-खट बंद हो जाए और घड़ी की टिक-टिक चलती रहे, तो उस समय या तो लेटे रहना या फिर खड़े रहना बहुत जरूरी है—इस बात को सच्चिदा जी के दिमाग ने बड़े टाइपफेस और गहरे काले अक्षरों में अंडरलाइन करके हर नस में टाइप कर रख छोड़ा था। कितनी ही बढ़िया कहानी-किस्सा या और कोई बात हो, सच्चिदानन्द सिंह की पचपन साल पुरानी उँगलियाँ टाइपराइटर पर बैठे हुए कभी हवा में बेकार नहीं ठहरतीं। घर में काम खत्म होते ही वे टाइपराइटर से उठकर लगभग दौड़ते हुए बिस्तर पर लेट जाते और दफ्तर में काम करते हुए काम खत्म होते ही हड़बड़ाते हुए कम-से-कम एक बार खड़े हो लेते। आखिर लोहे से लड़ना कोई सहज काम है ? हर समय गरदन, आँखें झुकी रहती हैं—खड़े होने या लेटने पर ही शरीर को कुछ मुक्ति मिलती है।

टाइप करते समय कभी कोई बात एक सेकेंड भर के लिए उनमें कोई खयाल पैदा कर भी दे, तो सच्चिदानन्द सिंह उसे अगले सेकेंड तक ठहरने नहीं देते। अलबत्ता रात को सोते वक्त नींद आने से पहले या दफ्तर से घर जाते हुए बस में ऊँघते हुए टाइप की हुई चीज का कोई टुकड़ा उनके दिमाग में जब-तब जरूर चला आता है और सच्चिदानन्द सिंह को उलझा और झटका देता है। लेकिन सच्चिदा जी जानते हैं कि हर चीज को अधूरी या टुकड़ों में जानना-समझना उनके जीवन में एक शाप की तरह है। बचपन में माँ कहा करती थी कि 'आधी कहानी सुनोगे तो मामा रास्ता

भटक जाएगा'। पर अब तो सच्चिदानन्द जी हर कहानी को टुकड़े-टुकड़े जानने को ही अभिशप्त हैं–किसी की शुरुआत, किसी का अंत, किसी के बीच में कोई बात। यह तो सच्चिदा जी के बेरोजगार मामा ने उनके 'कहानी टाइप करने वाले' टाइपिस्ट बनने से पहले ही मामी से झगड़कर आत्महत्या कर ली थीं, वरना वे समझते कि मामा की मौत के वे ही जिम्मेदार हैं।

दफ्तर में पहले सच्चिदा जी के लिए ऐसी कोई समस्या नहीं थी कि वे किसी कहानी-किस्से को अधूरा जानकर परेशान हों। अंग्रेजी से अनुवाद किए गए पत्र, दस्तावेज वगैरह ही उन्हें 'राजभाषा' हिंदी में टाइप करने पड़ते थे। उन्हें टाइप करते वक्त अपनी समझ को वे राजभाषा के काले अक्षरों में उलझने ही नहीं देते थे। वैसे भी 'आस्तियाँ', 'लाभप्रदता', 'कार्मिक' जैसे शब्द उनके लिए अबूझ शब्द थे। उनसे वे क्यों माथापच्ची करते ? पर उनके बैंक के राजभाषा दफ्तर ने जब एक दफ्तरी साहित्यिक पत्रिका निकालनी शुरू की, सच्चिदा जी एक अजीबोगरीब स्थिति में फँस गए। उन्हें कहानियाँ टाइप करने से बहुत चिढ़ है–यह बात उनके बॉस तक धीरे-धीरे समझने लगे और शायद इसीलिए तभी से उन्हें सिर्फ कहानियाँ-कविताएँ ही टाइप करने के लिए दी जाने लगीं। ऊपर से बॉस ने खुद बेसिर-पैर-पूँछ की कहानियाँ लिखनी शुरू कर दीं, जिन्हें टाइप करना सच्चिदा जी की एक भयानक मजबूरी थी। और तो और, विश्वविद्यालय के नजदीक होने के कारण पत्रिका निकलते ही छात्र-छात्राएँ उनसे अपनी रचनाएँ टाइप करवाने के लिए उनके दफ्तर आने लग गए। सच्चिदा जी को कुछ दिन पहले ही एक ऐसी छात्रा से पता चला कि उनकी ख्याति शहर के सबसे कम गलतियाँ टाइप करनेवाले हिंदी टाइपिस्ट के रूप में हो गई है।

सच्चिदा जी ने जब समझ लिया कि दफ्तर और बाहर–सब जगह सारा जमाना कहानीकार बनने पर तुला हुआ है, तो उन्होंने अपने पुराने कब्ज की तरह इसे भी नियति मानकर स्वीकार कर लिया। धीरे-धीरे कहानियों ने टुकड़े-टुकड़े में आकर उन्हें रात को परेशान करना कम कर दिया। तभी उनके बॉस ने उन्हें बुलाकर अपने मित्र भवानी बाबू की एक चीज उन्हें टाइप करने के लिए पकड़ा दी। सच्चिदा जी ने उन हाथों के लिखे कागजों को थामते हुए डूबते हुए दिल से सोचा कि अब यह तो पराकाष्ठा हो गई (इन दिनों उनके साहित्यिक बॉस 'हद हो गई' की जगह यही शब्द इस्तेमाल करने लगे थे)–"हे भगवान, अब क्या भवानी बाबू ने भी कहानियाँ लिखनी शुरू कर दीं ? क्या मेरी तकदीर यही है कि मैं इस 'खाऊ' आदमी की भी कहानियाँ टाइप करूँ ? न जाने पिछले जन्म के किन पापों की सजा मुझे

देने के लिए यह दफ्तर की पत्रिका शुरू हुई है।"

सच्चिदा जी बॉस के मित्र भवानी बाबू को जितना जानते थे, उसकी जानकारी न बॉस को थी और न भवानी बाबू को। दरअसल इसके पीछे एक राज था। भवानी बाबू नियम से रोज लंच के वक्त अपने बगल के दफ्तर से बॉस के चेंबर में आ जाया करते थे और पूरे एक घंटे वे बॉस के साथ अपना नित्य नया लंच खाते-खाते और उसके बाद हर तीन मिनट पर एक जोरदार डकार लेते-लेते, तरह-तरह के खाद्य-पदार्थों (जो भूत में खाए गए थे या भविष्य में खाए जानेवाले थे) की बातें किया करते थे। बॉस के कमरे से सच्चिदा जी के कोठरीनुमा कमरे के बीच दीवार में एक ईंट जितना छेद छोड़ा गया, जिससे बॉस उन्हें अपनी टेबल पर बैठे-बैठे कागज दे सकें। असल में सच्चिदा जी के दफ्तर की यह पुरानी इमारत अंग्रेजों के जमाने से बनी हुई थी और सच्चिदा जी के बॉस इस छेद का इस्तेमाल न करके घंटी मारकर उन्हें दौड़ाना पसंद करते थे। इसीलिए बॉस को यह भान ही नहीं था कि यह छेद उनकी बातों को बाहर भी पहुँचा सकता था या शायद वे सच्चिदा जी की कल्पना एक देखने-सुनने-समझने वाले आदमी के रूप में ही नहीं कर पाते थे। अलबत्ता खुद सच्चिदा जी उस छेद के बारे में तरह-तरह की कल्पनाएँ जरूर किया करते थे। उन्हें कोई संदेह नहीं था कि वे पिछले जन्म में भी यहीं इसी कोठरी में टाइपिस्ट के रूप में बैठते होंगे—लेकिन एक सूटेड-बूटेड एंग्लो-इंडियन भूरे बालों वाले अंग्रेजी टाइपिस्ट के रूप में। अपने बॉस के रूप में वे एक रोबदार लाल चेहरेवाले अंग्रेज की कल्पना किया करते थे, जिसमें कम-से-कम इतनी तमीज तो होगी कि वह एक डकराने वाले मित्र को रोज लंच पर बुलाकर उससे हर वक्त खाने की बातें न करता-सुनता होगा, जबकि छेद के उस पार उसका टाइपिस्ट बार-बार अपने मुँह में आई लार को निगलता रहे।

इन दिनों बॉस के मित्र भवानी बाबू तरह-तरह की 'चाट' की बातें करने लगे थे। पिछले दिनों उन्होंने तरह-तरह की मिठाइयों की बातें करके सच्चिदा जी को लगभग रुला दिया था। लेकिन चाट की बातें सुनते-सुनते सच्चिदा जी का और भी बुरा हाल था। उन्हें रोटियाँ और आलू-प्याज की सब्जी ऐसी लगती, जैसे वे कंकड़-पत्थर खा रहे हों। ऊपर से बार-बार लार को गिटकते-गिटकते उनका खाना पच जाता और उनका पेट भूख के मारे फिर दो घंटे में ही कुड़मुड़ाने लगता। बचपन में माँ के बनाए गोलगप्पे और कैरी या इमली का खट्टा पानी याद आता, जिसकी पूरे मोहल्ले में ख्याति थी। माँ खजूर और इमली की ऐसी मीठी चटनी बनातीं कि किसी भी चाट में डाल दो, तो आदमी चाट-चाट के खाए। उसमें अनारदाना, सोंठ

और न जाने कितने भूल-बिसर गए मसाले डालतीं। कभी दही के उड़द की दाल के ऐसे गुजिए 'बड़े' बनाती, जिसमें डाली किशमिश ही मुँह में रह जाती—बाकी का बड़ा मुँह में डालते ही गल जाता। माँ के हाथों में ऐसा जादू था। उनके आगे बनारस और कानपुर के चाटवाले भी हार मान लेते—यह बात बनारस में बरसों रहे हुए दादाजी चाट खाकर हर बार कहते। भवानी बाबू की तरह-तरह के चाट-पकौड़ों की बातों के कारण माँ के बनाए हुए समोसों और पालक की बड़ी-बड़ी पकौड़ियों ने स्मृति में आ-आकर सच्चिदा जी का जीना हराम कर दिया था। क्या वे माँ के हाथ का दिव्य चाट खाकर अब सड़क पर दोने-पत्तल चाटने लायक बचे थे ? आज तक कलकत्ते की सड़कों पर गोलगप्पेवालों, छोले-घूघनी वालों और मूड़ीवालों को देखकर या सूँघकर सच्चिदा जी के मुँह में पानी नहीं आया था, पर इस 'खाऊ' भवानी बाबू ने उनका दम निकाल दिया था।

सच्चिदा जी रात को सोते, तो बार-बार उनका दिमाग अपने बचपन के उस कस्बे में लौट जाता, जहाँ उनके पिता की किराने की दुकान थी। कुछ लिख-पढ़कर सच्चिदा जी ने आटा-दाल मापने से तो मुक्ति पा ली थी, लेकिन कितना कुछ था, जो उसके साथ-साथ छूट गया था। कलकत्ते में मौसम के फल-सब्जियाँ तक खरीदने का जुगाड़ नहीं बैठता, किशमिश-छुहारा-बादाम तो सपने में भी नहीं आ पाते थे। पहले दीपावली पर अगल-बगल के घरों में भी खीर-पूड़ी बनते, जिसमें एकाध किशमिश तो बगल की गरीबनी विधवा भी डालती थी। अब तो दिन-रात की मेहनत के बाद भी वैसा सुगंधित भोजन कभी सूँघने तक नहीं मिल सकता था। क्या मतलब निकला इस जीवन का—सच्चिदा जी दुख से सोचते—जिसमें वैसा रस नहीं, वैसी गंध नहीं ? धरती पर पैदा होने वाली इन अमृत जैसी चीजों की जीवन में कोई भनक तक नहीं ? पहले बच्चों को पढ़ाने-लिखाने-पहनाने में जीवन खो गया। फिर छोटे लड़के के लिए स्कूटर, बड़ी पोती की फरमाइश पर टी.वी. और न जाने किसके लिए क्या-क्या। अब बड़ी पोती के लिए दहेज का इंतजाम भी उन्हें ही करना है। बड़ा लड़का कुछ खास कमाता-धमाता नहीं। जो कमाता है, पेट में ही डाल लेता है—कहता है, मुंबई में बहुत महँगाई है। सच्चिदा जी का बड़ी पोती में बहुत मोह है। आजकल बिना रुपए के अच्छा घर-वर कहाँ मिलता है। वे जितना लड़ेंगे टाइप के लोहे से, उतनी ही सुखी होगी उनकी पोती मनोरमा। यह नाम भी तो उन्होंने ही रखा था उनका। भगवान ने उन्हें कोई लड़की नहीं दी। पत्नी तो इसी बात पर जिंदगी भर फख्र करती रही कि उसने तीन-तीन लड़के 'जाये', वे उससे एक लड़की के अभाव की बात क्या करते ? भले ही सच्चिदा जी ने पढ़-लिखकर पुराने

तरह के जीवन से छुटकारा पा लिया था, पर वैसी पत्नी कहाँ से लाते ? पिताजी ने एक सुंदर पत्नी उन्हें जरूर ला दी। पर एक गरीब परिवार की छह लड़कियों में से एक लड़की को खाने-पीने के सलीके का क्या पता होता ? वह तो दाल-भात-आलू-तरकारी ही बनाना जानती थी, जिसे खा-खाकर पच्चीस साल के पुराने कब्ज ने सच्चिदा जी को धर रखा था। कई बार सच्चिदा जी को लगता कि अच्छा होता यदि अपनी पत्नी की तरह उन्होंने भी कभी इस तरह की चीजों का स्वाद जाना ही नहीं होता या वे चीजें धरती पर खत्म ही हो गई होतीं। तब न बचपन की यादें तंग करतीं, न अफसोस ही होता।

सच्चिदा जी पूरे पच्चीस सालों से कब्ज का इलाज खोज रहे थे और अंदर-ही-अंदर उन्होंने कब्ज से हार नहीं मानी थी—भले ही वे ऊपर-ऊपर कहते कि 'यह तो मेरा पुराना साथी है। मेरे साथ ही चिता पर जाएगा।' उनके दफ्तर के और दफ्तर से घर आने-जाने से बचे समय का सोने के समय को छोड़कर प्रायः पूरा वक्त टट्टी में बैठते गुजरता। अब तो उनकी बड़ी पोती भी टी.वी. में विज्ञापन देखकर उन्हें कब्ज का इलाज सुझाने लगती थी, पर सच्चिदा जी ने अपनी तरफ से होमियोपैथिक, आयुर्वेदिक और घरेलू इलाजों में कोई कमी नहीं छोड़ रखी थी। यहाँ तक कि टेलीफोन मार्का ईसबगोल हद से ज्यादा महँगा हो जाने पर भी वे बीच-बीच में उसे खरीद लाते। एक बार कई सालों से न खाए एक 'हेमसागर' आम को खरीदकर चुपचाप रास्ते में खा लेने के लोभ से भी वे टेलीफोन मार्का ईसबगोल खरीदकर बच गए थे। बाद में उन्हें बहुत संतोष हुआ था कि जिस चीज को वे अपने बच्चों को नहीं दे सकते, उसे खुद खाने के लालच से बच गए थे। उन्होंने अपने ही दफ्तर के जवान साथी नीरद बाबू को छिप-छिपकर दफ्तर के पास एक चायवाले की दुकान से दूध खरीदकर पीते कई बार देखा था। सच्चिदा जी को यह समझने में देर नहीं लगी थी कि नीरद बाबू घर में बच्चों को दूध न पिला सकने के कारण खुद घर के बाहर छिपकर दूध पीते हैं। सच्चिदा जी को यह जानने का कुतूहल हुआ था कि नीरद बाबू दूध का खर्च बस-भाड़े या किसी और खर्च के नाम से पत्नी को लिखवाते हैं। सच्चिदा जी के पास अपने चुप्पे और संकोची स्वभाव के कारण जिंदगी के दूसरे रहस्यों की तरह इस रहस्य को भी जानने का कोई साधन नहीं था, पर पहली बार उन्हें लगा था कि यदि उन्हें कहानियों से इतनी चिढ़ न होती, तो वे इस रहस्य-भरी बात पर खुद की एक अच्छी कहानी टाइप कर सकते थे। यह सोचकर उन्हें मन-ही-मन बहुत संतोष हुआ था कि इतना अधिक खानेवाला और खाने की बातें करनेवाला उनका बॉस कभी ऐसी कहानी नहीं लिख सकता।

वह आजीवन घटिया कहानियाँ ही लिख सकता है जिनमें गरीब लोग अमीर लोगों द्वारा सताए जाते रहेंगे और अंत में या तो गरीब लोग विद्रोह कर देंगे या फिर आत्महत्या कर लेंगे।

बॉस के मित्र भवानी बाबू की हस्तलिखित प्रति के पहले वाक्य ने सच्चिदा जी को न सिर्फ अपने पुराने मर्ज के इलाज का रास्ता निकालने के लिए बेचैन किया था, बल्कि उन्हें एक बड़ा झटका भी दिया था। बॉस के कमरे में छेद से भवानी बाबू की बातें सुनते-सुनते उनसे बदला लेने के लिए सच्चिदा जी ने यह मान रखा था कि भवानी बाबू को पतले दस्त लगने की शिकायत है। इस बात से उन्हें राहत मिलती थी। हालाँकि कई बार पाखाने में बैठे-बैठे उन्हें लगता था कि इस कष्ट से तो भवानी बाबू का कष्ट कम ही होगा। आज उन्हें पहली बार यह जानकर बेहद आश्चर्य हुआ कि भवानी बाबू भी पतले दस्त के इलाज की जगह उनकी तरह कब्ज का इलाज ही खोज रहे थे। बीसों सालों में पहली बार सच्चिदा जी का भवानी बाबू से एक तरह का संबंध बन गया।

सच्चिदा जी को लगा कि भवानी बाबू जब खाने की चीजों के बारे में इतना कुछ जानते हैं, तो कब्ज का इलाज भी निश्चय ही जानते होंगे। उन्होंने अपने सारे ज्ञान का निचोड़ ही तो टाइप करने के लिए दिया होगा न ! यदि सब चीजों के छिलके खाने से ही कब्ज दूर हो सकता है तो कितना सरल है यह इलाज ! आलू के छिलके तो वे आज से ही खाने लगेंगे, खीरा और गाजर के छिलकों के लिए पड़ोस के वकील बाबू की नौकरानी ईतू से कहने भर से काम हो जाएगा। यह सब तो वह कूड़े में फेंकती होगी। एक बार गर्मी के दिनों में ईतू के सड़क पर बेहोश हो जाने पर सच्चिदा जी उसे अपने घर ले आए थे और उसे मीठा नीबू-पानी पिलाया था। तबसे वह उन्हें मिलने पर बहुत आदर देती है। सच्चिदा जी मुसकराए। जिंदगी में हर घटना का संबंध आनेवाली घटना से होता है और इस रहस्य का बाद में खुल जाना कितना बड़ा आनंद है। लेकिन सेब के छिलके कहाँ से लाएँ– सच्चिदा जी फिर सोच में पड़ गए। उन्होंने टाइप की हुई पहली पंक्ति को फिर से पढ़ा। काश, यह एक शब्द यहाँ न होता–उन्होंने अफसोस से सोचा।

उस दिन पहली बार सच्चिदा जी लंच के वक्त भवानी बाबू का इंतजार कर रहे थे। उन्होंने मन-ही-मन सोचा कि यह जिंदगी का एक करिश्मा नहीं, तो और क्या है कि जिसके आने पर सबसे ज्यादा कष्ट होता था, उसी व्यक्ति का आदमी एक दिन इंतजार करने लगता है। सच्चिदा जी को लगा कि उन्होंने फिर एक बहुत सुंदर बात खोज ली है, जिसे यदि वे कहानियाँ लिखते, तो इस्तेमाल कर सकते

थे। नफरत का प्रेम में बदलना, वितृष्णा का इंतजार में बदलना—ऐसा ही कुछ। एक दिन एक अपूर्व कहानी लिखकर अपने बॉस को हक्का-बक्का कर देने और उनकी अद्‌भुत कहानी को पढ़कर बॉस के गश खा जाने का एक सुंदर दृश्य सच्चिदा जी की कल्पना से गुजर गया। उनका चित्त फूल की तरह हलका हो गया।

भवानी बाबू के आने का वक्त एकदम नजदीक आ गया था। आज सच्चिदा जी ने अपना लंच का डब्बा भी नहीं खोला था वरना वे मिठाई-चाट-पकवानों की बातें सुनने से पहले ही अपनी रोटियाँ सटका लिया करते थे, जिससे वे बाद में भूसा न लगें। लेकिन वे कैसे और क्या पूछेंगे भवानी बाबू से—यह सोचकर गाजर और सेब के मौसम में भी सच्चिदा जी को पसीना आ गया। कहीं भवानी बाबू ने उनकी शिकायत बॉस से ठोंक दी तो—कि मेरा लिखा यह क्यों पढ़ता है ? क्या यह कहकर भवानी बाबू की सहानुभूति बटोरना ठीक रहेगा कि उन्हें कब्ज की पच्चीस साल पुरानी शिकायत है ? सच्चिदा जी को उनसे इतना ही तो पूछना है कि सिर्फ गाजर-आलू और खीरे के छिलके खाने से काम बन जाएगा या सेब के छिलके होना एकदम जरूरी है ? यह भी तो हो सकता है कि इन चारों चीजों के छिलके मिलने से कोई ऐसा तत्त्व अँतड़ियों में पैदा होता हो, जो मल को बाहर की ओर गतिमान कर निकाल फेंके ?

जीवन में, शरीर में और इस सृष्टि में सब कुछ गतिमय है और जहाँ गति में कोई रुकावट आई कि गड़बड़ी शुरू हुई। सच्चिदा जी ने इस बात को लगभग एक सूत्र या जीवन के परम सत्य के रूप में स्वीकार कर रखा था। लेकिन तभी उन्हें एक ऐसी चीज टाइप करने के लिए दी गई कि जीवन में पहली बार इस सूत्र के गड़बड़ाने से उनकी उँगलियाँ पहली बार हवा में रुकी-की-रुकी रह गई थीं। वह किस्सा यों है कि अपने बैंक की वार्षिक रपट टाइप करते समय सच्चिदा जी ने टाइप किया था कि चालू वर्ष में बैंक की देश के विभिन्न भागों की शाखाओं में दो सौ तबादले हुए थे जिनमें बैंक को एक करोड़ रुपए का खर्च वहन करना पड़ा था—प्रति तबादले पचास हजार रुपए। सच्चिदा जी को देश भर में बैंक के अफसरों का सामान बड़े-बड़े लोहे के तिजोरीनुमा बक्सों में भरकर इधर-से-उधर और उधर-से-इधर दौड़ती बड़ी-बड़ी लारियाँ नजर आई थीं। जीवन में पहली बार उन्हें लगा था कि गति में भी कुछ गड़बड़ है और यह सारी गति झूठमूठ की, बेकार गति है। फिर उन्होंने इस गति की तुलना भवानी बाबू के पतले दस्तों की गति से की थी, जो अधिक खाने से बिना मतलब शरीर में होती रहती है। तब जाकर उन्हें गति के बारे में बनाए अपने पुराने सूत्र के ठीक होने पर राहत महसूस हुई थी।

भवानी बाबू ने उस दिन लंच के समय सच्चिदा जी के दफ्तर की सीढ़ियाँ चढ़ते वक्त देखा कि ऊपर से सच्चिदा जी अंतिम सीढ़ी के पास खड़े-खड़े उन्हें ताक रहे हैं। उनके चेहरे पर एक ऐसी खिसियानी मुसकान है जैसे उन्हें हाजत हो रही हो और उन्हें रोकना पड़ रहा हो। भवानी बाबू को न जाने क्यों इस मरियल आदमी से बेहद चिढ़ थी। इस आदमी के उनके मित्र के चेंबर में आते ही वे हमेशा एकदम चुप हो जाया करते थे। एक बार वे इस ओर बिना ध्यान दिए तरह-तरह की मिठाइयों की बात कर रहे थे और उसी दिन उनका मल ऐसा कड़ा हो गया जैसे उनके अंदर पत्थर भरे हों। उस दिन से उन्हें भ्रम-सा हो गया था कि इस शख्स की नजर बहुत कड़ी है।

भवानी बाबू को ऊपर से खड़े होकर अपने दफ्तर की सीढ़ियाँ चढ़ते हुए देखने के दृश्य के बाद का कोई दृश्य सच्चिदा जी को याद नहीं कि कैसे उन्होंने भवानी बाबू से सेब के छिलकों वाली बात पूछी थी। उसके कई दृश्य बाद उन्हें जब होश आया, तो वे समझ नहीं पाए कि कैसे वे इस दृश्य तक पहुँच गए थे।–सच्चिदा जी ने देखा कि वे बॉस के कमरे में भवानी बाबू के बगल की कुर्सी पर बैठे थे और भवानी बाबू को सोंठ की चटनी, खजूर की चटनी, इमली की चटनी, कैरी का पानी, इमली का पानी, पुदीना का पानी और तरह-तरह के गरम मसालों–जावित्री, जायफल, लौंग, इलायची, पीपल, दालचीनी–से भोजन में बढ़ने वाले स्वाद के बारे में ऐसी-ऐसी जानकारियाँ दे रहे थे, जो उनकी स्मृति में माँ के साथ ही विलुप्त हो चुकी थीं। भवानी बाबू और बॉस बार-बार अपने मुँह में आई लार को निगल रहे थे और भवानी बाबू सच्चिदा जी के ज्ञान की गहराई पर अचरज प्रकट करती कई तरह की आवाजें गले से निकालते जाते थे, जो कि निश्चय ही डकारने की आवाजें नहीं थीं क्योंकि अभी तक किसी ने खाना नहीं खाया था।

उस रात दफ्तर के बाद पच्चीस साल में पहली बार सेब, गाजर, आलू और खीरे के छिलकों को खाए बिना ही सच्चिदा जी का पेट बहुत आसानी और आनंद से मिनटों में पूरी तरह साफ हो गया–और यह जिंदगी का एक और करिश्मा नहीं, तो और क्या है ?

यह भी सही है वह भी सही है

अंत में कल रात अनिल के पिता की मृत्यु हो ही गई। अंत में इसलिए कहना पड़ा क्योंकि पिछले एक महीने से लगातार ऐसा लगता रहा था कि यह घटना आज, अभी, किसी भी वक्त होने वाली है और ऐसा होना बराबर टलता रहा था। अनिल की दोनों बहनें बाहर से शहर में आ गई थीं और शुरुआत की मानसिक पीड़ा और ऐसा होने का इंतजार करती-करती अपनी गृहस्थी को सँभालने की मजबूरी के कारण वापस लौट भी गई थीं। इस बीच अनिल ने भाग-दौड़, इलाज में कोई कसर बाकी नहीं रखी थी। वह जैसे मौत से एक युद्ध लड़ रहा था और शारीरिक मेहनत के अलावा उसने पैसों की भी कोई परवाह नहीं की थी। लोगों ने इन सब बातों को 'नोट' किया था और अनिल के पिता की बीमारी पर होने वाली हर चर्चा में उन हजारों रुपए के विलायती इंजेक्शनों का जिक्र रहता था, जो उनकी जान बचाने के लिए उन्हें लगाए जाते रहे थे। यदि अनिल की हैसियत ऐसी होती कि उसके लिए इतना पैसा खर्च करना कोई बड़ी बात न होती, तो ऐसी बातों का

जिक्र तक शायद बातचीत में नहीं आता। किंतु ऐसा नहीं था। अनिल ने अपने को सबकी निगाह में एक आदर्श पुत्र बना डाला था–ऐसा पुत्र जिसे पाने के लिए ही कोई पुत्र की कामना करता है और ऐसा होने की संभावना में, जिसके जन्म पर रसगुल्ले बाँटे जाते हैं। यह भी कह सकते हैं कि जिस लिए लड़की होने पर नहीं बाँटे जाते।

प्रभा पहले बहुत चिंता से और बाद में लगातार बढ़ती उदासीनता से अनिल के पिता का हाल मालूम करती रही थी। अनिल के पिता बहुत सज्जन आदमी थे और सबसे बड़ी बात शायद यह थी कि वे उसे बहुत पसंद करते थे। किसी और की निगाह में इतना सम्मान उसने शायद ही कभी पाया हो। यहाँ तक कि अनिल की किसी वक्त की गई सहायता, जिसके कारण उसे यह सम्मान वह देते थे, खुद अनिल ही लगभग भूल चुका था। कम-से-कम इधर के सालों में तो अनिल ने अपने लड़के की जान बचाने की घटना का जिक्र तक नहीं किया। पर अनिल के पिता की आँखों में हमेशा उसे देखते ही कृतज्ञता उतर आती थी। वे अचानक बीमार पड़े थे और वह खबर मिलते ही तुरंत मिलने अस्पताल चली गई थी। उनसे मिलकर लौटते वक्त प्रभा ने अपने को अनमना पाया था। तभी उसे अचानक खुद ही क्षुद्रता का पता चल गया था। उसे यह जानकर हैरत हुई थी कि कहीं दिल के किसी कोने में वह यह उम्मीद दबाकर ले गई थी कि एक अंतिम बार अनिल के पिता उस घटना के लिए कृतज्ञता व्यक्त करेंगे। पर वह अपनी बीमारी के बारे में ही बोलते रहे थे, जैसा कि स्वाभाविक था। आदमी क्या कभी एक क्षण के लिए भी अपने अहं से मुक्त होता है–उसने कुछ अफसोस के साथ सोचा था–क्या कभी वह पल भर के लिए भी अपने बारे में सोचे बिना किसी के बारे में सोचता है ? फिर उसे लगा था कि इस सोच के भी नकली होने की पूरी संभावना थी क्योंकि यह काफी किताबी था। उनके 'ग्रुप' में इन दिनों देश-विदेश में घटी कुछ घटनाओं के दबाव में एक आत्मनिरीक्षण का दौर चल रहा था। वे सब बहस के एक दायरे में गोल-गोल घूम रहे थे और सारी दार्शनिक मुद्राओं के बावजूद कहीं-न-कहीं अपने आपको और दूसरों को यह मनवाने में लगे थे कि उन्होंने सब ठीक समझ लिया है। प्रभा ने अक्सर पाया था कि सारी बहसें इसी तरह खुद अपने आपको बेकार साबित कर देती हैं, हालाँकि वह यह भी जानती थी कि उनके जैसे लोगों के लिए अपनी निगाह में जिंदा रहने के लिए बहसों में पड़े बिना कोई चारा नहीं है। पर वह बड़ी चालाकी से उनकी निरर्थकता को जानकर संतोष कर लेती थी कि वह ऐसा जान रही है, जबकि दूसरे ऐसा नहीं जान पाएँगे।

बहरहाल, अनिल की दौड़-धूप और पिता को बचाने के अथक प्रयासों को देखकर उसे समझ में नहीं आ रहा था कि वह क्या प्रमाणित करने में लगा है या उसे क्या प्रमाणित करने की जरूरत महसूस हो रही है ? बात कुछ उलझी हुई लग सकती है, पर बात सिर्फ इतनी थी कि जब यह समझ में आ ही गया था कि वह किसी तरह बचेंगे नहीं, तो अनिल क्यों यह हारी हुई लड़ाई लड़ रहा था–यह उसकी समझ के बाहर था। इस लड़ाई के चक्कर में उसके पिता का शरीर सुइयों से नीला पड़ गया था, पीठ में घाव हो गए थे, उनके हाथ बाँधकर रखने पड़ रहे थे और उनके हृदय, फेफड़े, किडनी–सभी अवयव बेकार हो रहे थे। वे जब भी कुछ कहते थे, तो 'मुझे बहुत तकलीफ है' और 'मुझे घर ले चलो' के अलावा कुछ और नहीं कहते थे। उनकी उम्र सत्तर के ऊपर थी और अनिल की माँ की दस साल पहले मृत्यु के बाद वे काफी अकेले थे। पर ये सारी बातें एक बाहरी आदमी की सोच थीं और अनिल जैसे इनसे बेखबर उन्हें बचाने के लिए हरचंद कोशिश कर रहा था। वह सिर्फ इतना ही जानना चाहती थी कि अनिल के ऐसा करने के पीछे 'कोई दूसरे लोग' तो अनिल के दिमाग में नहीं घुसे हुए हैं। यानी कि वह सिर्फ एक सच्ची छटपटाहट में है या 'उसे ऐसा करना चाहिए'–ऐसी किसी धारणा में ? पर यह जानने का कोई रास्ता वह नहीं देख रही थी। दबी जबान से कुछ बड़े-बूढ़े लोग यह कहने लगे थे कि अनिल को अपने पिता को शांति से मरने देना चाहिए, पर प्रकट रूप से ऐसा कहने की जिम्मेदारी कोई नहीं लेना चाहता था। इसलिए जो हो रहा था, वह होता जा रहा था और सभी इंतजार से ऊबे-ऊबे या अपनी ऊब को जानकर ग्लानि से भरे थे। जिस समय अनिल के पिता मरे, वह उन्हें खून चढ़वाने का इंतजाम कराने के लिए दौड़-धूप कर रहा था। तब उसे लगा था कि शायद कुछ प्रमाणित करने की जरूरत न होती तो अनिल के पिता कम तकलीफ से मर सकते थे या फिर वह किसी गाँव में होते, तो कम तकलीफ से मर सकते थे। एक खयाल यह भी उसके दिमाग से गुजरा था कि हो सकता है कि खुद उसने अनिल से अपनी उदासीनता छोड़कर इस बारे में कुछ कहा होता, तो शायद वह कम तकलीफ से मरते।

उसने 'ग्रुप' में अनिल के पिता की मृत्यु, सारे हालात और अपने विचार रखे। इस पूरी कहानी को सुनने के बाद एक जूनियर सदस्य जयंत ने कहा, ''यह मान भी लिया जाए कि यदि आपने उदासीनता छोड़कर अनिल से इस बारे में कहा होता–ऐसा सोचने के पीछे आपका अहंकार ही काम नहीं कर रहा है, तो भी यह प्रश्न

बच जाता है कि क्या आपको ऐसा कहना चाहिए था ? क्या मालूम कि वे बच ही जाते और दस साल और जीते ? क्या मालूम कि अनिल को उनके बिना जीवन बहुत सूना नजर आ रहा था और इसीलिए वह उन्हें बचाने की इतनी कोशिश कर रहा था ? यह भी तो हो सकता है कि अनिल की अपनी पत्नी से न बनती हो और पिता उसके साथी हों ? या मान लीजिए कि पत्नी से बहुत बनती हो, इसलिए वह बिना लड़े उनकी मौत स्वीकार कर ले, तो क्या यह अमानवीय नहीं होगा ?''

वह एकदम चुपचाप जयंत की ओर देखती रही थी। प्रभा को यह महसूस हो रहा था कि वह ठीक कह रहा है। पर कहीं उसके दिल में यह संदेह भी कचोट रहा था कि जयंत उससे कोई पहले का हिसाब तो बराबर नहीं कर रहा है ?

किसी समूह में होने का मतलब एक तरह की राजनीति में पड़ना था क्योंकि व्यक्तिगत राग-द्वेषों से बचना लगभग असंभव था—यह बात जानते हुए प्रभा किसी भी समूह से जुड़ने से बचती रही थी। यह 'ग्रुप' प्रायः इसी तरह के लोगों का था जो या तो इस बात को समझने के कारण अकेले अलग-थलग पड़े थे या ऐसे लोगों का, जो इन सब बातों को समझने के झमेले में ही नहीं पड़े थे और बस संयोगवश वहाँ आ गए थे। यह एक तरह से अपने आप उग आया 'ग्रुप' था और इसके कोई कायदे-कानून या निश्चित मिलने का समय तक नहीं था। बस, एक रिटायर्ड प्रोफेसर मधुसूदन का अकेला खाली-खाली कमरा था, जहाँ अनियोजित रूप से रविवार को कोई-कोई चला जाता। मधुसूदन जी की उपस्थिति के कारण आपसी मतभेद किसी प्रकार की व्यक्तिगत खींचातानी तक नहीं पहुँचते थे, या पहुँचते-पहुँचते रह जाते थे। एक तरह की सदाशयता कहिए या आत्मनिरीक्षण कहिए—मानो वहाँ की हवा में ही घुले रहते थे। पर प्रभा ने यह भी अनुभव किया था कि किसी-न-किसी तरह की शिकायतें व्यक्तियों के बीच कैसे भी पनप ही जाती थीं, चाहे वह किसी के बहुत अधिक बोलने पर हो या धाक जमाने की कोशिश पर हो या अपनी बात को तरजीह न दिए जाने पर हो। कई बार तो यह शिकायत अपनी तरफ न देखे जाने या न मुसकुराने या उचटी हुई निगाह तक से पनप जाती थी। उसे रेखा से और कुछ नहीं, तो यही शिकायत हो चली थी कि वह उसके कपड़ों को बहुत ध्यान से देखती है, मानो मन-ही-मन उसकी हैसियत तौल रही हो। पर ये सब बातें कभी बोली नहीं जाती थीं और आकाश में आकार लेते बादलों की तरह हरदम नई-नई शक्लें लेती रहती थीं।

रेखा को जयंत की बातों पर मुसकुराते देखकर प्रभा कुछ और बुझ गई। जयंत ने रेखा की मुसकुराहट और प्रभा का बुझना दोनों देखा। फिर उसने कहा,

''आदमी के जीवन में कई बार बहुत असमंजस-भरी स्थिति सामने होती है और कुछ ऐसी प्रचंड-सी चीज उसके अंदर पैदा होती है जो उसे हिलाकर रख देती है। मैं आप लोगों को दो महीने पहले की एक घटना सुनाता हूँ जो मैंने आप लोगों से छिपा रखी थी क्योंकि मैंने अपनी पत्नी को किसी को न कहने का वचन दिया था। पर आज प्रभा जी की बातें सुनने के बाद मैं आप लोगों को उस वाकिये के बारे में बताना चाहता हूँ।'' जयंत की पत्नी के नाम से जैसे सारी मंडली की उत्सुकता मद्धिम पड़ गई। दरअसल साल भर पहले जब जयंत ने अचानक माता-पिता द्वारा तय की हुई एक साधारण-सी लड़की से शादी कर ली थी, तो 'ग्रुप' को काफी निराशा हुई थी। उसके जैसे प्रतिभाशाली युवक से इतने घरेलूपन की किसी ने उम्मीद नहीं की थी। जब जयंत पहली बार पत्नी को 'ग्रुप' से मिलवाने लाया, तो मनुष्य-मनुष्य की समता के लिए अपनी सारी घोषणाओं के बावजूद जयंत की पत्नी से किसी ने समकक्षता का व्यवहार नहीं किया था। पर जयंत के उत्साह में इस बात से कोई फर्क नहीं पड़ा था और वह प्रायः हर रविवार को प्रोफेसर मधुसूदन के घर चला आता था।

जयंत ने पत्नी का नाम लेने पर मंडली की प्रतिक्रिया को भाँप लिया। पूरे आत्मविश्वास के साथ उसने बताना शुरू किया, ''एक शाम की बात है, मैं और मेरी पत्नी गंगा के किनारे घूमने गए। मौसम बहुत अच्छा था और मेरी पत्नी ने नदी के आर-पार मुसाफिरों को ले जाने वाले 'फेरी लाँच' में बैठने की इच्छा प्रकट की। हम ढलती साँझ की हलकी रोशनी में 'डेक' पर खड़े लाँच के आने का इंतजार कर रहे थे कि साधारण सूती साड़ी पहने हुए तीखे नाक-नक्श की एक साँवली नवयुवती मेरी पत्नी के पास आई और उसने बांग्ला भाषा में पूछा—क्या आप मुझे अपने घर पर काम के लिए रखेंगी ?

मेरी पत्नी इस प्रश्न से चकित हो गई। इस तरह किसी अनजान युवती का यह प्रश्न पूछना बड़ा अप्रत्याशित था। उसने युवती से कहा कि मुझे किसी व्यक्ति की आवश्यकता नहीं है और उसने युवती से यह भी पूछा कि तुम्हारा घर कहाँ है और तुम काम क्यों करना चाहती हो। उस युवती ने बताया कि मेरा गाँव गंगा के उस पार श्रीहरिपुर है, मेरे दो बच्चे हैं और पति हैं। पति ने मुझे घर से निकाल दिया है—मेरी पत्नी यह सुनकर चुप रही। फिर उसने दस रुपए का नोट निकालकर उस युवती को देना चाहा। उस युवती ने लेने के लिए हाथ नहीं बढ़ाया और—मैं इसका क्या करूँगी—कहकर पलट गई। इतने में लाँच आ गया और गहराती साँझ

में हम लाँच पर चढ़ गए। उस पार पहुँचकर अधिकांश यात्री लाँच से उतर गए। पर हम लाँच में ही बैठे रहे क्योंकि हमें वापस इसी पार आना था। थोड़ी ही देर में यात्रियों से खचाखच लदा लाँच वापस लौटने के लिए स्टार्ट हो गया।

हम बीच मँझधार में पहुँचे ही थे कि अचानक बहुत शोरगुल मचा और लाँच अजीब-सी आवाजें करता हुआ रुक गया। मेरी पत्नी की पीठ उस तरफ थी, पर मैंने लाँच की मद्धिम रोशनी में देखा था कि वही बंगाली युवती गंगा में कूद गई थी। पत्नी के–'क्या हुआ, क्या हुआ' पूछने पर मैंने उसे उत्तेजित आवाज में बताया कि वही औरत पानी में कूद गई है। यह सुनकर अचानक मेरी पत्नी पागल हो उठी। वह सबको धक्का देती हुई लाँच के उस किनारे में पहुँच गई जहाँ वह युवती पानी में पूरी क्षमता के साथ तैर रही थी, अपनी तरफ बार-बार फेंकी जाती रस्सी से बचते हुए। यह एक अद्भुत और खौफनाक दृश्य था। तब तक बिलकुल अँधेरा हो चुका था और गंगा का पानी एकदम स्याह था। वह औरत मरना चाहती थी, पर तैरना जानने के कारण इतनी जल्दी डूब नहीं सकती थी। वह रस्सी पकड़ने से बच रही थी, पर तैरती जा रही थी क्योंकि शायद उसे जीवन से मोह भी हो रहा था। उसे देखते ही मेरी पत्नी काँपते शरीर के साथ जोर-जोर से बांग्ला में चिल्लाने लगी, 'मैं तुम्हें काम पर रख लूँगी। तुम आ जाओ, तुम आ जाओ।' मैंने पत्नी को कसकर पकड़ रखा था कि कहीं वह पानी में न कूद जाए क्योंकि वह जैसे एक आवेश में थी। अंततः उस युवती के लंबे बाल रस्सी फेंकने वाले आदमी ने झुककर पकड़ लिये और उसे खींचकर बाहर निकाल लिया। मेरी पत्नी जहाँ खड़ी थी, वहीं पत्थर-सी चुपचाप बैठ गई।

अब वह युवती मेरी पत्नी से कुछ ही दूर अकेली गीले कपड़ों में बैठी थी। उससे आधे गज की दूरी पर लोगों ने अर्धवृत्त बना लिया और उसे लताड़ने लगे। उसके कारण सब मुसीबत में पड़े थे। किसी को देर हो गई थी, किसी का दिल अभी तक धड़क रहा था। सबसे अधिक क्रोध लाँच के चालक और उस पर काम करने वाले आदमियों को था क्योंकि इतनी बड़ी नौका को इधर-उधर कटाकर उसके पास ले जाने के चक्कर में लाँच का इंजन गड़बड़ा गया था या शायद स्टियरिंग व्हील में कुछ खराबी आ गई थी। मेरी पत्नी ने कुछ देर बाद सिर ऊँचा कर यह दृश्य देखा। फिर वह उठी और मुझे धकियाते हुए जाकर उस युवती के गले में बाँहें डालकर उसके कान में कुछ कहती रही। यह देखकर लोग चुप हो गए और इतने में ही लाँच स्टार्ट हो गया।

किनारा आते ही मेरी पत्नी ने सबसे पहले उस युवती को थामे हुए उतरने

की चेष्टा की पर लाँच पर काम करने वाले आदमी ने उसे रोकते हुए पुलिस का नाम लेते हुए कुछ कहा और कूदकर पहले खुद उतर गया। मेरी पत्नी के यह कहते रहने के बावजूद कि 'मैं इसे रखूँगी। यह मेरी जिम्मेदारी है। इसे पुलिस को मत सौंपिए', भीड़ हमें धकियाती हुई लाँच के ऑफिस में ले गई। 'पहले वहाँ जाना ही होगा रिपोर्टिंग के लिए, फिर आप इसे ले जा सकती हैं', उस आदमी ने मेरी पत्नी को जैसे सांत्वना दी।

ऑफिस में जाते ही मेरी पत्नी ने अपनी बात टेबल के पीछे बैठे अफसर से दोहराई। उसने कहा–"इसे पुलिस में देना ही होगा। कल यदि यह आपके घर में आग लगाकर जल मरी, तब क्या करेंगी आप ? पुलिस में रिपोर्ट होने दीजिए। फिर आप इसे वहाँ से ले लीजिए।"

यह सुनकर मेरी पत्नी चुप हो गई। इस दौरान वह युवती एकदम काठ की पुतली की तरह जड़ बैठी थी।

मैंने पत्नी को यह आश्वासन देकर कि पुलिस की कार्रवाई में वक्त लगेगा और हम बाद में सीधे थाने चले जाएँगे, उसे घर ले आया। सारे रास्ते हम चुप रहे। अब हमारे दिमाग में घरवालों की अपेक्षित प्रतिक्रिया की चिंता घुमड़ रही थी कि इस बारे में कौन क्या रुख अपनाएगा। उतरते समय उसने कहा–"पिताजी को कुछ बोलने की जरूरत नहीं है, माँ को मैं समझा लूँगी। हम उसे घर लेकर आएँगे, तो कुछ तो कहना ही पड़ेगा।"

ऊपर जाकर वह माँ के पास बैठ गई। मैं बगल के कमरे में बैठ गया ताकि उनकी बातें सुन सकूँ। उसने कहा–"माँ, आप इतनी अच्छी हैं। मेरी एक बात मानेंगी। मैं आपका अहसान कभी नहीं भूलूँगी। मैंने किसी को कोई वचन दिया है और आपकी मदद के बिना मैं उसे पूरा नहीं कर सकती।"

मैं समझ रहा था कि वह माँ से ऐसी भाषा में बात कर रही है, जो माँ की ही भाषा है। माँ ने कुछ झिझकते हुए हामी भर दी, हालाँकि वे काफी आशंकित हैं–यह मैं महसूस कर रहा था। तब उसने पूरी घटना माँ को कह सुनाई। सुनकर माँ स्तब्ध रह गई। फिर बोलीं–"ऐसे हम किसी को कैसे अपने घर रख सकते हैं, सोचो ? पिताजी को क्या बोलेंगे ? फिर भरा-पूरा घर है, कल को कुछ नुकसान कर बैठी, तो ? क्या पता उसने यह पूरा नाटक खेला हो कि तुम्हें तरस आ जाए और उसे आसरा मिल जाए ?"

मेरी पत्नी यह सब सुनकर हतप्रभ हो गई। वह कुछ देर तक चुप बैठी रही,

फिर उसने क्षोभ भरे स्वर में कहा, ''वह क्या जानती थी कि मेरे जैसा कोई मूर्ख उस नौका पर सवार होगा ? आखिर हमारे पास ऐसा क्या है जिसे वह लूटकर ले जाएगी ? और इसके होने का फायदा भी क्या है यदि हम किसी की मुसीबत में मदद तक न कर सकें ?'' माँ भी काफी उथल-पुथल से गुजर रही होंगी क्योंकि वे एक धार्मिक और दयावान महिला हैं। कम-से-कम ऐसा ही वे अपने बारे में सोचती हैं—यह मैं जानता हूँ। फिर मैं सोचता हूँ कि उन्होंने यह भी विचार किया होगा कि मैं भी पत्नी के साथ हूँ। अच्छा, ले आओ, देखा जाएगा, अंत में उन्होंने कहा।

हम दोनों पति-पत्नी जब नार्थ पोर्ट पुलिस थाने पहुँचे तो देखा कि वह युवती पुलिस अफसर के सामने अपने लंबे बाल खोलकर सुखाती हुई बैठी थी। उसने हमें आँख-भर देखा, पर किसी तरह की प्रतिक्रिया नहीं दिखाई। पुलिस अफसर ने पूरी घटना सुनकर कुछ आश्चर्य और दिलचस्पी से हमें देखा। फिर वह ओ.सी. से हमें मिलाने अंदर के कमरे में ले गया।

बाहर बैठने वाले अफसर के मानवीय चेहरे की तुलना में ओ.सी. का चेहरा काफी सख्त था। उसने कड़ी आवाज में कहा, ''इस तरह हम इसे आपके साथ नहीं छोड़ सकते। पहले इसके घरवालों को खबर की जाएगी। यदि कोई नहीं मिला तो इसे औरतों के 'रिमांड होम' में भेजा जाएगा। आप ज्यादा-से-ज्यादा यह कर सकते हैं कि इसे अपना पता दे दें। यह अपनी इच्छा से, जब स्वतंत्र होगी, आपके घर जा सकती है।''

हम जब बाहर निकले, तो मेरे हृदय में राहत की अनुभूति थी। यदि वह हमारे साथ आती, तो हमें काफी मुसीबतें उठानी पड़ सकती थीं। पर मैंने अपनी पत्नी का पूरा साथ दिया था और इस बात का संतोष मेरे साथ था। मैं यह सोचने लगा कि क्या वह भी मेरी तरह राहत महसूस कर रही है ? इसकी काफी संभावना थी।

वह कुछ दिनों तक इस तरह रही जैसे किसी बड़े हादसे से गुजरी हो। एकदम अवसन्न-सी। पूछने पर उसने कहा, ''पता नहीं मुझे क्या हो गया है। बस कुछ अच्छा नहीं लगता। इस जीवन का क्या अर्थ है, मेरी समझ में नहीं आता। इन सारी सुविधाओं का, जिनमें हम जीते हैं—इन रिश्तों का, जिन्हें हम बनाए रखने में पूरी तरह जुटे रहते हैं—क्या मतलब है ? हम अपने खाने-पीने, पहनने, मनोरंजन करने, शान बढ़ाने या पैसा कमाने में जुटे रहते हैं, पर किसलिए ? मैं बार-बार पानी में मरने के लिए कूदी 'कल्याणी' के बारे में सोचती हूँ, जो कैसे तैर रही थी, पर रस्सी पकड़ने से बच रही थी। मुझे अपना जीवन एकदम बेकार लगने लगा है।

शायद कुछ दिनों में मैं ठीक हो जाऊँगी, पर अभी तो मुझे लोग, सारी बातें खोखली-सी लगती हैं। कुछ करने का मन ही नहीं होता।''

जयंत इतना कहकर चुप हो गया और खोया-खोया-सा खिड़की के बाहर देखता रहा। सभी चुप थे और सब अपने-अपने अंदर शायद कुछ टटोल रहे थे। किंतु वहाँ का मौसम एकदम बदल गया था। सभी यकायक अपने अंदर एक विनम्रता भरी तरलता महसूस कर रहे थे–ऐसा प्रभा को लगा। जयंत की पत्नी के प्रति उनके मन में जो सम्मान पैदा हुआ था, उसने जैसे किसी भी तरह की आपसी कटुता को धो डाला था। प्रभा ने रेखा की ओर देखा तो उसे लगा कि रेखा की आँखों में वैसा ही कुछ भाव था।

प्रो. मधुसूदन ने अचानक अपना सिर उठाकर सबकी ओर चेहरा घुमाकर देखा। फिर उन्होंने कहा, ''मैं नहीं जानता कि क्या मैं ऐसी स्थिति में वैसा कुछ करता, जो जयंत की पत्नी और जयंत ने किया। यदि हम इस घटना को एक कहानी की तरह लिखी हुई पढ़ें, तो हम ज्यादा-से-ज्यादा यह सोचेंगे कि एक पुरानी टाइप की दिल पिघलाने वाली कहानी है या यह भी सोच सकते हैं कि लेखक ने संवेदना दिखाकर हमें अपने जाल में लपेटने की कोशिश की है। किंतु इस कहानी का प्रभाव, जैसा कि मैं देख रहा हूँ, हम सब पर काफी गहरा पड़ा है, पुराने साहित्य की तरह ही। यह भी हो सकता है कि हम ऐसा मानने की चेष्टा कर रहे हैं क्योंकि हमें यह लग रहा है कि जयंत की पत्नी और वह जब इतने संवेदनशील हैं, तो हमें कम-से-कम उनकी कहानी से मर्माहत तो दिखना ही चाहिए। हाल में मैं अपने एक मित्र की शवयात्रा में सिर्फ यह सोचकर शामिल हुआ कि नहीं जाऊँगा तो लोग क्या कहेंगे। पर साथ ही मैं अपने को भी यह विश्वास दिलाना चाहता था कि मैं पूरी तरह से मृत नहीं हुआ हूँ और घटनाओं से प्रभावित होता हूँ। पर सच कहूँ तो बढ़ती उम्र के साथ मुझे कोई बात छूती नहीं–बस यूँ ही निकल जाती है पास से, और मैं चलता जाता हूँ।''

प्रभा ने आश्चर्य से मधुसूदन जी का चेहरा देखा। उसे हमेशा लगता था कि वे दूसरों पर अपने को जरूरत से ज्यादा खर्च करते हैं। उनकी करुणा उन्हें एक सीमा बनाने नहीं देती कि किसी के लिए क्या किया जाना चाहिए और कब रुक जाना चाहिए। लेकिन क्या मधुसूदन जी ऐसा इसलिए करते हैं कि दूसरों को उनसे ऐसी उम्मीद है–क्या वे अपनी बनाई हुई छवि के शिकार हैं ?

उसने जयंत की ओर देखा। वह भी मधुसूदन जी को गौर से देख रहा था।

प्रभा ने अचानक सोचा कि क्या जयंत की पत्नी ने एक आवेश में आकर किसी गहरे अपराध-बोध के कारण इतना किया—आखिर वह औरत पहले उसी के पास नौकरी माँगने गई थी। क्या वह ऐसा तब भी करती यदि वह औरत उसके पास पहले आई ही नहीं होती ? कभी-कभी आदमी अपने अंदर के खालीपन को एक बड़े प्रवाह से भर जाने देने के लिए भी आतुर हो उठता है : उसे लगता है कि कुछ ऐसा प्रबल उसके अंदर उठे जो पूरी तरह उसे अपनी गिरफ्त में कर ले और वह कुछ सोच-समझ तक न पाए ? क्या जंयत ने उसे ऐसा करने दिया क्योंकि वह अपनी साधारण पत्नी में असाधारणता देखना चाहता था ? उसने देखा कि रेखा एक भेद-भरी मुसकुराहट लिये उसे देख रही थी—क्या वह भाँप रही है कि प्रभा क्या सोच रही है जयंत के बारे में।

रेखा ने उसकी तरफ देखते हुए ही कहा, “बात यहाँ से उठी थी कि क्या अनिल को उसके पिता के इलाज की व्यर्थता के बारे में कुछ कहा जाना चाहिए था या नहीं। मेरी बात बहुत ओछी लग सकती है, पर मैं जयंत को इतना तो जरूर कहूँगी कि उसे और उसकी पत्नी को वही करना चाहिए था जो उन्होंने किया, पर वह सही नहीं था—मेरा मतलब उन्हें सचमुच ऐसा नहीं करना चाहिए था। वह औरत उन्हें किसी झूठे केस में फँसा सकती थी—कुछ भी हो सकता था, जो उनकी इस मदद करने की कोशिश को निरी मूर्खता साबित कर देता। इसलिए मैं सोचती हूँ कि आदर्श के तौर पर तो उन्होंने जो किया वह सही था, पर...उन्हें ऐसा करना नहीं चाहिए था।”

मौसम फिर बदलकर भारी हो गया था और सबके चेहरों पर तरह-तरह के संदेह घिर आए थे, जिनमें वे काफी सुरक्षित महसूस कर रहे थे।

वाइल्ड फ्लावर हॉल

ऊँची चढ़ाई पर गाड़ी पूरा दम लगाकर चढ़ती हुई अंत में हार मानकर धुआँ फेंकती चिंघाड़कर रुक गई। ड्राइवर के कहने पर वे सब बेमन से गाड़ी से उतर गए और घूमकर ऊपर खो गई उस सड़क की ओर देखते रहे थे, जो वाइल्ड फ्लावर हॉल तक जाती थी। दो औरतें दो आदमी। गाड़ी वजन कम होने पर शोर मचाती ऊपर चली गई। दोनों पुरुष ऊपर चढ़ने लगे—कम उम्रवाला तेजी से और बड़ी उम्रवाला धीरे-धीरे। औरतों के लिए नीचे से घोड़ेवाले आ गए थे और ऊपर पहुँचाने के लिए बीस रुपए माँग रहे थे। कम उम्रवाली औरत ने बुखार तोड़ने के लिए आधा घंटा पहले दवा ली थी और वह चाहती थी कि घोड़ा कर लिया जाए। पर खुद अपने लिए ऐसा कहना उसे मंजूर नहीं था। उसे उम्मीद थी कि दो-चार रुपए कम करवाकर उसके लिए घोड़ा जरूर कर लिया जाएगा। पर ऊपर चढ़ते उसके पति ने आवाज लगाकर कहा कि वाइल्ड फ्लावर हॉल सामने ही दिख रहा है। कम उम्रवाली औरत की निराशा और थकान पल-पल क्रोध में बदल रहे थे। उसने लंबी

साँस लेकर आँखों में आई पानी की धुँधली परत से देवदार के सीधे सतर पेड़ों को ऊपर तक देखा। फिर वह चढ़ने लगी। साथ वाली औरत को छोड़कर वह इस तरह आगे बढ़ गई जैसे उसे यह साबित करना हो कि बुखार के बावजूद उन दोनों के बीच दस वर्ष की उम्र का फासला बरकरार है। सड़क के मुड़ते ही उसने देखा कि सचमुच देवदार के पेड़ों के बीच एक हरी-सफेद लकड़ी की ढलुवाँ छतवाली पुरानी काटेज झाँक रही थी। उसे अपनी झूठ-मूठ की झल्लाहट पर ग्लानि हुई। उसके साथ वाली औरत की तरफ मुड़कर जैसे पश्चात्ताप करने के लिए मधुर स्वर में कहा–''धीरे चलिए सुमन भाभी। सामने ही होटल है। कितना हाँफ रही हैं आप।'' बोलते-बोलते उसे लगा कि शायद वह खुद ही ज्यादा हाँफ रही थी। साँस खींचने में उसे कुछ अजीब-सी असुविधा हुई। उसकी झल्लाहट फिर लौटने लगी। इसलिए मुँह घुमाकर वह वापस उस काटेज को देखने लगी, जिसके नाम पर मुग्ध होकर उसने खुद यहाँ आने की योजना बनाई थी।

''बाईस मई। वाइल्ड फ्लावर हॉल। काटेज नं. वन। वे तीनों शिमला घूमने गए हैं–यहाँ से तेरह किलोमीटर दूर। अजय मेरे बिना जाना नहीं चाह रहे थे। कम-से-कम कह तो ऐसा ही रहे थे। बड़ी मुश्किल से कह-सुनकर भेजा। मैं ठीक हूँ। बस बुखार के बाद शरीर टूट-सा रहा है। सब चले गए। कितना अच्छा लग रहा है। मैं अपने जीवन के बत्तीस सालों में कभी इस तरह अकेली नहीं रही हूँ। पूरे चार घंटे और कोई देखने वाला नहीं कि मैं क्या कर रही हूँ–'' आरामकुर्सी पर बैठी हुई वह अपनी डायरी में लिखे हुए को फिर पढ़ गई। उसने डायरी बंद कर कलम डायरी में अटका दी। लेकिन सचमुच इन चार घंटों में वह करेगी क्या ? क्या उन लोगों के साथ चली जाती, तो अच्छा रहता या अजय को रोक लेती। लेकिन क्यों रोकती ? अजय ने ही तो कहा था कि सुमन भाभी-प्रदीप भैया के साथ शिमला घूमने चलेंगे। अकेले बोर हो जाएँगे। बच्चे भी तो साथ नहीं जा रहे। जो व्यक्ति उसके साथ अकेले बोरियत महसूस करता हो उसे वह अपने साथ क्यों अटकाकर रखना चाहेगी ? ''क्या कोई रिश्ता ऐसा नहीं होता, जिसमें बरसों-बरस बाद भी एक-दूसरे से ऊब न हो ?–जहाँ एक-दूसरे का साथ जीवन को कुछ ऐसा देता हो कि उसी से जीवन भर जाता हो ? या ऐसा सिर्फ उन रोमांटिक उपन्यासों में ही होता है जिन्हें कॉलेज से लेकर अब तक मैं पढ़ती आ रही हूँ–जिन्हें अजय घटिया किताबें कहता है क्योंकि उनमें एक ही कहानी पात्रों के नाम और जगह बदलकर होती है। बेशक होती है। लेकिन उनमें कुछ ऐसा भी होता है जो दिलो-दिमाग को सुकून देता है। क्या अजय ने कभी सोचने की कोशिश की है कि

तमाम 'क्लासिक' साहित्य पढ़ने के साथ-साथ मैं ये 'घटिया' किताबें क्यों पढ़ती हूँ ?'' इतना लिखकर उसने थकान के कारण फिर डायरी बंद कर रख दी।

अपने मन पर घिरती उदासी को झटकने के लिए वह आरामकुर्सी से उठकर दरवाजे के काँच से बाहर देखने लगी। काटेज नं. वन के पिछवाड़े की तरफ बने इस कमरे में दो दीवारों पर लगातार खिड़कियाँ थीं, जिनमें लकड़ी के फ्रेम में चौकोर काँच जड़े थे। दरवाजे में भी आधी दूर तक खिड़कियों की तरह ही काँच थे। यहाँ से उस सड़क को देखा जा सकता था, जहाँ वह नीचे से बल खाती ऊपर उठती वाइल्ड फ्लावर हॉल तक पहुँचती थी। फिर यह सड़क काटेज नं. वन के चारों तरफ चक्कर लगाती थी। पीछे की तरफ सड़क एक ओर नीचे उतरकर गोल घूमकर न जाने कहाँ खो गई थी। उस गोल सड़क के किनारे एक तरफ चौड़ी बाउंड्री बनी थी। उसने दरवाजे पर खड़े-खड़े देखा कि उस बाउंड्री पर एक औरत पीली साड़ी पहने बैठी थी। उसके लंबे बाल खुले हुए थे और वह कोई किताब पढ़ रही थी। उस औरत के पीछे देवदारों की सघन हरियाली उसकी साड़ी के पीलेपन से और खुशगवार हो आई थी। वह दरवाजे पर खड़े-खड़े देवदारों के पेड़ों को गिनने लगी। दरवाजे के सिर्फ दो चौकोर काँचों से सौ से अधिक पेड़ देखे जा सकते थे। बाकी खिड़कियों से तो न जाने कितने–। तो क्या वह चार घंटे यहाँ पेड़ ही गिनती रहेगी ? कोई किताब भी तो नहीं लाई। वह पीली साड़ी वाली औरत कौन सी किताब पढ़ रही होगी ? क्या वह उसके पास जाकर उससे बात करे ? उससे कोई किताब ही माँग ले ? या थकान दूर करने के लिए सो जाए ? क्या करे ?–क्या अजय को उसे इस तरह अकेले छोड़ जाना चाहिए था ? न जाने कहाँ से उसे पुरुषों के सूट बनाने वाली एक कंपनी का 'द कंप्लीट मैन'– एक पूर्ण पुरुष का विज्ञापन याद आया जिसमें एक सुदर्शन सजा-धजा पुरुष अपनी पत्नी के मुँह में थर्मामीटर लगाए खड़ा रहता है। क्या अजय को उसके कहने पर भी उसे इस तरह बीमार अकेले छोड़ जाना चाहिए था ?

उसकी आँखों के सामने एक दृश्य उभरा, जिसमें वे तीनों किसी बात पर खिलखिलाकर हँस रहे थे। अजय को सुमन भाभी की हाजिरजवाबी और खुशमिजाजी बहुत पसंद है। एक बार उसने कहा था कि उसकी जानी हुई सारी औरतों में सुमन भाभी ही एकदम बेफिक्र और मस्त हैं–न ज्यादा सोचना, न चिंता-विंता, न रोना-धोना। क्यों नहीं, क्यों नहीं–वह कुढ़ती है। एक तो प्रदीप भैया जैसा पालतू पति मिला है। न रोके, न टोके। सुमन भाभी की खुशमिजाजी इन दिनों तो उसे एक नाटक लगने लगी है। वे जानती हैं कि अजय जैसे लोगों को वे इससे प्रभावित कर सकती हैं। कोई दिक्कत-मुसीबत हो, कहेंगी–'कोई बात नहीं।' कई बार उसके दिल में आया

है—कहे—'कोई बात कैसे नहीं है। कोई दिक्कत है, तो दिक्कत तो है ही।' लेकिन अजय की नाराजगी के डर से चुप रह जाती है। और फिर क्या अजय को इतना भी नहीं समझना चाहिए कि उसका अपना व्यक्तित्व है। उसे चुप रहना अच्छा लगता है, तो क्या इसका अर्थ यह है कि वह मनहूस है। उसे जल्दी रोना आ जाता है, तो क्या वह मान ले कि वह अव्यावहारिक है। वह अपनी डायरी में लिखने के लिए वहीं खड़े-खड़े मन-ही-मन वाक्य गढ़ने लगीं—'सच तो यह है कि हम सब एक-दूसरे में कुछ और खोज रहे हैं। मतलब जो है—उससे अलग कुछ और। सारे रिश्ते एक कर्त्तव्यों का जंजाल हैं। एक बोझ-सा है। यह करना चाहिए। ऐसा करो। ऐसा मत करो। यह ठीक नहीं है। कोई उमंग नहीं। हँसने का कोई कारण नहीं। हम ऐसे ही जी रहे हैं। यही एक तरीका—एक ही रास्ता है, जो हमें मालूम है। हम खुद अपनी हँसी खो देते हैं, तब हम दूसरों की हँसी की तरफ खिंचते हैं। पर हम यह नहीं देख पाते कि उनकी हँसी के पीछे या तो एक तरह की मूर्खता है—जीवन को न समझने की बेवकूफी, या व्यक्तित्व का हलकापन, या फिर एक तरह की हिंसा कि देखो, हम कितने जिंदादिल हैं। और तुम हमारे जैसे कहाँ ! अजय को किसी और के लिए कुछ करना हो तो वह कैसे भी समय निकाल लेगा। पर यदि मेरे लिए कुछ करना हो, तो हजार बहाने हैं—'समय नहीं', 'आलस आ रहा है', 'फिर कभी' वगैरह-वगैरह। जिस रिश्ते पर सबसे अधिक ध्यान देने की जरूरत होती है, उसी को हम सबसे कामचलाऊ ढंग से जीते हैं।' उसने एक गहरी साँस ली—क्या होगा यह सब सोचकर ? लिखकर ?

पीली साड़ीवाली औरत के पास एक आदमी और एक औरत आकर बैठ गए थे। उसने आश्चर्य से देखा कि उन दोनों ने भी थोड़े हलके-गहरे रंग के पीले ही कपड़े पहन रखे थे। क्या ये सब किसी गुट के सदस्य हैं ? उसे खड़े-खड़े थकान लगने लगी थी। कमरे के दरवाजे के बाहर एक छोटा ढलुवाँ छतवाला लकड़ी के फर्श का बरामदा था। जिस पर बेंत की दो कुर्सियाँ पड़ी थीं। क्या वह उसी कुर्सी पर बैठ जाए या थोड़ी ताकत बटोरकर पीले कपड़ेवाले लोगों की गोल सड़क तक जाकर उनके साथ सड़क की चौड़ी बाउंड्री पर बैठ जाए ? तभी अचानक कई लोगों के एक साथ बोलने-बतलाने की आवाजें सुनकर उसने देखा कि वाइल्ड फ्लावर हॉल को आने वाली सड़क पर सैलानियों का एक जत्था चला आ रहा है। काटेज के सामने की ओर से घूमते हुए वे लोग पीछे की तरफ चले आ रहे थे। न जाने कहाँ से बड़े-बड़े कैमरे लटकाए और लोहे की एक बड़ी ट्रंक को दो तरफ से पकड़े, जींस पहने दो युवा फोटोग्राफर भी प्रकट हो गए। उन्होंने झटपट दो देवदारों के बीच एक रस्सी बाँध दी और उस पर ट्रंक से निकालकर पहाड़ी वस्त्र लटका दिए। लड़कियों के कसीदा किए

हुए चोंगे, टोपियाँ, रंग-बिरंगे रुमाल। लड़कों के बुनाई के मोटे चोंगे, टोपियाँ और कमरबंद। पास ही जमीन पर एक कपड़ा बिछाकर लड़कियों के लिए बड़े-बड़े झुमके और गलहार। शायद नीचे कोई टूरिस्ट बस लोगों को शिमला से कुफरी घुमाने आई थी और रास्ते में वाइल्ड फ्लावर हॉल दिखाने के लिए रुक गई थी। लोग धीरे-धीरे ऊपर चढ़ रहे होंगे—जवान स्त्री-पुरुष, बच्चे पहले पहुँचेंगे और उम्रदराज पीछे—उसने सोचा। लेकिन हाँफते सभी रहे होंगे। तभी उसने देखा कि एक सुंदर सजीली नवयुवती ने पहाड़ी परिधान गले में डाल लिया था और कानों में झुमके पहनने लगी थी। उसके मेहँदी रचे हाथों में पहनी हुई लाल चूड़ियों की कतार से साफ जाहिर था कि उसकी नई-नई शादी हुई है। अब वह अपने पति के लिए कपड़े छाँट रही थी, जो बहुत मोटा और काला था। उसे पति के लिए कोई कपड़ा जँच नहीं रहा था और जींस पहने हुए तेजतर्रार फोटोग्राफर को न जँचने का कारण समझ में आ रहा था। वह अपनी हँसी दबाए उसे ट्रंक से कपड़े निकालकर दिखाने लगा था। युवती इस बात को समझकर अब चिढ़ने लगी थी। अंत में दोनों किसी तरह फोटो खिंचाने को तैयार हो गए। युवती की आँखों में एक गहरी उदासी थी, जो उसकी फोटो में निश्चय ही चली आई होगी, उसने सोचा। लेकिन कुछ सालों बाद जब वह यह फोटो देखेगी, तो अपनी आँखों की उदासी नहीं पहचान पाएगी। तब उसे सिर्फ फोटो में देवदार के पेड़ और उन दोनों के रंग-बिरंगे परिधान नजर आएँगे। और वह अपने बीते यौवन को हसरत और गर्व से देखेगी। किसलिए की होगी उस युवती ने यह शादी ? धन के लिए ? माँ-बाप के दबाव से ? वह यह सोचकर उदास हो आई।

उसने चौकोर काँचों के बीच लकड़ी से बना दरवाजा खोल दिया। बाहर की हवा और आवाजों ने एक साथ आकर उसके अंदर कुछ बदल डाला। वह बरामदे में बेंत की कुर्सी पर बैठ गई। सौ साल पहले बने इस कॉटेज में किस अंग्रेज का परिवार रहा होगा और क्या सोचता रहा होगा—उसने सोचा। क्या कभी कोई बीमार औरत इसी बरामदे में इसी कुर्सी पर बैठकर बाहर चलती दुनिया से मन बहलाती रही होगी ? "बहनजी वाइल्ड फ्लावर हॉल कहाँ है ?"—उसने देखा कि एक चालीस-पैंतालीस साल का आदमी उखड़ी हुई साँसों को रोकते हुए पूछ रहा था। अब दोनों फोटोग्राफर बड़ी तेजी से बच्चों, बूढ़ों, स्त्रियों-पुरुषों को कपड़े पहनाने-उतारने में लगे थे। बच्चों की आवाजों—कुछ माँगने, न दिलाने पर ठुनकने-रोने, लड़ने, खेलने की आवाजों से जैसे एक मेला-सा लग गया था। इस भीड़ पर पड़ती खुशनुमा धूप और चारों ओर देवदारों की चिरकालीन शांति और लोगों के कपड़े पहनकर फोटो खिंचवाने के उत्साह ने उसे भी अपने में शामिल कर लिया। जिस भीड़ से दूर रहने के लिए

वे लोग शिमला से दूर ठहरे थे, उस भीड़ के प्रति उसने गहरा लगाव महसूस किया। ''बहनजी वाइल्ड फ्लावर हॉल कहाँ है, क्या बता सकेंगी ?''—उस आदमी ने फिर पूछा। वह समझ नहीं पाई कि क्या जवाब दे। ''यही तो है वाइल्ड फ्लावर हॉल, जहाँ आप खड़े हैं।'' उसने उस आदमी के पुराने स्वेटर, घिसे हुए पैंट और नए चमकदार कपड़े के जूतों को देखते हुए कहा। ''लेकिन यहाँ तो कोई हॉल नहीं है, सिर्फ इस तरह की पाँच-सात कॉटेज हैं और बगल में एक होटल जैसा है''—उस आदमी ने थकी हुई आवाज में कहा। कुछ देर पहले वह एक फोटोग्राफर से फोटो खिंचवाने की दर पूछ रहा था और फिर दूसरे फोटोग्राफर के पास जाकर उससे बात करने लगा था। उसकी नाटी पत्नी उसके पीछे-पीछे चुपचाप चलती रही थी और अब भी सिर ढके उसके पीछे खड़ी इधर ही देख रही थी। ''जी हाँ यहाँ कोई ऐसा हॉल तो नहीं है, बस इसे ऐसे ही यह नाम दिया गया है''—वह सोचने लगी थी कि अंग्रेजी में हॉल का अर्थ कोई शानदार भवन भी तो होता है। ''बिना मतलब यहाँ इतनी दूर ले आए हैं बस वाले। इतना चढ़ना पड़ा। कुछ है ही नहीं यहाँ तो।''—वह आदमी बड़बड़ाता हुआ मुड़ गया।

एक गुजराती बूढ़ा-बूढ़ी अब फोटो-खिंचवा रहे थे। बूढ़े ने पोशाक पहनने से इनकार कर दिया था और बुढ़िया के अपनी भाषा में बहुत बकने- झकने पर भी वह मान नहीं रहा था। अंत में सिर्फ बुढ़िया ने पोशाक पहनी और बूढ़ा उसी तरह पैंट-शर्ट-स्वेटर पहने रहा। अब बुढ़िया अकेले मुँह फुलाए हुए पेड़ के तने से सटकर फोटो खिंचा रही थी। फोटोग्राफर कह रहा था—स्माइल प्लीज। बेंत की कुर्सी पर बैठे हुए उसने देखा कि बूढ़ा उसकी तरफ देखने लगा था। उसे लगा कि बूढ़ा अभी उसके पास आएगा और उससे यहाँ के बारे में जरूर पूछेगा। उसका अंदाज सही निकला और बूढ़े ने आकर उससे अंग्रेजी में पूछा कि वाइल्ड फ्लावर हॉल में क्या देखने लायक है ? बुढ़िया के साथ कपड़े न पहनने के कारण वह उस व्यक्ति से चिढ़ गई थी। उसने हिंदी में जवाब दिया—''यही है जो आप देख रहे हैं—धरती है, आसमान है, ये पेड़ हैं, कॉटेज हैं...।'' मैडम, यहाँ वाइल्ड फ्लावर्स कहाँ है ? उसने पूछा। अचानक वह बहुत थकान महसूस करने लगी थी। जैसे कि बुखार फिर आएगा। कॉटेज के पूरे परिसर को घेरती हुई हलके गुलाबी जंगली गुलाबों की झाड़ी की सुगंध वहाँ तक चली आई। वह यह कहकर ''मैं नहीं जानती। मैं भी आपकी तरह टूरिस्ट ही हूँ।'' वापस कमरे में जाने के लिए मुड़ गई। क्यों आते हैं लोग पहाड़ों पर घूमने ? साल भर या कई साल बचाकर इकट्ठे किए गए पैसों को फूँककर क्या बटोरने आते हैं यहाँ ? क्या अपने-अपने शहरों की सीधी-सीधी आकृतियों, रेखाओं से ऊबकर पहाड़ों की ऊँची-नीची सड़कों में कुछ नया खोजने—जिसके सहारे

यह माना जा सके कि हमारे जीवन में कोई सुख है। स्मृतियाँ बनाने ? फिर इन तसवीरों में बार-बार उन स्मृतियों को दोहराने ?–उसे लगा कि डायरी में लिखने लायक एक बात उसे मिल गई है। उसने डायरी खोल ली–"सारे लोग ऐसे दिख रहे हैं जैसे उन्होंने निश्चय कर लिया हो कि हमें ऐसे उत्साहित दिखना चाहिए जैसे हम स्वर्ग में हों। लेकिन इस उत्साह के पीछे न जाने किसमें कितनी खीझ होगी–न जाने कितनी निराशा। शायद लड़ाई झगड़े भी। सारी जिंदगी यूँ ही कट जाती है लोगों की। हम एक अपनी तरह का जीवन जीना चाहते हैं। लेकिन वैसा होता नहीं। सिर्फ किताबों में होता है। अब यह गुजराती बुढ़िया एक और लड़ने का मुद्दा लेकर घर लौट जाएगी। हो सकता है कि बाद में बुड्ढ़ा भी सोचे कि मैंने बात मान ही ली होती। वह उसे मनाएगा। बुढ़िया सोचेगी–चलो ठीक है। उसका मन नहीं था, तो ऐसा ही सही। फिर वह मान जाएगी और अगली निराशा तक ठीक रहेगी।"

दरवाजे पर खट-खट सुनकर उसने देखा कि एक सत्रह-अठारह साल का पहाड़ी लड़का खड़ा था–"मैडम, आपके लिए चाय ले आऊँ ? साहब कह गए थे कि आप बीमार हैं–आपका ध्यान रखने।" वह अनायास मुसकरा उठी और उसे अंदर से एक आवेग जैसा उठता महसूस हुआ जिसने उसकी आँखों में एक हलकी पानी की परत ला दी। "नहीं, चाय नहीं चाहिए मुझे। क्या नाम है तुम्हारा ?" "पलटन सिंह।" "अच्छा"...वह कुछ बात करने के लिए खोजती रही–"यहीं शिमला का हूँ। पास ही घर है। माँ भी यहीं होटल में काम करती है। बाप नहीं है। एक छोटा भाई है। पढ़ता है। मैंने आठवीं तक पढ़ाई की है।"–पलटन सिंह बिना पूछे ही एक साँस में बोल गया। "बड़े तेज हो तुम तो–" वह मुसकुराई। "सभी लोग ये सब बातें पूछते हैं या फिर कहते हैं–हमारे शहर चलोगे ? नौकरी करोगे ? मैं कहता हूँ– नहीं साहब। मेरी माँ रोती है। छोटा भाई रोएगा। नहीं जाऊँगा बाहर।" "मेरे ख्याल से तुम्हें बिलकुल नहीं जाना चाहिए बाहर। हम लोग कितने पैसे खर्च करके आते हैं हफ्ता-दस दिन के लिए। तुमको तो सब मुफ्त में मिला हुआ है–ये पहाड़, जंगल, झरने"–उसने कहा। पलटन सिंह चुपचाप उसे एकटक देखता रहा। "यह बात बोलनेवाला तो कभी कोई नहीं मिला। कभी-कभी मुझे लगता है कि ये पहाड़ मुझे चारों ओर से कैद किए हुए हैं। मैं इनके पार जाना चाहता हूँ। लेकिन आपको पता है, एक बार मैं चंडीगढ़ में नौकरी करने गया, तो माँ-भाई से भी ज्यादा मुझे ये पेड़-पौधे याद आते थे।" उनके बीच अब चुप्पी थी। उसने पूछा–"यह कॉटेज तो बहुत पुरानी है न, अंग्रेजों की बनाई हुई–" पलटन सिंह उत्साहित हो उठा–"हाँ जी। बहुत पुरानी–डेढ़ सौ साल पुरानी। कई लार्ड यहाँ आकर ठहरे। एक कोई

था लार्ड किचनर—उसने तो इसे अपना घर ही बना रखा था। यह नाम वाइल्ड फ्लावर हॉल भी किसी लार्ड का दिया हुआ है। कहते हैं इस अंग्रेज की बीबी बहुत सुंदर थी। उसे वह प्रेम से 'माई वाइल्ड फ्लावर' कहता था। कलकत्ते की गर्मी बर्दाश्त न करने के कारण वह बीमार पड़ गई थी। तब उसने उसे यहीं लाकर रखा। लेकिन यहाँ आकर वह किसी पहाड़ी सुंदरी के प्रेम में पड़ गया। दिलफेंक रहा होगा। कहते हैं कि उसकी बीवी ऐसी मुरझाई कि कभी ठीक ही नहीं हुई। बाद में मरने की सी हालत हो गई उसकी, तब साहब चेता। वह खुद उसे यहाँ बैठकर दिन-रात बाइबिल पढ़कर सुनाता था। उसी की बाइबिल अभी तक यहाँ पड़ी है।" वह सिहर उठी। उसने देखा कि उसके हाथों के रोएँ खड़े हुए हैं और चमड़ी पर दाने-दाने से बने हुए हैं। "अच्छा पलटन सिंह, तुम मेरे लिए एक कप चाय ले आओ। मुझे ठंड-सी लग रही है।" पलटन सिंह के जाते ही उसने कमरे में बने 'फायर प्लेस' (आग तापने की जगह) के दाहिनी तरफ बने एक आले में रखी बाइबिल उठाकर पलटी। पहले पन्नों को उलटते-उलटते उसने कई पन्नों को एक साथ उलटा, तो किताब एक जगह खुल गई जिसमें किसी किताब से फाड़ा हुआ एक पुराना, पीला पन्ना दबा हुआ था। उसने देखा—अन्ना कैरेनिना, पृष्ठ 456। पन्ने पर कुछ लाइनों के नीचे लाल स्याही से लकीर खींची हुई थी।

"तो हमारे प्रेम की यही परिणति होनी थी," उसने कहा, "जब तक हम जिंदा हैं, इसे ऐसे ही रहना है। यह मैं अब समझ गया हूँ।"

"यह सच है," वह बोली, "फिर भी इसमें कुछ भयानक-सा है—जो कुछ घटा उसके बाद।"

"यह सब गुजर जाएगा। सब गुजर जाएगा। हम जल्दी ही सुखी होंगे। हमारा प्रेम—यदि यह और दृढ़ हो सकता है तो—और मजबूत ही होगा। क्योंकि इसमें कुछ भयानक तत्त्व जुड़ा हुआ है।"

पलटन सिंह चाय लेकर खड़ा था। उसने धड़कते दिल से बाइबिल बंद कर दी। चाय लेकर वह आरामकुर्सी पर बैठ गई—"उस पहाड़ी लड़की का क्या हुआ पलटन सिंह, जिससे साहब प्रेम करता था ?" "मेमसाहिबा के बहुत बीमार होने पर साहब तो घर से निकलता ही नहीं था। वह अपने ननिहाल चली गई। जानती है न मैडम, यहाँ कई पहाड़ी ऐसे हैं जिनकी अंग्रेजों के जैसी नीली आँखें हैं।" पलटन सिंह कुछ शरमाया-सा चुप हो गया। वह भी चुप रही।...उसे अचानक पीले कपड़ेवाली औरतें और आदमी याद आए। पलटन सिंह जानता होगा कि वे लोग कौन हैं। पूछते ही पलटन सिंह खिल उठा—"बड़े अच्छे लोग हैं। एक महीने से यहीं रह रहे

हैं सारे दिन जंगल-पहाड़ घूमते रहते हैं तीनों। कुछ करते हैं–क्या–ध्यान-व्यान कुछ। छोटी दीदी को बुलाऊँ ? आपको अच्छा लगेगा।'' उसने बिना उत्तर की अपेक्षा किए दरवाजे से बाहर गोल सड़क की तरह मुँह किए पुकारना शुरू किया–''छोटी दीदी, छोटी दीदी।''

वह हकबकाकर सँभलती कि उसके पहले छोटी दीदी एक पुस्तक लिये दरवाजे पर खड़ी थी। पलटन सिंह उसकी बीमारी के, साहब के बाकी दोनों के साथ शिमला घूमने जाने, चाय के लिए पूछने के लिए कहने और मुफ्त में मिले पहाड़, जंगल, झरने की बातें एक साँस में उसे बता गया था। छोटी दीदी की हँसती हुई आँखों, साँवले गेहुँआ रंग पर खिलती पीली साड़ी और नाक-नक्श के बीच एक अजीब-सी सौम्य संगति ने उसे तुरंत अपनी ओर खींच लिया। उन आँखों में उसके प्रति एक उत्सुकता और सहज स्नेह एक साथ घुला-मिला था। उसने अंदाज लगाया कि वे दोनों हमउम्र होंगी। ''क्या पढ़ रही हैं आप ? आइए बैठिए''–उसने कहा। आरामकुर्सी के बगल में पड़ी कुर्सी का मुँह बाहर दिखते पेड़ों की तरफ कर छोटी दीदी उसके पास बैठ गई। ''क्या मैं देख सकती हूँ आप क्या लिख रही थीं डायरी में ?''–छोटी दीदी का हाथ डायरी तक पहुँच चुका था। वह सकपकाई हुई इस अजनबी औरत को देखती रही। डायरी पढ़ने की छूट उसने आज तक किसी को नहीं दी थी। पर न जाने क्यों उसने सिर हिलाया। छोटी दीदी डायरी के पृष्ठों को पढ़ रही थी और वह सन्न बैठी थी। पलटन कब कमरे से चला गया था यह उसे पता ही नहीं चला। उसे लगा जैसे यह सब स्वप्न में घट रहा हो। उसने छोटी दीदी की किताब पर निगाह डाली, तो उसने देखा कि वह ठीक वैसी ही पुरानी बाइबिल की प्रति थी–हरे-काले रंग के चमड़े में मढ़ी हुई। अपनी डायरी के पढ़े जाने के संकोच से उबरने के लिए उसने कहा–''आप बाइबिल पढ़ रही थीं ?'' ''नहीं, मैंने पुस्तक को खोला नहीं था। हाथ में रखकर बैठी थी। हम लोग कोई किताब नहीं पढ़ते। सारी किताबें आपके दिमाग को किसी एक खास तरह से चलाने के लिए हैं। वे आपको सिर्फ तुलना करना और शिकायत करना सिखाती हैं। लेकिन सत्य को खुद ही पाया जा सकता है, किसी और के तरीके से नहीं।''–छोटी दीदी एक क्षण के लिए रुकीं–''मैं सिर्फ देख रही थी कि क्या बाइबिल की पुस्तक कोई ऐसी तरंगें छोड़ती है कि उससे अपने अंदर कुछ बदलता महसूस हो। चलिए वहीं चलकर बैठते हैं, जहाँ मैं बैठी थी। आपको अच्छा लगेगा। वह कमरा बंद कर चाभी लेकर 'छोटी दीदी' के साथ चल दी। अब वह अकेले इस कमरे में रहना नहीं चाहती थी।

वे दोनों सैलानियों के लगभग खत्म हो चले तसवीरें खिंचवाने के क्रम के पास से गुजरती हुई नीचे की गोल सड़क की ओर बढ़ने लगी थीं। 'छोटी दीदी' उसे डायरी पढ़ लेने के कारण उसके बहुत से करीबी लोगों से अधिक जान गई है, उसने सोचा। छोटी दीदी ने शायद भाँप लिया कि वह क्या सोच रही है। ''आपकी डायरी बहुत दिलचस्प थी। मेरे अपने जीवन के अनुभव भी बिलकुल ऐसे ही रहे हैं। जब मैं सोम से मिली, जो हमारा यहाँ साथी है—तब तक समाज के दिए सारे संबंधों से इतना असंतोष मेरे अंदर पैदा हो चुका था कि मुझे लगने लग गया था कि मैं एक बिलकुल नकली जीवन जी रही हूँ। दूसरों का दिया जीवन। मेरी शादी बहुत कम उम्र में ही कर दी गई थी। मैं तब सिर्फ सोलह वर्ष की थी। सोम से मिलने के बाद एक झटके से मैंने उस जीवन को छोड़ दिया।'' ''और अब ?''—उसने बढ़ती हुई धड़कनों के साथ पूछा था। पता नहीं किस तरह की औरत है यह ? वह कुछ जानती नहीं इन लोगों के बारे में। चली आई इसके संग। अगर अजय इसके लिए नाराज होगा, तो वह क्या कहेगी—यह चिंता उसके अंदर सिर उठाने लगी थी। ''मैंने सोम के साथ उनके संघ में प्रवेश ले लिया। सोम पहले यूनिवर्सिटी में दर्शन-शास्त्र पढ़ाते थे। बाद में उन्होंने संघ का प्रचार-कार्य करने के लिए रिटायरमेंट ले लिया था। यहाँ वाइल्ड फ्लावर हॉल से सटी हुई हमारे संघ के एक सदस्य की छोटी-सी कॉटेज है। पिछले एक महीने से मैं, सोम और उनकी एक दूर के रिश्ते की बड़ी बहन यहीं हैं। हम यहाँ आस-पास जंगल-जंगल घूमते हैं। अभी हम एक ध्यान कर रहे हैं जिसमें बिना कुछ सोचते हुए जीना है जीवन के प्रवाह के साथ। कोई आवाज देगा, हम चले जाएँगे। कुछ खाने का मन होगा, हम खाना पकाएँगे। कोई मिल जाएगा, हम बातें करेंगे। जितनी ताकत होगी उतना पैदल घूमेंगे। नहीं तो बैठकर पेड़ों को देखेंगे।''

वह अचंभे से उस औरत की बातें सुन रही थी। क्या सचमुच इस तरह सारा जीवन बिताया जा सकता है ? लेकिन इस तरह बिना कुछ किए जीवन जीने का अर्थ भी क्या है ? किसी को तो कोई फायदा नहीं ऐसे जीवन से—न देश को, न समाज को। उसने कहा—''लेकिन क्या इससे बेहतर नहीं होता कि आप लोग किसी तरह की समाज सेवा करते। इतने दुखी-बीमार हैं हमारे देश में—आपके जीवन से किसी को क्या लाभ ?'' छोटी दीदी का चेहरा पीली साड़ी पर पड़ती ढलती धूप से आभामय हो रहा था। उन्होंने हँसती हुई आँखों से कहा—''मैं आपकी डायरी पढ़कर जान रही थी कि यह प्रश्न आपके दिमाग में उठेगा। शुरू में दिमाग इसी तरह के प्रश्न उठाता है। देखिए, दर्शन का विषय—सत्य की खोज सबके लिए नहीं है। यह तो सिर्फ राजकुमारों और योगियों का विषय है। प्रायः तो सारा संसार

दीन-दुखियों की समस्या पैदा करने या उसे सुलझाने में लगा है। अपने अंदर डूबकर सत्य की खोज करने की इच्छा क्या सबमें पैदा हो सकती है ? अपने पेट यानी अपनी भौतिक इच्छाओं से ऊपर वही उठ सकता है जिसके पास या तो कोई कमी न हो या फिर वह योगी जिसे किसी चीज की जरूरत न रह गई हो। फिर हम तो आपकी तरह प्रेम की ही खोज कर रहे हैं–लेकिन प्रेम का वह बिंदु, जहाँ अपने में और दूसरे में कोई भेद नहीं रह जाता। कोई मेरा-तेरा नहीं बचता। व्यष्टि और समष्टि, प्रकृति और मनुष्य जहाँ एक हो जाते हैं।''

वह अपनी दुनिया में एक झटके से लौट आई थी–'प्रेम' ? प्रेम कहाँ है ? वह तो सूट का विज्ञापन करने वाले उस पुरुष से हो सकता है, जो एक पूर्ण पुरुष है–यानी बुद्धि, विद्या, रूप और करुणा का संगम। या फिर प्रेम तो एक नशा है जो उसके प्रिय उपन्यासों में नायक-नायिका को एक आदिम बहाव में लपेट ले जाता है। वैसा प्रेम-पात्र है कहाँ ? यही तो पाने के लिए वह जाती रही है उन उपन्यासों की दुनिया में। बाहर निकलते ही तो शिकायतें हैं, उलाहने हैं, निराशाएँ हैं–तुलनाएँ हैं। सुमन भाभी खुशमिजाज हैं, वह नहीं। कैसे उसे सुमन भाभी की हँसी काँटे-सी चुभने लगी है। अपने और दूसरे का भेद कभी मिट सकता है ? उसने अपनी आँखें बंद कर लीं। कम-से-कम इस 'छोटी दीदी' के साथ अपने मन-मुताबिक चला जा सकता था–किसी नकली सामाजिकता की यहाँ कोई जरूरत नहीं थी।

पता नहीं कितनी देर वह इसी तरह आँखें मूँदे बैठी रही। उसने आँखें खोलीं तो सूर्य की किरणें देवदार की चोटियों तक उतर आई थीं। 'छोटी-दीदी' पेड़ों की तरफ देख रही थी। उसके दिमाग में अचानक कुछ प्रश्न दौड़ लगाने लगे। ये तीनों साथ रहते हैं, दो पुरुष, एक स्त्री। क्या इनके बीच किसी तरह की ईर्ष्या-वैर भाव नहीं पैदा होता। उसने पूछा–''आप लोग साथ क्यों रहते हैं ? क्या अकेले ही ध्यान करना ज्यादा सरल नहीं है ?'' छोटी दीदी का चेहरा इस प्रश्न से मुसकानविहीन होते उसने देखा–''नहीं, बहुत कठिन है। एक ऊब का रेगिस्तान है जिसको पार करने के बाद आनंद का झरना है। ऊब और उलझन। इसे अकेले पार करना बहुत कष्ट का काम है। अंत में तो अकेले ही होना है पर अभी वह संभव नहीं। मैं सोम का साथ चाहती हूँ, इसलिए उसके साथ हूँ। बड़ी दीदी भी सोम का साथ चाहती हैं, इसलिए उसके साथ हैं। इस तरह हम तीनों साथ हैं।'' ''बड़ी दीदी सोम जी की बहन है न ?''–उसे अचानक याद आया था। उसने आश्चर्य से देखा कि इस प्रश्न से छोटी दीदी की आँखों में जैसे एक तूफान उठ पड़ा। वह होंठ भींचे चुपचाप बैठी रही। उनके बीच समय टिक-टिक कर रहा था। ''मैंने तुम्हारी डायरी

पढ़ी है। तुम्हारे न जानते हुए भी तुममें सत्य को पाने की ललक है। इसीलिए मैं तुम्हें अपना सच बताती हूँ। यही वह प्रश्न है जिससे पिछले दो दिनों से मैं एक क्षण के लिए भी मुक्त नहीं हो सकी हूँ। हमारे संघ में ब्रह्मचर्य पालन करने का एक व्रत हम दीक्षा ग्रहण करने पर लेते हैं। इसके दो कारण हैं–एक तो रिश्तों के बीच शरीर न होने से किसी एक व्यक्ति पर अधिकार-भाव नहीं होता, किसी दूसरे से ईर्ष्या नहीं होती और दूसरा यह कि हम मानते हैं कि ब्रह्मचर्य से संचित ऊर्जा अपनी आत्मिक स्थिति को ऊँचा उठाने में, ध्यान करने में बहुत सहायता देती है। ऐसा हम हिंदू, जैन या बौद्ध धर्म की तरह किसी नियम के कारण नहीं करते, बल्कि स्वयं अपनी आंतरिक जरूरतों और समझ के कारण करते हैं। किंतु दो रात पहले की बात है, जब अचानक किसी आवाज से मेरी नींद खुल गई। दरअसल हवा चल पड़ी थी और एक खिड़की के खुले पल्ले को बार-बार बंद-खोल रही थी। मैंने देखा कि बड़ी दीदी अपने बिस्तर पर नहीं हैं। उनके बिस्तर पर परदा उड़-उड़कर लहरा रहा था। मैंने सोम का दरवाजा खोलना चाहा कि यदि वे लोग ध्यान में बैठे हों, तो मैं भी शामिल हो जाऊँ। लेकिन दरवाजा अंदर से बंद था। मैं दरवाजे का हैंडिल घुमाती हक्की-बक्की खड़ी रही। ऐसा पहले कभी नहीं हुआ था। हम लोगों ने कभी दरवाजा इस तरह बंद नहीं किया था। मेरी सोम से या बड़ी दीदी से कुछ पूछने की हिम्मत नहीं हुई। लेकिन कल जब हम सुबह जंगलों में घूम रहे थे, तो हमने सामने वाली चोटी तक पहुँचने का संकल्प किया। यह बड़ी दीदी की इच्छा थी। सोम आगे था, मैं बीच में और बड़ी दीदी पीछे। उस जगह चारों ओर बढ़ी हुई लैंटाना की झाड़ियों के बीच से झुक-झुककर हम पहाड़ चढ़ रहे थे। वहाँ झरने के कारण बहुत फिसलन थी किसी कँटीली झाड़ी में बार-बार आज मेरा आँचल फँस जाता था। बड़ी दीदी मेरा आँचल हर बार छुड़ा देतीं। कई बार उन्होंने मुझे फिसलने से बचाया। मेरी आँखें आज बार-बार आँसुओं से धुँधली हो रही थीं। हम लोग तीनों बुरी तरह हाँफ रहे थे और पसीने से लथपथ थे। बार-बार मैं सोचती थी कि जब मैंने सामाजिक संबंधों के नकलीपन को छोड़ ही दिया, तब मैं किन संबंधों की कसौटी पर सोम और बड़ी दीदी को परख रही थी। लेकिन मेरे अंदर कुछ विद्रोह कर रहा था। कुछ ऐसा था जो मैं स्वीकार नहीं कर पा रही थी। मैं सिर्फ सच जानना चाहती थी–उसके बाद शायद मैं उस सच को स्वीकार लेती। पर सच कौन बताएगा, उसे पूछा कैसे जाएगा ? मुझे लग रहा था कि बड़ी दीदी और सोम दोनों ही मेरी मनःस्थिति को समझ रहे थे। बड़ी दीदी मेरा बहुत ध्यान रख रही थीं। पर उनका स्पर्श मुझे डंक की तरह लग रहा था। उनका और सोम

का क्या संबंध है ? दीक्षा के समय लिये हुए व्रत का क्या कोई अर्थ नहीं है, जिसे मुझे सोम ने ही समझाया था ? ये प्रश्न जैसे सारे पहाड़, पेड़, झाड़ियों और घास-फूस तक पूछ रहे थे। मेरा मन हुआ कि मैं पहाड़ से नीचे कूद जाऊँ और इस प्रश्न से मुक्त हो जाऊँ। उसके बाद हम पहाड़ की चोटी पर पहुँच गए। न जाने किस तरह ऐसा हुआ कि बड़ी दीदी गायब हो गईं और मैं और सोम अकेले रह गए। तब मैंने बहुत हिम्मत करके सारी बातें कहकर सोम के सामने यह प्रश्न रख दिया। मैंने कहा कि यदि मैं सत्य को जान पाऊँ, तो मेरे लिए जीवन जीना इतना मुश्किल नहीं रहेगा।'' छोटी दीदी की सुंदर सौम्य मुद्रा का ऐसा बदला हुआ रंग उसके लिए अप्रत्याशित था। अचानक उनका गेहुँआ रंग गहरा गया था। उसका दिल बुरी तरह धड़कने लगा था। उसे डर लगा कि कहीं यह अजनबी औरत सड़क की उस बाउंड्री से पार खाई में छलाँग न लगा दे। हवा जैसे रुक गई थी और सारे वृक्ष साँस रोके उसकी कहानी सुन रहे थे। यह औरत क्यों अपनी कहानी उसे सुना रही है ? अजय लोग शायद लौटने वाले होंगे, पर उसकी हिम्मत नहीं हुई कि वह अपनी कलाई की घड़ी में समय देखे। छोटी दीदी ने आँखें बंद कर ली थीं और जोर-जोर से साँसें खींच रही थीं। अचानक उसे जोर लगाकर वाइल्ड फ्लावर हॉल की चढ़ाई चढ़ती हुई डीजल इंजन की धुआँ फेंकती गाड़ी की आवाज सुनाई दी। गाड़ी जोर लगा रही थी, पर ऊपर चढ़ नहीं पा रही थी और उसके यात्री शायद बेमन से दरवाजे खोलकर नीचे उतर रहे थे। उसने 'छोटी दीदी' का हाथ पकड़ लिया। किसी तरह जल्दी से उसे इस कहानी का अंत जानना था। लगभग काँपती हुई आवाज में उसने पूछा—''जवाब मिला ? सोम ने क्या कहा ?'' 'छोटी दीदी' ने आँखें खोलकर उसकी तरफ देखा। उन आँखों में तूफान खत्म होने के बाद की नीरवता थी। ''हाँ मिला। बाइबिल से एक सूक्ति कही सोम ने—दूसरों को कटघरे में खड़े कर फैसले मत सुनाओ, क्योंकि एक दिन तुम भी कटघरे में खड़े किए जाओगे—जज नाट, फार यू शैल बी जज्ड टू। सोम ने अपने प्रति मेरे आकर्षण के बारे में शायद मुझसे अधिक जाना था। उसने यह भी कहा कि अपनी प्रकृति को जानना चाहिए और उससे संघर्ष नहीं करना चाहिए। उसने खुद बहुत उलझन और द्वंद्व के बाद इस सत्य को पाया है। मैं सोचती हूँ कि वापस अपने पति और बच्चे के पास लौट जाऊँ।'' छोटी दीदी की चुप्पी घनी हो गई शाम के सन्नाटे में मिल गई। उसे दूर से आते हुए अजय, सुमन भाभी और भाई साहब की आकृतियाँ दिख रही थीं। वे तीनों किसी बात पर खिलखिलाकर हँस रहे थे।

मन्नत

हरी घास पर जाड़े की धूप नीलिमा को अच्छी लगती है। फरवरी महीने में एक तरह की गरमाहट के साथ मिली-जुली चैन जैसी कोई चीज जो बाकी जिंदगी में आसानी से नहीं जुटती। नीलिमा को एक क्षण के लिए ऐसा लगा कि सब कुछ वैसा ही है जैसा होना चाहिए : सारा संसार और वह खुद जैसे एक लय में हों—एकदम ठीक-ठाक दुनिया। कोई परेशानी नहीं, कोई उम्मीद नहीं, कोई कचोट नहीं। पर अचानक उसे कल सेमिनार-हॉल के बाहर लेखकों के नाम के बिल्लों में अपने नाम का बिल्ला न मिलने पर समरजी का उचाट चेहरा याद आ गया। जाड़े की हरी धूप का दिया हुआ निर्वाण का वह क्षण तुरंत बिखर गया। उसके माथे पर सल पड़ गई। उसने धूप की चमक से बचने के लिए आँखों पर हथेली की ओट कर ली और इमारत से सटे लंबे सँकरे लॉन में एक कतार में लगी टेबलों पर समरजी को खोजने लगी। समरजी ने उसे देखकर अपनी टेबल से उठकर अपना हाथ हवा में लहराया। नीली जींस की पैंट और नीले रंग का स्वेटर पहने वे मुसकरा रहे थे। उनके पूरी तरह से

सफेद हो गए बालों के साथ जैसे एक लंबा इतिहास उनके इर्द-गिर्द चल रहा था—कुछ ऐसा ही अनुभव नीलिमा को दिल्ली में जहाँ-तहाँ नई इमारतों के बीच पुरानी इमारतें और खंडहर देखकर हुआ था। उसे लगा कि कुछ व्यक्तियों और स्थानों में इतिहास की एक गंध हमेशा बनी रहती है। उसके टेबल के पास आने तक समरजी अपने लंबे कद से बाकी चीजों को छोटा बनाते खड़े रहे थे। उनकी शिष्टता और मुसकराहट से नीलिमा का हलकापन लौट आया।

"सिर्फ कॉफी"—कहकर वह मेनू-कार्ड पढ़ते हुए समरजी के चेहरे पर खुदी गहरी रेखाओं को देखती रही। उनका चेहरा सारे जाने-पहचाने लोगों से कुछ अलग तरह का है। उसमें एक अजीब किस्म का लचीलापन है। अभी तुरंत हँसी की रेखाएँ बनेंगी, फिर तुरंत तनाव की—नापसंदगी की अलग। 'इस आदमी के मूड को कोई नया परिचित भी आसानी से भाँप सकता है'—उसने सोचा। अचानक समरजी की पीठ की तरफ तेज हँसी और बोलने की आवाजों ने उसका ध्यान वहाँ खींच लिया। उसने देखा कि दिल्ली की कुछ बड़ी उम्र की फैशनेबल महिलाएँ वहाँ जमा हैं। शरीर का कसाव बरकरार है। पहनने का सलीका आकर्षक है और बातचीत में एक नफासत। नीलिमा ने सोचा कि हमारा कलकत्ता होता, तो इस तरह की औरतें हर दूसरा-तीसरा वाक्य अंग्रेजी में बोलतीं पर ये औरतें बड़ी नफीस किस्म की हिंदी बोल रही थीं। बातें वहीं बगल के नाट्य-गृह में चल रहे हिंदी नाटक के बारे में हो रही थीं। 'सोशलाइट्स ?'—उसने गले में मोती की लड़ी और स्लीवलेस ब्लाउज पहने सफेद-काले छोटे कटे बालों की औरत को देखते हुए कुछ हिकारत से सोचा। 'उसी में कुछ साहित्य-नाटक-फिल्म-संगीत में रुचि का पुट लिये हुए ? मैं अब भी जवाँ हूँ और किसी से कम नहीं हूँ—बताने के लिए लगातार की गई साधना ?' 'साधना' शब्द दिमाग में आने पर वह हँस पड़ी। समरजी ने बड़ी दिलचस्पी से मुड़कर उन औरतों की तरफ देखा और उसे देखकर मुसकराए। "जैसे गाँव से आए देहाती को शहर की हर चीज में दिलचस्पी होती है न, उसी तरह मुझे दिल्ली की हर चीज नई लग रही है"—नीलिमा ने उन औरतों को लगातार घूरते रहने की सफाई दी। "अच्छा बताइए समरजी, इस उम्र के पुरुषों की 'स्मार्टनेस' देखकर बुरा नहीं लगता, पर ऐसी औरतों को देखकर एक तरह का छिछलापन क्यों लगता है ? क्या यह एक तरह की ईर्ष्या है क्योंकि मेरी माँ इनकी हमउम्र होते हुए भी इनसे बिलकुल अलग, एक साधारण औरत है या यह नए खून का पुराने के प्रति तिरस्कार भाव है ?"—नीलिमा ने बातचीत का सूत्र, जो बात मन में आई थी, वहीं से उठा लिया। यहाँ समरजी से मिलने आने से पहले उसे कुछ भय-सा था कि वह समरजी से

क्या बात करेगी या वे कहीं उसके साथ बोरियत न महसूस करें। पर शायद धूप के खुशनुमापन के कारण वह सहज हो आई थी। हवा में एक तरह की पिकनिक का अहसास था। जीवन में पहली बार इस तरह सेमिनार के लिए परिवार से और शहर से दूर अकेले आने का अनुभव उसे एक तरह की उड़ान भरने की क्षमता दे रहा था, जो कि आमतौर पर उसके लिए सहज नहीं थी। ''अरे कुछ नहीं, यह सब तुम्हारे ऊपर हमारे समाजवादी दोस्त का असर है—तुम्हारा चाचा—जिसके चश्मे से ही तुम दुनिया देखना सीख गई हो। तुम लोगों को हर सुंदरता के पीछे कुछ दाल में काला ही नजर आता है। अरे भई, क्या हर्ज है जिंदगी को भरपूर जीने में, सजने-सँवरने में, अच्छी चीजों को पाने में...किटी-पार्टी करने में भी ? छिछलेपन की बात छोड़ो—यह कहाँ नहीं है ? उस सेमिनार में नहीं, जिसके लिए तुम इतनी दूर से यहाँ आई हो ?''—समरजी के चेहरे पर मजाक बनानेवाली सारी रेखाएँ सक्रिय हो गई थीं। ''प्रोहिबिटेड एरिया, प्रोहिबिटेड एरिया—चाचा के लिए कुछ भी उलटा-पुलटा नहीं सुनूँगी। दूसरी बात करिए।''—नीलिमा ने भी मजाक के लहजे में समरजी को इस मुद्‌दे से हटाने की कोशिश की।

''अरे, वह देखिए 'हूपू'...उधर—आपके पीछे''—नीलिमा अचानक कुर्सी से उछल खड़ी हुई थी। समरजी के साथ-साथ पीछे की टेबलवाली औरतें भी चौंककर उसकी उँगली की दिशा में सुंदर मुकुटवाली आधी ललाई लिये हुए भूरी और आधी काली-सफेद धारियोंवाली चिड़िया को देखने लगी थीं जो पीछे की नीची दीवार पर आ बैठी थी। फिर उन्होंने तुरंत वापस मुड़कर अपनी बातचीत शुरू कर दी थी। ''यह चिड़िया कलकत्ते में नहीं दिखती। इसे हिंदी में हुदहुद कहते हैं''—नीलिमा ने कुछ शर्मिंदा होकर बताया। ''चिड़ियों में रुचि है तुम्हारी ? मुझे तो मालूम ही नहीं था''—समरजी के स्वर में एक आश्चर्य के साथ आश्वासन भी था कि उसकी इस हरकत से उन्हें कोई परेशानी नहीं हुई है। तुरंत नीलिमा ने समरजी के साथ एक जुड़ाव महसूस किया। ''चाचा ने कहा था कि हुमायूँ का मकबरा और हजरत निजामुद्‌दीन हो आऊँ। चलेंगे आप साथ में ? आपको तो सारे पत्थरों का इतिहास मालूम होगा न ?''—नीलिमा ने समरजी के पिछले नाटक में आए ऐतिहासिक समय को याद कर अनुरोध के स्वर में पूछा। ''इतिहास तो ज्यादा कुछ मालूम नहीं, पर चल सकते हैं। अमीर खुसरो की कब्र पर जाने की इच्छा कई दिन से है।''

दिल्ली की साफ-सुथरी चौड़ी पुराने वृक्षोंवाली सड़कों पर गाड़ी सर्राटे से दौड़ रही थी। कलकत्ते की सड़कों पर गड्‌ढों में गिरने से आनेवाले झटकों और जगह-जगह

कूड़े के खुले ढेरों को याद कर नीलिमा के मन में कसक-सी हुई–'क्या हम इतने गरीब हैं कि थोड़ी-सी सफाई और थोड़ा-सा रख-रखाव भी नहीं कर सकते ? फिर दिल्ली में ही इतना पैसा क्यों है ?' समरजी से आँखें मिलीं, तो वे मुसकराए। नीलिमा ने सोचा हर रिश्ते में बदलाव की कितनी गुंजाइश होती है–रिश्तों के भी शायद मौसम होते हैं। कलकत्ते में समरजी से हुई पहली मुलाकात यहाँ मिलने से बिलकुल अलग तरह की थी। जब चाचा ने दिल्ली आते समय समरजी का फोन नंबर दिया था तो उसके मन में समरजी से मिलने की कोई इच्छा नहीं जागी थी, बल्कि उन्हें याद कर उसके मुँह में कड़वा स्वाद घुल आया था। समरजी के नए नाटक के बारे में नीलिमा ने कुछ आलोचना कर दी थी, तो समरजी ने बिलकुल साफ-साफ ही यह कह डाला था कि नीलिमा को किसी तरह की कोई समझ नहीं है। नीलिमा इस अप्रत्याशित प्रतिक्रिया से बहुत आहत हुई थी और हर बार यह घटना याद आने पर उसे तकलीफ देती रही थी। यूँ भी चाचा और समरजी में इधर-उधर की बातें करते-करते न जाने क्यों अंत में हर बार एक झड़प-सी हो जाती थी। नीलिमा को उनके बीच तनाव के अहसास से खीझ होने लगी थी–उसे लगने लगा था कि ये लोग बेमतलब झगड़ते हैं जबकि ये अच्छी तरह जानते हैं कि न ये एक-दूसरे के सोचने के तरीके को बदल सकते हैं और न ही दुनिया को। चाचा के यहाँ अक्सर आनेवाले उनके मित्रों में समरजी उसे सबसे अलग लगे थे और दोनों के अविवाहित होने के अतिरिक्त उसे दोनों में कम ही समानता नजर आती थी। चाचा के खादी के सल-भरे कुरते और समरजी के चकाचक रंग-ढंग में जितना कम मेल था, उतना ही कम मेल उनके विचारों में भी–या कम-से-कम दुनिया को देखने के रवैये में नीलिमा को दिख रहा था। चाचा को कुछ अनमना और उदास देखकर वह चाहने लगी थी कि समरजी जल्दी लौट जाएँ। यह बात अलग थी कि चाचा समरजी के खाने-पीने-रहने का समरजी के लायक प्रबंध करने के लिए पूरी तरह चेष्टा कर रहे थे और समरजी के नाटकों का मंचन हो सके–इसके लिए समरजी से कोई कम आतुर नहीं थे। 'हो सकता है कि उन दोनों में कहीं किसी गहरे तल पर एक जैसी दुनिया देखने की चाह ही हो,' नीलिमा को कभी-कभी महसूस होता था, पर ऊपरी तौर पर चाचा और समरजी किसी मुद्दे पर सहमत होते नहीं दिखते थे। समरजी में एक गहरी जिजीविषा और जीवन के प्रति ललक थी–शायद आजादी के दिनों में पाकिस्तान से दिल्ली में एक शरणार्थी के रूप में आकर जीवन को नए सिरे से शुरू करने ने उन्हें यह क्षमता दी थी कि लगातार मिलती असफलता भी उन्हें हताश नहीं कर सकती थी। उनके पास तरह-तरह की दुनियाओं की स्मृतियों के

खजाने थे, जिनमें वे उतर जाते थे और किसी भी कटुता को देर तक न रखकर हमेशा जीवन को फिर-फिर पा लेते थे। चाचा आजादी की लड़ाई और पुरानी कल्पनाओं के विपरीत बनती दुनिया से उलझते-टकराते खिन्न और जड़ हो गए थे। समरजी चाचा से कभी सहानुभूति नहीं दिखा पाते थे, बल्कि चाचा के लिखना रुक जाने का जिम्मेदार चाचा को ही मानते थे। ऊपर से समरजी की यह मान्यता कि दुनिया में ऊँचे लोग और नीचे लोग रहेंगे ही, चाचा को उखाड़ देती थी। नीलिमा को ऐसा भी लगा था कि कहीं समरजी अपने अंदर बहुत भयभीत थे कि चाचा की निराशा उन्हें न पकड़ ले, इसलिए वे चाचा की बातों को विधवा-विलाप बताकर उनका मखौल उड़ाते रहते थे। समरजी ने अपने नए नाटक को कलकत्ते के एक प्रसिद्ध रंगकर्मी द्वारा लौटाए जाने की ताजी घटना का जिक्र इस तरह किया था, जैसे वह किसी और की बात कर रहे हों। नीलिमा की आलोचना को वे इस तरह कटुता से लेंगे, इसकी कल्पना न नीलिमा ने की थी और न चाचा ने। बाद में नीलिमा ने अपने को बहुत समझाने की चेष्टा की थी कि हो सकता है उसकी आलोचना वाकई एकदम मूर्खतापूर्ण रही हो, जिसके कारण समरजी बिदक गए हों, पर वह किसी तरह समरजी को उनकी इस बदमिजाजी के लिए माफ नहीं कर पाई थी।

अचानक नीलिमा का पाँव कीचड़ में धँस गया और समरजी ने हँसते हुए उसे कीचड़ से निकालने के लिए उसकी तरफ अपना हाथ बढ़ा दिया। उनका हाथ थामकर नीलिमा हँसते-हँसते सूखी जगह पर आ खड़ी हुई और चप्पल में लगे कीचड़ को यहाँ लगी हुई घास में पोंछने लगी। "यह चिड़ियों को खोजना तो तुम्हें महँगा पड़ गया"—समरजी मुसकरा रहे थे। हुमायूँ के मकबरे की ओर जानेवाली लाल बजरी की सुंदर सड़क छोड़कर पेड़ों के बीच से जाने का सुझाव उनका ही था। "तुमने जब कहा कि तुम्हें ताजमहल के बाहर का इमली का पेड़ ताजमहल से ज्यादा सुंदर लगा, तो मैंने सोचा कि तुमसे यहाँ भी पेड़ पसंद करवा लें और क्या पता तुम्हें कोई चिड़िया भी मिल जाए, जो कलकत्ते में न रहती हो"—समरजी उसके कीचड़ में घुस जाने से बेहद खुश लग रहे थे। हुमायूँ के मकबरे की कारीगरी के बारे में बताते-बताते वे उन छोटी कब्रों के बारे में बताने लगे जिनमें बच्चे दफनाए गए थे। उर्दू में लिखी इबारतों को वे पढ़ रहे थे और कभी-कभी उनका अर्थ भी बता देते थे। बीच में जब ऊपर जाने के लिए ऊँची सीढ़ियाँ आईं, तो उन्होंने नीलिमा को रेलिंग की तरफ कर दिया और खुद उसका हाथ पकड़कर बिना सहारे सीढ़ियाँ चढ़ने लगे। उनकी उम्र के फासले को देखते हुए नीलिमा से ज्यादा समरजी को

ही रेलिंग के सहारे की जरूरत थी, पर समरजी बिलकुल सीधे सतर चल रहे थे। उनका हाथ थामे सीढ़ियाँ चढ़ते हुए नीलिमा का ध्यान हुमायूँ के मकबरे से हटकर समरजी पर टिक गया–'क्या समरजी अकेलापन महसूस करते होंगे ? क्यों शादी नहीं की इन्होंने ? क्या मेरा साथ समरजी को बहुत अच्छा लग रहा है–कितने बदले हुए नजर आ रहे हैं यहाँ ?'–तरह-तरह के प्रश्न उसके अंदर घुमड़ने लगे। समरजी ने भी नीलिमा के बदले रुख को जैसे भाँप लिया और वे भी कुछ गंभीर हो आए। नीलिमा का मन हुआ कि समरजी से उनकी जिंदगी के बारे में कुछ पूछे, पर उसे यह डर भी था कि समरजी को यह ताँक-झाँक अच्छी नहीं लगेगी। दिल्ली की खूबसूरत सड़कों का परायापन जैसे उनके बीच आ खड़ा हुआ। नीलिमा को लगा कि आदमियों के बीच के फासले भी घटते-बढ़ते रहते हैं। उसे यह भी खयाल आया कि समरजी ने भी उसकी जिंदगी के बारे में उससे कुछ नहीं पूछा था और वह नहीं जानती थी कि चाचा के मार्फत वे उसके बारे में कितना जानते थे।

हजरत निजामुद्दीन की दरगाह के सामने भीड़ की रेलमपेल, तरह-तरह के लोगों, उनके कपड़ों और बोली जा रही भाषा का नयापन नीलिमा को अपने खयालों से निकालकर वापस एक भौंचक-सी उत्सुकता में ले आया था। कलकत्ते में भीड़ में वह बांग्ला भाषा सुनने की आदी थी, पर यहाँ तो हर जगह हिंदी बोली जा रही थी–और वह भी एक अलग लहजे में। नीलिमा को ऐसा लगा जैसे वह एक फिल्म देख रही हो–दरगाह की ओर ले जानेवाले घूमते हुए गलियारे में दोनों तरफ बिकती गुलाब के फूलों की सुगंधित चादरें, उन्हें खरीदने का अनुरोध करते टोपी-सुरमा लगाए दुकानदार, पैसे मिलने पर हर हसरत पूरी होने का वायदा करते हुए बच्चे और फकीर। माहौल बहुत कुछ किसी भी मंदिर जैसा ही था, बस भाषा और अंदाज बदले हुए थे। "कुछ चढ़ाना है ?"–समरजी ने अचानक पूछा तो वह चौंक गई। उसके दिमाग में यह खयाल ही नहीं आया था कि एक सैर करनेवाले यात्री से अलग उसके यहाँ आने का कोई उद्देश्य हो सकता है। वैसे ऐसा कोई भाव यदि उसके दिमाग में आ भी जाता, तो भी यह निश्चित था कि वह समरजी के सामने अपनी इच्छा प्रकट करने में झिझकती।

एक बार बातों ही बातों में समरजी ने कलकत्ते में अपने को 'एगनास्टिक' बताया था, जो कि संभवतः आस्तिक और नास्तिक दोनों ही न होने की या उनके बीच की स्थिति थी। उसके पूछने पर समरजी ने बताया था कि 'एगनास्टिक' एक ऐसा व्यक्ति होता है, जो किसी ईश्वर या परम सत्ता को न मानता हो–बल्कि इस

पचड़े में ही न पड़ता हो, परंतु प्रमाण मिल जाने पर मानने को तैयार हो। चाचा को कभी-कभी बहुत उलझन और उथल-पुथल में देखकर नीलिमा को लगता रहा था कि यदि उनके पास लोगों की तरह ऐसा कोई सरल विश्वास होता कि 'होइ हैं वही जो राम रचि राखा'—तो वे शांति से जी सकते थे। वह खुद ईश्वर की जरूरत और ईश्वर के बिना काम चला सकने की कशमकश में जीती थी, पर नीलिमा ने देखा था कि बहुत बेचैन होने पर कहीं-न-कहीं गहराई से ऐसा कोई विश्वास उसे स्थिरता दे जाता था। वह अपनी माँ को अंधविश्वासी मानकर उनसे गाहे-बगाहे तर्क कर लेती थी, पर उसने पाया था कि तकलीफ में वह माँ को ही खोजती थी और संभवतः उनके माध्यम से उनके ईश्वर को भी। वह जानती थी कि चाचा और उनके मित्रगण इस तरह की बातों को उसकी मानसिक अपरिपक्वता और कमजोरी ही मानेंगे, इसलिए वह कभी इस विषय में किसी से बात नहीं करना चाहती थी—पर उसे यह लगता था कि जीवन से जूझने के लिए उसके पास एक अतिरिक्त ताकत है, जो इन लोगों के पास नहीं है।

नीलिमा को शक हुआ कि समरजी कहीं उसका मन रखने के लिए कुछ चढ़ाने के लिए न पूछ रहे हों। उसे कुछ असमंजस में पड़ा देख समरजी ने चढ़ावे की दो तश्तरियाँ खरीदकर एक उसके हाथ में थमा दी और आगे बढ़ गए। सिर पर अपना रुमाल रखकर अमीर खुसरो की मजार पर अगरबत्ती जलाते समरजी को नीलिमा ध्यान से देखती रही। एक युवक, जो काफी देर से उनके साथ ही चल रहा था, हिंदू मंदिरों के पंडों की तरह एक खाता ले आया था और उनसे कुछ हिंदू दाताओं के नाम बताते हुए दान देने की पेशकश करने लगा था। नीलिमा की उम्मीद के विपरीत समरजी ने उससे खाता लेकर अपने नाम-पते सहित सौ रुपए भेंट लिख दिए। वह युवक उनके घर का पता पढ़कर उन्हें उसी खाते में समरजी के घर के आसपास के इलाकों में रहनेवाले हिंदुओं और पंजाबियों के नाम दिखाने लगा था, जो वहाँ आए थे और जिन्होंने वहाँ उनसे अधिक दान दिया था। उसके खयाल से सौ रुपए की भेंट बहुत कम थी और वह उनसे भेंट की राशि बढ़ाने का तरह-तरह से आग्रह करता रहा। समरजी उसे टालते हुए उसके साथ-साथ आगे बढ़ते गए। नीलिमा एक जगह रुककर एक अंधे बच्चे को बहुत गहरी और मार्मिक आवाज में जिंदगी की हकीकतें बतानेवाला कोई गीत गाते हुए सुनने लगी थी। वह युवक समरजी को लेकर एक दुकाननुमा कमरे में घुस गया, तो नीलिमा भी उस ओर बढ़ गई।

वह एक पुराने जमाने की गद्‌दी की तरह का कमरा था—सफेद चाँदनी बिछी

हुई थी और लंबे सफेद मसनद का सहारा लगाए एक हकीमनुमा वृद्ध आदमी वहाँ बैठा था। नीलिमा ने आश्चर्य से देखा कि समरजी उसके सामने अदब से सिर झुकाए दोनों हाथ आगे की तरफ बाँधे हुए खड़े थे। मौलवी साहब, या उनका कुछ और जो भी ओहदा था, लगभग अस्सी वर्ष की उम्र के रुआबदार आदमी थे—आँखों पर मोटा चश्मा, होंठ पान से रँगे हुए और दाढ़ी मेहँदी से—शायद कुछ सूफी प्रभाव था। समरजी उनके सामने विनम्र भाव से खड़े थे। मौलवीजी ने बुलंद नाटकीय आवाज में समरजी की तरफ हाथ उठाकर कहा—"कहाँ से आए तुम, मुझे सब मालूम है। फकीर से धोखा मत करना, बरबाद हो जाओगे।" नीलिमा को डर लगा कि समरजी अपने पश्चिमी पंजाब के लहजे में कहेंगे—"अरे चुप रह बूढ़े। तुझे क्या खाक मालूम है।" पर समरजी ने ऐसा कुछ नहीं कहा, बल्कि अपना सिर और नीचे झुका लिया और कुछ आगे की तरफ और झुक गए। वे नीलिमा को जैसे एकदम भूल गए थे। नीलिमा भौचक्की-सी उन्हें देखती रही। मौलवी साहब अब उन्हें राजीव गाँधी के साथ खिंची खुद की तसवीर, जो एक तरफ लगी थी, बैठे-बैठे इशारे से दिखाने लगे थे—"कहा था मैंने, उधर की तरफ मत जाना। नहीं माना। भूल गया मेरी बात। कहा था मत जाना !" नीलिमा ने अचंभे के साथ सोचा कि ये बातें किसी बड़े हिंदू पंडित की बातों से कहीं अलग नहीं थीं—बस फर्क था तो यही कि ये एक फकीर के अंदाज में बहुत ऊँची आवाज में नाटक के साथ बोली जा रही थीं। 'क्या सचमुच समरजी को इस मौलवी की बातों पर यकीन है ?'—नीलिमा के दिमाग से यह प्रश्न गुजर गया। समरजी के नाटकों के विद्रूप-भरे पात्र, उनकी राजनीति, समरजी का मखौल उड़ाता चेहरा उसे याद आए और वह हक्की-बक्की-सी समरजी को देखती खड़ी रही। मौलवी साहब का ध्यान अचानक उसकी तरफ होने पर समरजी भी जैसे वापस इसी दुनिया में लौट आए। उन्होंने जल्दी से सौ रुपए का एक नोट निकालकर मौलवी के सामने रख दिया, जो किंचित् असंतोष प्रकट करते हुए लिया गया और सामने रखी पेटी में डाल दिया गया। मौलवी साहब शायद समरजी से नीलिमा का रिश्ता भाँपने के लिए उसे ध्यान से देख रहे थे। नीलिमा ने सोचा कि वे इस बाबत कोई प्रश्न तो पूछ नहीं सकते, क्योंकि अपनी सब कुछ भाँप लेने की क्षमता पर वे खुद दूसरों में संदेह कैसे पैदा कर सकते हैं। उसका अंदाज सही निकला। मौलवी साहब ने कुछ सोचकर कहा—"जा बच्ची, तेरा काम हो जाएगा। तू जिसके साथ आई है, वह आदमी तेरा अच्छा चाहता है।"

नीलिमा तुरंत मुड़कर बाहर निकल आई। अचानक उसे खयाल आया था कि हो सकता है समरजी मौलवी साहब से अपनी जिंदगी के बारे में कुछ ऐसी

बातें करना चाहते हों, जो उसके सामने नहीं करेंगे। शायद वे अक्सर यहाँ आते रहे थे और उनसे अच्छी तरह परिचित थे या कौन जाने–वे सचमुच एक 'एगनास्टिक' ही थे और महज अपने नाटक का कोई पात्र तलाश कर रहे थे। बाहर वही अंधा बच्चा अपनी गहरी दिलभेदी आवाज में बिना थके गाता जा रहा था। उसके आसपास लोगों का हुजूम इधर-से-उधर जा रहा था। नीलिमा ने अचानक सिर उठाकर ऊपर आसमान की तरफ देखा। चारों ओर की इमारतों के बीच यह खुली जगह थी जहाँ आसमान दिख रहा था। फरवरी के महीने में रुई जैसे छोटे-छोटे बादल आकाश में दौड़ रहे थे। 'हम सब एक जैसे लोग हैं'–न जाने कहाँ से यह विचार उसके अन्दर दौड़ गया। उसने वहाँ के सारे लोगों के लिए एक गहरा अपनापन महसूस किया–लोग, जो अपने-अपने जीवन में तरह-तरह की उम्मीदों-नाउम्मीदों से घिरे थे और मकानों के बीच दिखते इस आसमान के तले चल-फिर रहे थे। समरजी मौलवी की गद्दी से निकलकर उसके बगल में आ खड़े हुए थे। नीलिमा ने उनका चेहरा देखने से बचते हुए कहा–"अब चलें। देर हो रही है।" समरजी वापस जानेवाले रास्ते की ओर न मुड़कर चुप खड़े रहे, तो नीलिमा ने उनकी ओर देखा। समरजी के चेहरे की गहरी खुदी रेखाओं पर कुछ ऐसे भाव थे जो नीलिमा ने पहले कभी नहीं देखे थे। शायद एक तरह की नरमाहट–"चलो, आज तुम्हारे लिए ही कुछ माँगा जाए। एक बेटा हो जाए तुम्हारे।" नीलिमा एकबारगी हतप्रभ हो गई। फिर उसके बाद उसके अंदर कुछ घुमड़ता हुआ-सा उठा–एक तरह की करुणा, एक तरह का कष्ट। उसने अपने-आप से बचते हुए समरजी का मजाक बनाते हुए-से स्वर में कहा–"लेकिन मेरे तो एक बेटा है। और एक बेटा लेकर क्या करूँगी ?" समरजी भी अपने में वापस लौट रहे थे। नीलिमा ने उनकी मदद करते हुए कहा–"यह क्यों न माँगें कि दो महीने पहले बाबरी मस्जिद टूटने से जो कड़वाहट हमारे बीच आ गई है, वह धुल जाए।" समरजी ने उसे खुश होकर देखा–"यह तो बड़ी बात है, वाकई बड़ी बात है..."। "और हमारा कलकत्ता दिल्ली की तरह सुंदर हो जाए"– नीलिमा हँस रही थी। "लालच बुरी बला है"–कहते हुए समरजी मुसकराकर लौटने के लिए घूमते गलियारे की ओर बढ़ गए।

एक और नमकहराम

रजनी की दुनिया बहुत तेजी से बदल रही थी—इतनी तेजी से कि कई बार उसे एक अजीब किस्म का डर लगने लगता था। यह डर उस तरह का डर नहीं था जो उसे अब तक अँधेरे कमरे में जाने या अकेले सोने में बचपन से लगता रहा था। इस डर में ही एक हलकी-सी खुशी और गुदगुदी थी और थोड़ी शर्म भी। पिछले सप्ताह से वह अकेली नहा रही थी। यह एक ऐसा काम था जो उसने अपनी जिंदगी के तेरह सालों में नहीं किया था। उसे हमेशा लगता था कि जब वह मुँह में साबुन लगा रही होगी, तब दो खुरदुरे भयानक हाथ कहीं से आकर उसे पकड़ लेंगे। पता नहीं कब किसी ने उसे ऐसी कोई कहानी सुनाई थी या उसने खुद ही मन में ऐसी कोई कहानी गढ़ ली थी। इसलिए वह हमेशा अपनी बड़ी बहन या छोटी बहन के साथ ही नहाती थी। पिछले दो सालों से बड़ी बहन उसे अपने साथ घुसने नहीं देती थी, तब से वह बराबर छुटकी के साथ नहाती आई थी। पर पाँच-छः दिन पहले उसने देखा कि छुटकी साबुन हाथ में लिये चुपचाप खड़ी उसे बहुत गौर से देख

रही थी। तब से उसने अपने डर के बावजूद अकेले नहाने का निश्चय किया था। मुँह में साबुन वह नहाने के बाद बाहर आकर हाथ धोने की बेसिन पर लगा लिया करती थी।

परसों तो उसे लगा था कि वह शर्म से मर ही जाएगी। नीचे बुआ उसे लेने आई थीं और गाड़ी में बैठ उसका इंतजार कर रही थीं। माँ ने उसकी एक फ्रॉक लाकर उसे जल्दी-जल्दी अपनी फ्रॉक बदल लेने के लिए कहा था। उसने वहाँ बैठे अखबार पढ़ते हुए पापा की तरफ देखा था, पर माँ जैसे कुछ समझ ही नहीं रही थीं। हारकर उसने बिना कुछ कहे फुर्ती से वहीं कपड़े बदल लिये थे। पर पूरी फुर्ती के बावजूद वह जानती थी कि ऐन मौके पर पापा ने सिर उठाकर उसे देख लिया था और उनके चेहरे पर कुछ रंग आए-गए थे।

इन दिनों स्कूल में भी क्लास में हवा कुछ बदली-बदली रहने लगी थी। गर्मियों की छुट्टियों के बाद कम-से-कम पाँच-छः लड़कियाँ स्कूल के फ्रॉक के नीचे कुछ और भी पहनने लगी थीं, जिसे उनकी पीठ पर हाथ रखकर मजे से जाना जा सकता था। यह तो गनीमत थी कि अभी तक उसे ऐसी कोई दरकार नहीं पड़ी थी। वे लड़कियाँ इस बारे में काफी शर्मिंदा थीं और उनकी पूरी कोशिश थी कि किसी को इसके बारे में कुछ पता न चले। सिर्फ एक प्रभा ही थी, जो एक साल फेल होने के कारण सबसे बड़ी भी थी और इस तरह की बातों की कोई परवाह नहीं करती थी। वह जान-बूझकर दूसरी लड़कियों की पीठ पर हाथ फिरा लेती और हँसने लगती। रजनी को प्रभा की तरह पढ़ने में फिसड्डी लड़कियाँ बिलकुल पसंद नहीं थीं, पर वह इन दिनों प्रभा से काफी दोस्ताना व्यवहार रखने लगी थी। कक्षा में सभी प्रभा से कुछ-कुछ दबने लगे थे। रजनी को पता था कि उसकी बड़ी बहन ने वह सब पहनते वक्त बहुत रोना-धोना किया था। उसे वह व्यवहार बहुत ही मूर्खतापूर्ण लगा था और उसे पूरा यकीन था कि प्रभा ने ऐसा कुछ बिलकुल नहीं किया होगा।

सारी दुनिया कितने अजीब रहस्यों से भरी हुई थी। सब कुछ बिलकुल नया-नया लगता था, जैसे पहले कभी देखा ही न हो—यहाँ तक कि धूप, घर के पिछवाड़े के नारियल के दोनों पेड़ और सामने के गैरेज में काम करनेवाला वह दाढ़ीवाला गंभीर लड़का सब एकदम नए और रहस्यपूर्ण लगने लगे थे। वह आँखें बंद कर कितनी तरह-तरह की कहानियाँ लगभग अनजाने लोगों के बारे में गढ़ती रहती थी और उसे लगता कि वे सब सच ही हैं। घर में कुछ अंग्रेजी की किताबें थीं जिन पर उसने कभी ध्यान ही नहीं दिया था। पर आजकल वह उन्हें पढ़ने की कोशिश में लगी थी और काफी-कुछ समझने भी लगी थी। पर बड़की उस पर बहुत

निगरानी रखती थी और रजनी को उससे बहुत बचकर पढ़ना पड़ता था। माँ अंग्रेजी बिलकुल नहीं जानती थीं, पर बड़की उन्हें शिकायत कर देती थी कि रजनी बेकार की किताबें पढ़ रही है। एक बार तो उसने पलंग और दीवार के बीच की सँकरी फाँक में किताब फेंक दी थी ताकि बड़की उसे पढ़ते न देख ले। बाद में बड़ी मुश्किल से उसने उस किताब को बाहर निकाला था। वह बड़की को समझाने की चेष्टा भी करती थी–"आखिर कुछ जानने में क्या नुकसान है ? जब किताब है, तो पढ़ने के लिए ही है।" पर बड़की का दिमाग कुछ अलग किस्म का था। प्रभा को इन बातों की इतनी जानकारी थी कि उससे किसी शब्द का अर्थ भी पूछा जा सकता था। उनकी स्कूल में दो बड़ी लड़कियाँ हमेशा हाथ पकड़कर साथ घूमती थीं और टिफिन के समय एक कोने में बैठकर गुप-चुप बातें करती थीं। प्रभा ने उन्हें दिखाकर उसे बताया कि वे 'लेसबियन' हैं और उस शब्द का अर्थ भी उसे समझाया था। बड़की को जाने क्यों किसी तरह की कोई दिलचस्पी किसी बात में होती ही नहीं थी और वह उसकी और प्रभा की दोस्ती के बारे में माँ को भी कुछ-न-कुछ अंट-शंट कहती रहती थी।

रजनी को बड़की की एक बात समझ में नहीं आती थी और उसे इससे बड़ी खीझ होती थी। बड़की को उसके बड़ों की किताबें पढ़ने में भी आपत्ति थी और उसके छुटकी के साथ बच्चों की तरह खेलने में भी। "इतनी बड़ी हो गई और नीचे दरबान के साथ खेलती रहती है"–वह अक्सर कहती। वह और छुटकी हमेशा से नीचे रमाकान्त दरबान उर्फ 'सितार की खूँटी' के साथ खेलते आए थे। यह नाम रमाकान्त ने खुद ही निकाला था क्योंकि उसके दोनों कान खूब बड़े-बड़े थे और वह उन्हें 'सितार की खूँटी' कहा करता था। हो सकता है कि उसके घर में कान की शक्ल की कोई खूँटी रही हो और उस पर कोई सितार टाँगा जाता रहा हो या किसी के घर नौकरी करते हुए उसने ऐसा कुछ देखा हो। पापा का ऑफिस नीचे ही था और नीचे बच्चों का खेलना बिलकुल मना था। जब पापा बाहर जाते, तो रमाकान्त नीचे से आवाज देता–"आ जाओ छुटकी, मैदान खाली है।" वे दोनों धड़ाधड़ सीढ़ियाँ उतर आतीं और रमाकान्त के साथ तरह-तरह के खेल खेलतीं। रमाकान्त पापा की तरह मुँह बनाकर उन्हें नकल करके डाँटता और वे लोग खूब हँसतीं, हालाँकि वे लोग जानती थीं कि खुद रमाकान्त पापा से खूब डरता है।

इन दिनों वह अपने को शीशे में बहुत देखने लगी थी। कुछ दिनों पहले उसने बुआ को माँ से कहते सुना था–"रजनी के दाँतों का चौका कुछ उठा हुआ है।" तभी से अक्सर वह अपने दाँतों और चेहरे को घुमा-घुमाकर हर कोण से शीशे में

देखा करती थी। उसे बहुत दुख होता था कि माँ ने बचपन में उसकी चूसनी चूसने की आदत क्यों पड़ जाने दी। कई बार तो वह मन-ही-मन इतना कुढ़ जाती थी कि माँ से सीधे मुँह बात तक नहीं करती थी। रह-रहकर माँ पर इस बात के लिए उसके मन में खीझ भर जाती। इन दिनों उसने अपने होंठों से दाँतों को ढके रखने की आदत डाल ली थी और बातें करते समय यह कोशिश रखती थी कि उसके दाँत छिपे रहें। हँसते समय तो वह हाथों से अपने मुँह को ढक ही लेती थी। वह जब अकेली होती, तो जितना बर्दाश्त होता, उतने जोर से अपने दाँतों को अंदर दबाया करती। उसे लगता था कि ऐसा करने से उसके दाँत कुछ अंदर चले गए हैं। पर यह बात छुटकी के अलावा किसी और से पूछी नहीं जा सकती थी। पर छुटकी इतनी चालाक थी कि उसने समझ लिया था कि दीदी 'हाँ' बोलने से खुश होती है—इसलिए उसकी बात पर भी अब यकीन नहीं किया जा सकता था।

छुटकी बड़ी मस्त और बेपरवाह किस्म की थी। उसे अपने दिनोंदिन बढ़ते मोटापे की सबके टोकने के बावजूद फिक्र नहीं थी जिसके कारण वह एकदम गोल-मटोल लगने लगी थी। रजनी को तो छुरी-काँटे से नहीं खा पाने तक का भी बहुत गम था—यहाँ तक कि यह बात कई बार उसकी रात में नींद गायब कर देती थी। बड़की न जाने कैसे सब बातों में इतनी चतुर थी कि उसने अपने आप ही छुरी-काँटे से खाना सीख लिया था। रजनी तो चम्मच से भी खाती, तो उसके कपड़ों पर कुछ-न-कुछ गिर ही जाता था। छुरी-काँटे से खाना तो उसे बिलकुल असंभव लगता था। बुआ के साथ वे लोग कभी-कभी बाहर जाते, तो बड़की जितनी खुश रहती, वह उतनी ही उदास। एक बार तो उसने पेट-दर्द का बहाना मारकर जाने से इनकार कर दिया था और फिर रात-भर दुख से छटपटाती रही थी। अगले दिन बड़की के कुछ सहानुभूति जताने पर उसने भूल से सच बात बता दी थी, तो बड़की हँसती-हँसती दोहरी हो गई थी। तब से उसे बराबर डर लगा हुआ था कि बड़की यह बात बुआ को और सारे घर को बता देगी हालाँकि उसने बड़की को भगवान की सौगंध खिलाकर ही यह बात बताई थी। अपनी इस मूर्खता पर तब से अपने को कोस रही थी क्योंकि वह जानती थी कि बड़की उससे पढ़ने में कमजोर होने का बदला इस तरह की बातों में उसकी हँसी उड़ाकर लेती थी। पर अपना इतना बड़ा दुख वह छुटकी को इसलिए नहीं बता पाई थी क्योंकि उसे यह बताने का कोई फायदा नहीं था। वह उसके दुख को समझ ही नहीं पाती। वह तो बाहर खाते समय चम्मच का भी इस्तेमाल नहीं करती थी और बड़े मजे से मुँह से आवाज करती हुई खूब खाया करती थी। रजनी को कई बार लगता कि काश वह भी छुटकी जैसी मस्त होती।

छुटकी को अपने मजे के अलावा किसी तरह की चिंता नहीं होती थी। यहाँ तक कि वह आगे-पीछे भी कुछ नहीं सोच पाती थी। रमाकान्त दरबान की पापा से किसी कारण लड़ाई हो गई थी और वह किसी 'यूनियन' की शरण में चला गया था। यों तो वह पापा से डरता था और उन लोगों को कसम दिलाकर ही पापा की बुराइयाँ करता रहता था, पर अचानक इस बार उसने बड़ी हिम्मत कर पापा से बहुत बहस की थी और पूरा मकान उनकी आवाजों से गूँजता रहा था। पापा को यूनियन के डर से मजबूर होकर उसे रुपए-पैसे देकर उस झंझट से निकलना पड़ा था। जब भी घर में बात चलती, पापा खूब गुस्से में रमाकान्त को 'नमकहराम' और 'गद्दार' कहते। कुछ दिन बाद एक बार पापा घर से बाहर गए और उनके जाते ही घर के बाहर से रमाकान्त की आवाज आई–"छुटकी आओ, मैदान साफ है। 'सितार की खूँटी' के पास आ जाओ।" छुटकी नीचे जाने को मचल उठी। रजनी ने कहा–"तुम्हारा दिमाग तो ठीक है ? 'सितार की खूँटी' नमकहराम है, तुम्हें पता नहीं ? पापा को पता चल गया, तो मार ही डालेंगे तुम्हें।" छुटकी ने रुआँसी आवाज में कहा था–"कब से सितार की खूँटी पापा के बाहर जाने के इंतजार में खड़ा रहता है। दो दिन पहले भी मैंने उसे देखा था। उसने क्या पापा का नमक-वमक चुरा लिया है ? और चुराया भी है, तो हमें क्या ? पापा क्या सब बात ठीक ही करते हैं ?" वह आश्चर्य से छुटकी के गोल चेहरे को देखती रह गई थी जिस पर हमेशा से कुछ अलग रेखाएँ थीं। पर पापा के डर से कोई कसम दिलाकर उसने छुटकी को नीचे जाने से रोक लिया था। 'सितार की खूँटी' बहुत देर तक खड़ा आवाज लगाता रहा था, फिर माँ के बरामदे से झाँकने पर गायब हो गया था।

अब होली आ रही थी और रजनी को भी 'सितार की खूँटी' की बहुत याद आ रही थी। इसी बीच उसने 'काबुलीवाला' कहानी पढ़ ली थी और यह सोचकर कई बार उसकी आँखें भर चुकी थीं कि क्या पता रमाकान्त के अपने बच्चे थे या नहीं, या फिर उन दोनों के जितने बड़े ही बच्चे थे, जिन्हें वह किसी दूर देश में छोड़कर उनके पास रहता था। उसे लगता था कि अगर रमाकान्त के बच्चे होंगे, तो वह उन्हें पापा की तरह कभी डाँटता नहीं होगा और उनके साथ खूब खेलता होगा। होली पर रमाकान्त न जाने कहाँ से पलाश के फूल बटोर लाता था और उन्हें पानी में भिगोकर रंग बनाता था। वे लोग नीचे लगे नल में पानी के बैलून फुला-फुलाकर एक छोटे-से टब में रखते जाते थे और फिर ऊपर बरामदे से बाहर सड़क पर पापा की नजरें बचाकर एकाध बैलून फेंकते थे, पर ज्यादातर 'सितार की खूँटी' पर ही मारा करते थे। वह खूब बचने की कोशिश करता और लग जाने

पर खूब आह-ऊह करता। होली वाले दिन सुबह से उठते ही पानी के बैलून भर-भरकर टब में रखना शुरू हो जाता। बुआ वगैरह कुछ रिश्तेदार मकान के पीछे की जगह में खेलने आते, तो वे लोग पीछे के बरामदे से उन पर बैलून मारने के लिए तैयार रहते। सारे बैलूनों में गाँठ मारने का काम रमाकान्त ही करता और बीच-बीच में उन लोगों को अपनी लाल उँगली दिखाकर छुटकी से फूँक मरवा लिया करता। फूँक मारने पर कहता–"अई लओ, अब तो सौ बैलून अऊर बाँध देंगे।" छुटकी खूब खुश हो जाती और मटक-मटककर हँसती।

इस बार होली पर यूँ ही सब बदला-बदला था, रही-सही कसर छुटकी के बुखार ने पूरी कर दी। एक तो रमाकान्त के बिना इतने बैलूनों में गाँठ मारनी मुश्किल थी, और ऊपर से छुटकी के बिना तो बैलूनों को फुलाने का भी कोई मजा नहीं था। रजनी उस दिन सुबह आँखें खोलकर बिस्तर पर पड़ी-पड़ी सोचती रही। अगल-बगल के मकानों में बहुत बच्चे थे, पर उन लोगों की किसी से दोस्ती नहीं थी। उनका मकान अपने इलाके का सबसे बढ़िया मकान था और उसके आसपास जितने लोग रहते थे, वे सब टूटे-फूटे से कमरों में रहते थे। वहाँ रहनेवाले लोगों में से बहुत कम लोगों से उनका परिचय था और जिनसे था, उनके घर भी जाने का कोई सवाल नहीं उठता था। वे लोग भले ही कभी-कभार उनके घर आ जाया करते थे। बगल के मकान में शकुंतला की माँ रहती थी, जो अपने काले-नीले होंठों को बहुत सख्ती से भींचकर रहा करती थी। वह किसी कारण से दुखी थी और माँ से अपना दुख बाँटने कभी-कभी आ जाया करती थी। उसकी लड़की शकुंतला रजनी की हमउम्र थी, पर वह अक्सर बीमार रहती थी। सिर्फ एक बार रजनी शकुंतला के घर किसी कारण से माँ के साथ गई थी और शकुंतला की माँ ने उन्हें रसगुल्ला खिलाया था। शकुंतला का भाई ललचाई निगाहों से रसगुल्ले को देखता रहा था और रजनी ने लौटते समय माँ से पूछा था कि क्या उन्होंने कभी शकुंतला की माँ को अपने घर आने पर रसगुल्ला मँगवाकर खिलाया था। माँ ने उसे खीझकर देखा था, पर कुछ बोली न थीं। शकुंतला का बड़ा भाई मौके-बेमौके उसकी तरफ देखा करता था। एक दिन वह अपने कमरे के सामने की जमीन झाड़ू लेकर धुलाई कर रहा था और रजनी से उसकी आँखें मिल गई थीं और तभी से उसने रजनी की ओर देखना बिलकुल बंद कर दिया था।

मकान के दूसरी तरफ रहनेवाले लोग तो और भी गरीब थे। वे अपने टूटे-फूटे मकान के पिछवाड़े में कूड़े के ढेर के बगल में कुएँ पर पानी भरने के लिए लाइन लगाते थे और बीच-बीच में उनके मकान की ओर देखते रहते थे। इसलिए पापा

ने मकान की उस दिशा में खुलनेवाली खिड़कियाँ बंद करवा दी थीं। और उनमें शो-केस बनवा लिये थे। सिर्फ एक ही खिड़की बची थी, जिसे भी प्रायः बंद ही रखा जाता था। उस पर धुँधले शीशे लगे थे, ताकि बंद करने पर भी रोशनी आती रहे और कोई बाहर की तरफ से देख न सके। मकान के पिछवाड़े में एक भुतहा-सा मकान था, जिसमें एक बीमार किस्म का बंगाली लड़का रहता था, जो हमेशा पढ़ता रहता था। उस मकान में बहुत कम ही कोई नजर आता था और रजनी को रात में वहाँ झाँकने में भी डर लगता था। मकान के सामने सड़क थी और उसके बाद सामने की फुट पर गाड़ियाँ मरम्मत करने का गैराज और गोशाला थी। गैराज के मिस्त्री और खासकर कुछ युवा मनचले अक्सर शाम के वक्त सामने खड़े हो जाते थे। इसलिए पापा ने उन लोगों को बरामदे में न खड़े होने की सख्त हिदायत दे दी थी।

रजनी बिस्तर पर पड़ी-पड़ी होली की बातें सोचती रही। माँ 'आस' माता की पूजा की तैयारियाँ कर रही थीं, जो होली के दिन सुबह की जाती थी। यह आस माता सारी आशाएँ पूरी करनेवाली कोई देवी थीं। माँ ने कहानी पूरी करते हुए कहा—"हे आस माता, जैसे तुमने उस आसलिया बावलिया (बावरा) की सारी आशाएँ पूरी कीं, उसी तरह हम सबकी भी करना।" फिर उन्होंने तुरंत रजनी को टेढ़ी नजरों से देखते हुए कहा—"उठो, इतनी देर हो गई। अभी कोई सोने का समय है ?" रजनी ने माँ की तरफ देखा और कहा—"अच्छा माँ, तुम्हारी कहानी का यह आसलिया बावलिया जुए में हारने पर भी ब्राह्मणों को भोजन करवाता था और जीतने पर भी। एक बात बताओ, यदि मैं परीक्षा में फेल हो जाऊँ, तो भी उतनी ही खुश हो सकती हो जितना कि मेरे प्रथम आने पर होतीं ?" माँ असमंजस में पड़ी उसे देखती रहीं—"यह तो कहानी है। ऐसा सचमुच थोड़े ही होता है। उठो, उठो छुटकी को बुखार है, उसे भी देखो।"

रजनी छुटकी के नाम से फुर्ती से उठी। पर छुटकी बुखार की नींद में निढाल थी। रजनी कुछ देर अनमनी-सी बैठी रही, फिर उसने टब लाकर बेसिन की नल से बैलून फुला-फुलाकर गाँठ मारकर उसमें सजाने शुरू किए। पिछले साल की तरह अगर बुआ सदल-बल इस बार भी आ गईं, तो उन लोगों को मारने के लिए खूब सारे बैलूनों की जरूरत होगी। वह उत्साह से भर उठी और रंग-बिरंगे बैलूनों को करीने से रखती चली कि वे आपस में रगड़कर टब में ही न फूट जाएँ। बड़की मंजन करने बेसिन पर आई, तो बैलूनों को देखकर व्यंग्य से हँसी—"यह भी कोई होली खेलने का ढंग हुआ। रंग तो लगाएँगे नहीं, न ही लगवाएँगे, बच्चों की तरह

ऊपर से ढोल नीचे फेंकते रहेंगे। चलो हटाओ अपना बखेड़ा, मंजन करने दो।'' रजनी ने कुढ़ते हुए बैलूनों का पैकेट और टब सरका लिया–''बहुत समझती है अपने-आपको। तुम्हें तो एक बैलून भी नहीं मारूँगी।'' बड़की के चले जाने के बाद वह फिर बैलून फुलाने लगी, पर मन उदासी से भर रहा था। उसे खयाल आया कि छुटकी उठकर बैलून देखेगी, तो कितनी खुश होगी। उसका उत्साह फिर जाग आया। वह बीच-बीच में अपनी लाल उँगली पर फूँक मारती जाती थी इतने में माँ की आवाज आई–''रजनी, और कितने बैलून फुलाओगी चलो, नाश्ता-पानी करो। बुआ को सर्दी-खाँसी है, इस बार वे आएँगी नहीं। किसको मारोगी इतने बैलून ?'' रजनी यह सूचना पाकर स्तब्ध हो गई। आँसुओं को रोकते हुए उसने गुस्से से सोचा–'तुम्हें तो एक भी नहीं मारूँगी।' इतने में पापा अचानक प्रकट हुए–''इतनी बड़ी लड़की हो गई...बैलून फुला रही हो ! यह खिड़की बंद नहीं कर सकती थी ? देखती नहीं, कैसे लोग ताक रहे हैं। इन लोगों की जात ही ऐसी है। कोई लड़की दिख जाए तो आँखें फाड़-फाड़कर देखते रहेंगे। और सुनो, सड़क की तरफ एक बैलून भी मत फेंकना। तुम फेंकोगी, तो उन लोगों की हिम्मत खुल जाएगी। वे लोग तो हैं ही इस ताक में–एक की जगह दस फेंकेंगे, समझ गई न ?''

रजनी खड़ी-खड़ी अपनी लाल उँगली की तरफ देखती रही। फिर उसने उस सजे हुए रंग-बिरंगे टब को देखा। कुछ देर तक वह चुप खड़ी रही। फिर अचानक न जाने उस पर क्या भूत सवार हुआ कि वह उसी टब में बैठ गई। सारे बैलून फुस्स करके फूट गए और उसके कपड़े गीले हो गए। माँ वहाँ से गुजरती हुई उसका यह कारनामा देखकर खड़ी-की-खड़ी रह गईं–''यह क्या ! इतनी मेहनत से बैलून फुलाए और ऐसे ही फोड़ डाले ? दिमाग खराब हो गया क्या ? बुआ नहीं आएँगी, तो क्या और कोई नहीं है बैलून मारने के लिए ? हद है, क्या ये आजकल की लड़कियाँ किसी को निहाल करेंगी...।''

रजनी ने चमकते हुए आँसुओं को पोंछते हुए अपने कुछ उठे हुए दाँतों को मसूढ़े सहित दिखाते हुए कहा–''कौन है बैलून मारने के लिए–तुम्हारे स्टैंडर्ड के लायक ? ये नारियल के दोनों पेड़ ? या यह पीछे की लाल जमीन ?'' छुटकी दरवाजे के सहारे आकर खड़ी हो गई थी–''माँ, यह भी नमकहराम है न ? है न माँ ?''–वह माँ को पूछ रही थी।

न्यू ईयर्स ईव

नए साल के आने में तीन घंटे बाकी थे। प्रबोध कुमार सुबह से पार्टी की तैयारियाँ करते-करते खुद अभी तैयार हुआ था और अब सबके आने का समय हो गया था। उसने शीशे में समय से पहले गायब हो गए बचे-खुचे बालों को जमाया। एक संतोष-भरी साँस ली और श्रीमती विमला कुमार की ओर मुसकराकर देखा। उस निगाह में कहीं यह गुजारिश भी थी कि श्रीमतीजी उसी की तरह थकान-रहित और प्रसन्न दिखाई दें। पंद्रह सालों के साथ के बाद विमला को यह मालूम हो चुका था कि कोई हलकी-सी शिकायत का भी चेहरे पर दिखाई दे जाना भारी पड़ेगा वरना इस तरह खटनी करना उसके लिए शारीरिक रूप से ज्यादा मानसिक रूप से कष्टकर था। उसका वश चलता तो वह अपने पति और बच्चों के अलावा किसी को अपनी दुनिया में झाँकने तक नहीं देती और न उन लोगों को उसके बाहर मन लगाने देती। पर उसके पति थे कि उसकी दुनिया में आते ही ऊब और चिड़चिड़ाहट महसूस करने लगते थे और उससे भी तभी सलीके से पेश आते थे जब वह दुनिया न

जाने किन-किन ऐरों-गैरों को समेट लेती थी।

यह निर्णय भी प्रबोध कुमार का था कि नए साल के आने का जश्न मनाने सब कोई इस बार उनके घर पर ही जमा हों। दरअसल उसकी माँ इस साल शहर के बाहर अपनी बेटी से मिलने गई हुई थीं। यों तो प्रबोध कुमार हर हालत में मातृभक्त कहा जा सकता था, पर वह जानता था कि उसकी माँ के कुछ सख्ती लिये हुए, कानून-पसंद, 'खानदानी' चेहरे के सामने गुट के लोग कुछ गड़बड़ा जाते हैं। प्रबोध कुमार के गुट के बाकी लोगों में उसके घर पर आने की बात से कोई विशेष उत्साह नहीं जागा था। एक तो उनका घर शहर के पुराने से कोने में अलग-थलग पड़ता था, जहाँ से पार्क-स्ट्रीट का नए साल पर होने वाला हुड़दंग बहुत दूर पड़ जाता था और दूसरे प्रबोध कुमार की आदत थी कि वह अपने गुट के लोगों के साथ किसी-न-किसी अपरिचित से बाहरी परिवार को भी बुला लिया करता था जिससे गुट के सारे लोगों को व्यवहार में औपचारिकता रखने की जरूरत होने के कारण लगातार कुढ़न होती रहती थी। खुद प्रबोध कुमार उनमें तालमेल बैठाने के चक्कर में इधर-से-उधर चकरघिन्नी बना फिरता और दोनों तरफ के गुटों से पिट जाता, पर आदतें तो आदतें होती हैं।

श्रीमती विद्या प्रसाद के मन में इस आदत की बात सोचकर प्रबोध कुमार के प्रति कुछ अनुराग-सा जाग आया। इसे आप चाहें तो तरस भी कह सकते हैं– ''सबको खुश रखने की कितनी चेष्टा करता है बेचारा प्रबोध। आज के जमाने में दूसरों का इतना ध्यान रखने वाला आदमी मिलना मुश्किल है–'' कहते हुए उन्होंने कुछ हिकारत और चिढ़ के साथ अपने पति की तरफ देखा जिनकी आत्मलीनता इस कदर बढ़ती जा रही थी कि खुद अपने जवान होते बेटे को आज दोस्तों के साथ पार्टी में जाने के लिए उन्होंने अपना नया कोट पहनने देने में बहुत आनाकानी की थी। प्रसाद साहब जैसे आदमी के लिए इस तरह की पार्टी में जाना कोई विशेष मनोनुकूल बात नहीं थी, पर पिछले कितने ही सालों से वे क्लब की न्यू ईयर्स ईव की पार्टी में कई सौ रुपए का टिकट कटवाकर उससे बोर हो चुके थे। फिर इस बार तो उनका बेटा भी दोस्तों के साथ वहीं जा रहा था। न जाने बढ़ती उम्र का तकाजा था या कुछ और, पर शराब का जाम थामे फ्लोर पर नाचते हुए जोड़ों को देखना या इधर-उधर ताँक-झाँक करना उन्हें पहले की तरह खींच नहीं रहा था। यों तो वे अब भी बिलकुल बीस साल पहले की तरह ही फिट-फाट थे, और जिंदगी से रस खींचने की इच्छा जरा भी कम नहीं हुई थी, पर विद्या का मन और प्रबोध कुमार का आग्रह देखकर वे पहले की तरह एकदम से मना नहीं कर पाए थे।

पहले तो प्रबोध कुमार किसी खास मौके पर भी शराब को हाथ नहीं लगाता था और बड़े गर्व से अपना खानदानीपन दिखाने लगता था–'हमारे परिवार में पीढ़ियों से किसी ने शराब नहीं पी, पर अब हालत यह थी कि प्रसाद तो साल में सिर्फ एकाध बार ही खास मौकों पर या मुफ्त की मिलने पर शराब पीते थे और प्रबोध कुमार ने बाकायदा होटलों में जाकर प्रायः हर सप्ताह छिपकर शराब पीनी शुरू कर दी थी। प्रबोध कुमार की माँ के न होने के कारण ही प्रसाद ने उसके घर जाने की हामी भरी थी और साथ ही यह शर्त भी रख दी थी कि कुछ जाम-वाम का जुगाड़ रहे। उनकी बीवी का प्रबोध कुमार के प्रति कुछ स्नेह का भाव भी वे जानते थे क्योंकि प्रबोध कुमार किसी दूर के रिश्ते में उसका कुछ चचेरा-ममेरा भाई लगता था। बात इतनी ही नहीं थी। प्रबोध कुमार विद्या को खुश रखने के लिए बहुत कुछ ऐसा कर देता था जो प्रसाद किसी के लिए कभी नहीं कर सकते थे। एक साल विद्या का जन्मदिन भूल जाने पर प्रबोध कुमार ने अगले दिन 'बीलेटेड हैपी बर्थडे' के कार्ड समेत हर घंटे पर उसे लगातार चार फूलों के गुलदस्ते भिजवाए थे। विद्या कई दिनों तक हर आने-जाने वाले को हँस-हँसकर प्रबोध कुमार की यह बात बताती रही थी।

प्रबोध कुमार के घर में घुसते ही प्रसाद कुछ चौंक पड़े। हालाँकि उन्हें पहले से मालूम था कि प्रबोध ने घर में भारी फेर-बदलाव किया है, पर नतीजा इतना बढ़िया होगा, इस बात की कल्पना प्रबोध की रुचि को जानते हुए भी उन्होंने नहीं की थी। सचमुच इस घर से पुरानेपन की जो छाया सारी कोशिशों के बावजूद कायम रहती थी, बहुत कम हो गई थी। उन्होंने ध्यान दिया तो समझ में आया कि सोफे, टेबल वगैरह तो पुराने ही हैं, बस कवर बदल गए हैं। सीलिंग में जरूर काफी परिवर्तन किया गया था, बत्तियाँ नई लग गई थीं और चारों तरफ चीनी मिट्टी के गमलों में हरे-भरे पौधे सजाए गए थे। दीवारों पर कुछ नई तसवीरें, पेंटिंग लग गई थीं। कुल मिलाकर वैसे तो अब भी उनके आधुनिक फ्लैट से इस घर की कोई तुलना नहीं हो सकती थी, पर फिर भी अब इस घर को पहले की तरह एक मिनट में 'रिजेक्ट' नहीं किया जा सकता था। और तो और, जैसा कि उन्होंने धीरे से विद्या को कहा–"विमला कुमार की भी 'रिमाडलिंग' तो देखो।" विमला के पहले वाले वजनी ढाँचे के बावजूद उसके बाल बहुत छोटे हो गए थे और चेहरे तथा चाल-ढाल में पहले से बहुत ज्यादा आत्मविश्वास आ गया था। प्रबोध कुमार ने एक नए किस्म का जैकेटवाला कुरता पहन रखा था और विद्या ने मिलते ही उस कुरते की और घर की प्रशंसा शुरू कर दी–"मुझे तो लगा कि मैं किसी और के घर में आ गई

हूँ। आपने तो कायापलट कर डाली घर की।"—विद्या के वाक्य पर प्रसाद ने जोड़ा 'और घरवाली की'। प्रबोध और विमला दोनों के चेहरे खिल उठे। प्रसाद के मुँह से इतनी प्रशंसा की उम्मीद दोनों ने नहीं की थी। विद्या का भी बेटे को कोट न देने के कारण पति के प्रति आक्रोश कम हो गया।

अंग्रेजी भाषा और तौर-तरीके-तहजीब न जानने के कारण प्रसाद से अपनी तुलना करते हुए प्रबोध कुमार ने जो तकलीफ झेली थी, और अपने को बदलने के लिए जितनी चेष्टा की थी, उससे विद्या अच्छी तरह वाकिफ थी। वह हमेशा मन-ही-मन प्रबोध की हिम्मत की प्रशंसा करती थी कि गलत-सलत अंग्रेजी बोलकर हँसी उड़ाए जाने की पीड़ा को सहकर भी प्रबोध ने आखिरकार काफी ठीक-ठीक अंग्रेजी बोलनी सीख ली थी। यह ठीक है कि 'स्मार्टनेस' में वह अब भी प्रसाद की कहीं से बराबरी नहीं कर सकता था, पर उसकी कमी वह दूसरों को खुश रखने और वक्त-बेवक्त उनकी हर तरह से मदद करके पूरी करने की कोशिश करता था। वह हमेशा अपना समय, दिमाग और पैसा खर्च कर दूसरों के काम आने के लिए तैयार रहता था। गुट के सब लोगों को जन्मदिन-शादी की सालगिरह जैसे मौकों पर उसकी तरफ से फूल मिलने में कभी चूक नहीं होती थी—न जाने इन सब खर्चों पर उसका सालाना बिल कितने रुपयों तक जाता था। भले ही एक बार बीच में व्यापार गड़बड़ाने से उसे कई लोगों से उधार तक लेना पड़ा था, पर फूल भेजने, रेस्तराँ में पार्टी देने या उपहार देने में उसने कभी कमी नहीं की थी। पर विद्या ने अब प्रसाद के सामने प्रबोध की दूसरों का खयाल रखने के लिए प्रशंसा करनी छोड़ दी थी क्योंकि प्रसाद ने एक दिन उससे कहा था—"तुम कुछ समझती तो हो नहीं। प्रबोध प्रसाद सच्चे मन से दूसरों के काम नहीं आता। वह यह सब तुम लोगों को रिझाने के लिए करता है, क्योंकि उसके पास कोई दूसरा रास्ता नहीं है। मुझे यह सब करने की जरूरत नहीं।" विद्या ने इस बात को प्रसाद की आत्मरति का एक और उदाहरण मानकर दिल से निकालने की बहुत कोशिश की थी, पर हर बार मौका पड़ने पर यह बात उसके दिमाग में फिर से घूमने लगती थी। विद्या के मन में यह भी संदेह था कि उनके गुट में सबसे चुलबुली सविता ने एक बार ताश खेलते समय पार्टनर चुनते वक्त प्रबोध को न चुनकर प्रसाद को चुना था, उसी दिन प्रबोध कुमार ने पहली बार शराब का गिलास थाम लिया था। दो दिन पहले ही प्रबोध कुमार ने सविता को उसके जन्मदिन पर उसकी पिकनिक में उतारी गई तसवीरें 'एनलार्ज' करवाकर एक सुंदर से गुलदस्ते के साथ भेजी थीं जिसमें काफी रुपए खर्च हुए होंगे जबकि प्रसाद को उसका जन्मदिन याद तक नहीं आया था।

"पिछली बार प्रसाद जी आपने मुझे मलिका-ए-तरन्नुम का खिताब दिया था। याद है न ?"—बाहरी गुट की मिसेज सोनी इतराते हुए हाथ का जाम घुमाते हुए बोली थीं। "लेडीज ड्रिंक है विद्याजी। इसमें क्या हर्ज है ?"—विद्या के गिलास न थामने पर उन्होंने पलकें झपकाते हुए विद्या से कहा था। "मैं नहीं पीती"—कहकर विद्या ड्रेसिंग टेबल पर श्रृंगार की सामग्रियों के अगल-बगल खड़ी चार विलायती बोतलों को देखने लगी थी। उसका अनुमान था कि प्रबोध कुमार के घर में पहली बार शराब की बोतलें आई होंगी। "मलिका-ए-तनन्नुम को भला कोई कैसे भूल सकता है ? याद है, बिलकुल याद है"—प्रसाद मुसकराते हुए बहुत आकर्षक लग रहे थे। "कैसा चल रहा है आपका गाना-बजाना ? आज आपकी ड्रेस को देखकर तो लग रहा है कि कुछ डांस का भी प्रोग्राम है"—प्रसाद पूरा मन लगाकर अजीबोगरीब फैशन की ड्रेस पहनी हुई मिसेज सोनी को चिढ़ाने में लगे थे। मिसेज सोनी के चेहरे पर चमक आ गई। "आप तो बस, ऐसे ही सबको छेड़ते रहते हैं।" "लीजिए, बस यहीं तो आपने मजा किरकिरा कर दिया। आय एम वेरी सीरियस। किसी की किसी चीज को 'एप्रीशिएट' करना गुनाह तो नहीं है न ?" प्रसाद पूरे मूड में आ गए थे। मिसेज सोनी के चेहरे पर एक क्षण के लिए असमंजस उभरा कि प्रसाद सचमुच उनकी प्रशंसा कर रहे हैं या उनका मजाक बना रहे हैं। फिर उन्होंने उत्साह के साथ कहना शुरू किया। "डांस तो मेरे बेटे का देखिए, क्या ब्रेक डांस करता है ! अब अपना गाना-वाना मैंने बंद कर दिया है। बच्चों पर ही 'कौनसनट्रेट' कर रही हूँ। अपने को तो जो करना था, कर लिया। अब बच्चों को बनाना है।" बच्चों की इतनी बातें सुन प्रसाद की दिलचस्पी कम हो गई। यह भाँपकर अचानक विद्या खिलखिलाकर हँस पड़ी। सबने चौंककर विद्या की ओर देखा। वह बहुत कम हँसने वालों में थी और इतने जोर से हँसते हुए तो गुट के किसी व्यक्ति ने उसे आज तक नहीं देखा था। मिस्टर सोनी नीचे गलीचे पर बैठे सबके लिए जाम तैयार कर रहे थे। उनकी झुकी हुई मूँछें थोड़ी और झुक गईं।

प्रबोध कुमार आज तक ऐसी स्थिति में नहीं पड़े थे। उन्होंने खिसियाकर कहा—"क्यों भाभीजी, बिना पिए ही चढ़ गई क्या ?" और उठकर टेपरिकॉर्डर चला दिया। पूरा कमरा विदेशी संगीत की तेज आवाज से गूँज उठा। सबने चैन की साँस ली। सविता से विद्या की सबसे ज्यादा पटती थी। सविता ने पास आकर विद्या का हाथ पकड़ लिया और संगीत के शोर के बीच विद्या का हाथ दबाकर पूछा—"क्या बात है विद्या ? इतनी हँसी की बात क्या मुझसे छिपाकर रखोगी ?" विद्या शर्मिंदा-सी हो आई थी। उसने विद्या का हाथ जवाब में दबाते हुए कहा—"अरे, कुछ

नहीं। ऐसे ही।" "बताओ न विद्या, मैं छोड़ूँगी नहीं ऐसे।" "अरे बाबा, कुछ नहीं। ऐसे ही कभी-कभी बेबात हँसी नहीं आ जाती क्या ? ऐसे ही विमला को जानते हुए दिमाग में यह ख्याल आ गया कि विमला कैसे इस बाजीगरनी को बर्दाश्त...." बात पूरी करने के पहले ही विद्या की हँसी फिर फूट पड़ी। उसकी हँसी का किस पर क्या असर हुआ है, यह दिखने के पहले ही विद्या वहाँ से उठकर कमरे के बाहर निकल गई। उठते समय प्रसाद की आँखें उसकी आँखों से मिल गईं। विद्या बाहर निकल अपने को कोसते हुए बगल के खाली कमरे में जाकर सोफे पर बैठ गई। उसे बार-बार प्रबोध का ध्यान आ रहा था कि वह उसके बारे में क्या सोच रहा होगा। उसने एक लंबी साँस लेकर सीलिंग की ओर देखा। प्रबोध कुमार के मृत पिता की तसवीर उसके कमरे की तरफ पीठ किए दीवार पर टँगी थी। विद्या को ऐसा लगा जैसे प्रबोध कुमार के पिता जिंदा हों और उस कमरे की चार बोतलों से बचने के लिए पीठ उधर कर घूम गए हों। वह फिर खिलखिलाकर हँस पड़ी। उसे लगा कि शायद वह पागल हो गई है। इतनी हँसी तो उसे कभी नहीं आई थी। उसने अपने को किसी तरह रोकते हुए शीशे के पास जाकर वहाँ पड़े कंघे से अपने सामने के बाल ठीक किए। शीशे में उसने अपने-आपको गंभीरता से देखा फिर उसने जानबूझकर प्रसाद का कोट के लिए बेटे से झगड़ा याद किया। उसने देखा कि उसकी आँखें हमेशा की तरह उदास हो गई हैं।

विद्या धीरे-धीरे चलती हुई प्रबोध कुमार के कमरे में आई और मुसकराती हुई मिस्टर सोनी के नजदीक ही गलीचे पर नीचे बैठ गई। प्रबोध कुमार ने उसकी एक तरह की अनकही क्षमाप्रार्थना को समझ लिया और वह बिलकुल अच्छे मूड में आ गया। विद्या ने उसकी उदारता की मन में फिर एक बार प्रशंसा की। वातावरण एक बार फिर हलका हो आया, जिसमें सबके गले के नीचे उतर चुके एकाध पैगों का भी बड़ा हाथ था। प्रबोध कुमार के अपने बारे में सारे संदेह और दूसरे उसके बारे में क्या सोचते हैं–इस बात को लगातार भाँपने की चेष्टा और उससे उपजा डर एकाध गिलास पीने के बाद बिलकुल गायब हो जाते थे। उसे न सिर्फ यह लगने लगता था कि लोग उसे बहुत पसंद करते हैं बल्कि वह बहुत बेचैन हो जाता था कि कैसे वह किसी के किसी तरह काम आ जाए–"इनके बिना तो दुनिया की हर पार्टी अधूरी लगती है मुझे।" उसने विद्या की ओर देखते हुए मिस्टर सोनी से कहा। मिस्टर सोनी भी विद्या के नजदीक आकर बैठने से पिघल चुके थे। "भाभीजी, एक पैग तो लीजिए। इसके सुरूर के बिना क्या न्यू ईयर्स ईव मनेगी"–मिस्टर सोनी ने विद्या से अनुरोध किया।

"पापा, पापा, देखिए न दीदी मुझसे लड़ रही है। मेरे वीडियो गेम से इसने बैटरी निकालकर छिपा दी है।" प्रबोध कुमार का सात साल का बेटा कमरे में घुस आया था और ड्रेसिंग टेबल पर खड़ी चारों बोतलों को देखने लगा था। "चलो, चलो यहाँ से बाहर जाओ। कहा था न कि इस कमरे में नहीं आना है।" प्रबोध कुमार ने तमतमाकर उसे डाँटा।

"अरे प्रबोध जी, वह कहाँ गया...वह आपका वंशवृक्ष कहाँ गया...जो हॉल में टँगा रहता था ?" अचानक न जाने कहाँ से विद्या को सालों से हॉल में लगी वंशवृक्ष की फ्रेम की हुई तसवीर याद आ गई। प्रबोध कुमार के खानदान के सारे पुरखों के नाम उस वंशवृक्ष के मोटे से तने की शाखाओं से निकले पत्तों पर नीचे से ऊपर क्रमवार रूप में सजे हुए लिखे थे। वंशवृक्ष की यह तसवीर उनके फ्लैट के दरवाजे के साथ लगी दीवार पर लगी हुई थी। हमेशा ऐसा होता था कि उनके घर से विदा लेते समय जूते-चप्पल पहनते समय हर व्यक्ति की निगाह उस वंशवृक्ष पर पड़ ही जाती थी। सभी बड़ी दिलचस्पी से इस वंशवृक्ष के नामों को पढ़ते थे और प्रबोध कुमार का नाम ऊपर के पत्तों में खोजकर उनके दादा-परदादाओं के नाम पढ़ते हुए मुख्य तने तक पहुँचने की कोशिश करने लगते थे। शायद इस वंशवृक्ष की उपस्थिति ही थी जो धीरे-धीरे साल-दर-साल पुरानेपन की छाप को हटाने के लिए खर्च किए पैसों को बेमानी बना देती थी। कहीं-न-कहीं प्रबोध कुमार के खानदानी होने की छाप भी इस वंशवृक्ष ने ही बना दी थी। "खानदानी होने की यही तो पहचान है–" प्रबोध कुमार के सबके काम आने की बात पर विद्या अपने पति को चिढ़ाने के लिए प्रायः कहती थी।

"आज विद्या तुमने कुछ जरूर चढ़ाया है। तुम्हारा दिमाग कहाँ से कहाँ जा रहा है। वह तसवीर हटा दी इस बार के 'रिनोवेशन' में। देखा नहीं, उसकी जगह कितनी सुंदर ग्लास पेंटिंग लगाई है...कहाँ से याद आई वह बात तुम्हें भी"–प्रबोध कुमार अंदर-ही-अंदर कुछ चिड़चिड़ा रहे थे। अचानक विदेशी संगीत की चिल्लाहट बंद हो गई क्योंकि कैसेट खत्म हो गई थी। प्रबोध कुमार का कहा हुआ, "कहाँ से याद आई वह बात तुम्हें भी" इस चुप्पी में काफी जोर से बोला गया होने के कारण सबको सुन गया। सबने दिलचस्पी से उनकी ओर देखा। सविता ने उछलते हुए कहा–"क्या याद आया विद्या को कहाँ से ? बताओ न विद्या ! बताइए न प्रबोध जी।" प्रबोध कुमार ने उसकी बात को अनसुनी करते हुए ड्रेसिंग टेबल से एक बोतल उड़ाकर प्रसाद को दिखाते हुए कहा–"यह पीकर देखो यार ! असली वोदका है रूस की।"

''अरे हमारी तो कोई सुनता ही नहीं। बताओ न विद्या क्या याद आया तुम्हें।'' सविता पलंग से उठकर विद्या के पास आ जमी थी। ''वह वंशवृक्ष. ..जो हॉल में लगा रहता था न...'' अचानक विद्या के अंदर से हँसी की हूक उठी। ''सच, मुझे क्या हो गया है।'' विद्या ने घबराकर सोचा। पर हँसी थी कि रोके रुक ही नहीं रही थी। उसने सबसे बचने के लिए दोहरे होकर पास पड़े कुशन में मुँह घुसा लिया। एक मिनट बाद सिर उठाते समय प्रसाद से आँखें चुराते हुए उसने सहारे के लिए सविता की ओर देखा। सविता बच्चों की सी सरलता लिये धीरे-धीरे हँसती हुई आँखों में जिज्ञासा की चमक लिये हुए उसकी ओर देख रही थी। विद्या के अंदर सब कुछ तोड़ता हुआ एक उफान-सा आया। सविता की ओर देखते हुए पागलों की तरह खिलखिलाकर हँसते हुए बड़ी मुश्किल से बीच-बीच में रुककर चारों बोतलों को दिखाते हुए कहा–''वह वंशवृक्ष...भाग गए सब खानदानी पुरखे...इन चारों से डरकर...'' और सविता के गले लगकर फिर खिलखिलाकर हँस पड़ी।

''अच्छा सीन 'क्रिएट' किया तुमने आज''–पूरे रास्ते चुप रहने के बाद घर का दरवाजा खोलते समय प्रसाद बोले थे। ''इतना हँस सकती हो, मैं जानता ही नहीं था''–उन्होंने विद्या की तरफ देखा। विद्या ने आँखें नीची किए हुए कहा–''सचमुच, मुझे पता नहीं क्या हो गया था...उफ ! मैं क्या करूँ ?...क्या सोचेगा प्रबोध... ''

कलम-तंत्र की कथाएँ

विष्णु शर्मा ने साहित्य की दीक्षा के लिए समुत्सुक शिष्य की ओर गौर से देखा। फिर कुछ देर तक सोचकर कहा–"आज मैं तुम्हें दो कथाएँ सुनाऊँगा ताकि तुम उन तरंगों को समझ सको, जो हर बीते हुए आने वाले समयों में बुद्धि-प्रवाह को भ्रमित करती रहती हैं। नाम-पात्र-देशकाल बदल जाते हैं। मापदंड भी वही नहीं रहता। पर वे तरंगें सदा रहती हैं।"

शिष्य ने गुरु की ओर देखा–"तो क्या वह चीज नष्ट हो जाती है, जो सबसे अधिक मूल्यवान है ? जिसकी रक्षा किए बिना किसी बात का कोई अर्थ नहीं ?"

गुरु विष्णु शर्मा ने गंभीर स्मित के साथ कहा–"नहीं, वह नष्ट नहीं होती। वह शाश्वत है। सतर्क न रहने पर वह आच्छादित अवश्य हो जाती है। उसे उस स्थिति से निकाल लेना ही तप है। वही 'सबद-साधना' है। उसकी यात्रा है–क्रमिक यात्रा, जैसी कि ललित 'उदास' इन कथाओं में करेगा। लेकिन मैं पहले ही तुम्हें बता दूँ कि इन कथाओं से कोई ज्ञान-सार नहीं निकलेगा।

प्रथम कथा

''उफ, यह दुनिया ऐसी क्यों है ? यहाँ सिर्फ खरीदने वाले और बेचने वाले ही भरे हैं। कहीं कोई और राह नहीं, कोई चाह नहीं। इस बाजार में कोई भी कुछ भी ऐसा नहीं खोज रहा, जो उसे कुछ देर ही सही, इस कीचड़ से ऊपर उठा दे। इसीलिए साहित्य का कोई मोल नहीं। काश, यह दुनिया इस कदर दुकानदार न होती''– विश्वविद्यालय के हिंदी विभाग के नए छात्र ललित 'उदास' (जो उसका अपना रखा गया 'उपनाम' था, उसके चीनी का बड़ा कारोबार करने वाले पिता का नहीं) ने एक लंबी साँस छोड़ते हुए सोचा।

''दो साल में तीन महीने कम हो गए हैं''–अभी-अभी यह कहकर उसके पिता कमरे से बाहर गए थे। हर महीने की अंतिम तारीख को उसके पिता घड़ी देखकर ठीक सात बजे उसके कमरे में आकर उसे बता जाते थे कि एक महीना और बीत गया है। हर बार ललित 'उदास' उनके व्यापारिक चेहरे को (यह मालूम होते हुए भी कि 'चेहरे' के साथ यह विशेषण लगाना अटपटा है, उसे यही प्रयोग आनंद देता था) देखते हुए अपने गलत स्थान में पैदा होने के गम में लंबी-लंबी साँसें छोड़ता और एक दुकानदार की नियति के बारे में कोई नया मुहावरा गढ़ता–(इस बार उसे कीचड़ में फँसे होने का बिंब बहुत भा गया था।)

''सचमुच तीन महीने बीत गए–मेरी जिंदगी के इन कीमती दो सालों का आठवाँ हिस्सा तो खत्म भी हो गया और मैं अभी तक तो धूल ही फाँक रहा हूँ।'' ललित 'उदास' ने अफसोस से सोचा। पिता ने उसे दो साल अपने मन की मौज पूरी करने–यानी साहित्य पढ़ने-लिखने के लिए दिए थे और शर्त यह रखी थी कि दो साल बाद वह पूरी तरह उनके साथ चीनी के कारोबार में जुट जाएगा। इस शर्त के पीछे पिता की चालाकी काम कर रही थी (कि यह शिकायत न रख पाए कि उसे अपने मन की करने न दी गई) या उसके पिता पर उसकी माँ का दबाव (जो कभी गुलशन नंदा, रानू से लेकर शिवानी के उपन्यासों की धुरंधर पाठक रही थी), यह ललित 'उदास' को ठीक-ठीक मालूम नहीं था। पर उसने दो साल की मोहलत को वरदान समझकर स्वीकार कर लिया था। दो साल में तो वह इतनी कविताएँ लिख लेगा कि बाकी जीवन फुरसत में उन्हें सुधारते और पत्रिकाओं में भेजते ही बीत जाएगा। धीरे-धीरे सब उसकी कविताओं को जानने लगेंगे। यह जीवनपर्यंत साहित्य को नहीं छोड़ेगा–यह ललित 'उदास' का अपने से एकांत में किया गया वायदा था।

वह रोज सुबह मंजन करते हुए चेहरा घुमा-घुमाकर अपने को शीशे में हर

कोण से बड़े गौर से देखता। उसे रोज सुबह यह प्रसन्नता हुए बिना नहीं रहती थी कि उसकी नाक 'व्यापारिक' नहीं है यानी उसके पिता की तरह बीच से अचानक कुछ ऊपर उठकर आगे नुकीली होती गई नाक नहीं है। उसके नाक-नक्श माँ पर हैं, यह अहसास उसे बहुत सुखी करता था। बेशक अंदर-ही-अंदर वह जानता था कि इकलौता लड़का होने के कारण परिवार का पेट भरने के लिए उसे साहित्य की जगह चीनी ही बेचनी पड़ेगी। वह यह भी जानता था कि विश्वविद्यालय या आसपास एक कवि के रूप में मान्यता प्राप्त करने में उसके लिए यही सबसे बड़ी बाधा है, क्योंकि उसके दोस्त-परिचित उसकी कविताओं को सुनते-पढ़ते वक्त चीनी को भूल नहीं पाते। उसे अच्छी तरह पता था कि उसका गहरा दोस्त मधुसूदन तक यह समझता है कि उसकी कविता एक चीनी के व्यापारी के बेटे के दिमाग का फितूर है, जो कुछ महीनों या सालों में फुस्स हो जाएगा। मधुसूदन के पिता किसी कॉलेज में पढ़ाते थे, इसलिए साहित्य-सृजन करना उसके लिए जन्मसिद्ध अधिकार की तरह था। ललित 'उदास' को यह बात बहुत उदास करती थी, पर उसके पास कोई उपाय नहीं था–सिवाय इसके कि वह लिखता जाए और एक दिन यह सिद्ध कर दे कि कविताई किसी की बपौती नहीं होती।

पिछले तीन महीने ललित 'उदास' के लिए एक हादसे की तरह गुजरे थे क्योंकि वह देख रहा था कि प्रत्येक आगे बढ़ती तारीख के साथ कविता लिखना उसके लिए मुश्किल से अधिक मुश्किल होता जा रहा था। पहले महीने में उत्साह से फटते हुए वह एक साहित्यिक संस्था 'चेतना' का सदस्य बन गया था, जिसके सदस्य हर शनिवार को एक निश्चित स्थान पर मिला करते थे। यह स्थान कभी एक कॉफी-हाउस रहने के कारण–जिसमें बुद्धिजीवियों का अड्डा लगा करता था–काफी रोमांटिक रहा था (पहली बार वहाँ घुसते हुए ललित 'उदास' को झुरझुरी तक हुई थी), किंतु पहले दो-तीन शनिवारों के बाद उसके अंदर कुछ मरने लगा था। उसने उस मरती हुई चीज को बचाने की बहुत कोशिश की, पर धीरे-धीरे उसे लगने लगा कि वह असफल हो रहा है। दो शनिवारों को बहुत सी हवाई योजनाएँ बनाने में खपाकर, (जिनको पूरा करने के लायक पैसों का जुगाड़ होना असंभव था) तीसरे शनिवार को संस्था के सदस्यों ने स्वरचित काव्य-पाठ रखा था। उस दिन सबकी कविताएँ सुनते हुए ललित 'उदास' को लगा था कि कहीं कुछ भारी गड़बड़ है–एक तो यही कि उसे वे सारी कविताएँ एक ही घान से निकली हुई लग रही थीं। उससे अगर कोई इस गड़बड़ की बाबत पूछता (जैसा होने की कोई उम्मीद नहीं थी क्योंकि वहाँ कोई किसी की किसी बात पर राय जानना नहीं चाहता था),

तो शायद वह यही कहता कि इन कविताओं में ऐसा कुछ नहीं है जो आदमी को कीचड़ से ऊपर उठा सके—बल्कि उनमें एक घिनघिन करने का शिकायती स्वर है, जैसा कि गोबर में फँसे हुए गुबरैले या कीचड़ में फँसे घुँघरैले का होता है।

यहाँ तक बात रहती तो फिर भी ठीक था। ललित 'उदास' को जिस बात से सबसे ज्यादा चोट पहुँची वह यह कि उस दिन जीवन के प्रति छोटी-छोटी उम्मीदों और छोटे-छोटे संकल्पों से भरी हुई उसकी कविताओं को 'आदर्शवादी', 'व्यक्तिवादी' और यहाँ तक कि 'छायावादी' और 'पुनरुत्थानवादी' कहकर सर्वसम्मति से एकदम खारिज कर दिया गया। संस्था के सारे सदस्य इस बारे में एकमत थे कि और किसी चीज से भले ही न सही, 'व्यक्तिवाद' से कविता को मुक्त करना उनका परम धर्म है। ललित 'उदास' का दिमाग यह भाँपकर और अधिक भन्ना गया कि चीनी के व्यापारी के बेटे को उसकी असली औकात बताना संस्था के साथियों को एक सामाजिक कर्त्तव्य सा लगा था।

ललित 'उदास' इन सारी बातों से एकदम टूट-सा गया। इस हद तक कि वह ऐसा उलझा-बिखरा दिख रहा था कि मधुसूदन को उस दिन सचमुच उस पर तरस आ गया। उसने पहली बार ललित 'उदास' को सांत्वना के बोल ही नहीं बोले, उसे कविता लिखने के कुछ 'गुर' सिखाने का भी बीड़ा उठा लिया। उसने दो काम किए। ललित 'उदास' की कविताओं में से 'मैं' शब्द को उठाकर उसकी जगह 'गोपालदास' नाम रखकर पल भर में उसकी कविता को 'व्यक्तिवाद' से मुक्त कर दिया। इसके बाद उसने अगले दो मिनटों में कुछ आज की कविताई के चालू शब्दों या रीतिपरक शब्दों की एक सूची लिखकर ललित 'उदास' को थमा दी जिसे लेकर वह गुमसुम-सा घर आ गया। घर आकर उसने बिना पढ़े उस सूची को कूड़े के डिब्बे में गोला बनाकर फेंक दिया।

ललित 'उदास' की उदासी दिन-रात दूनी-चौगुनी बढ़ती चली गई। कविता लिखने की इच्छा उसके अंदर दिन-ब-दिन कम होती जा रही थी। उसे अंत में घूम-फिरकर यही समझ में आया कि बिना प्रेरणा के कविता लिखना किसी के लिए संभव नहीं। लेकिन आखिर प्रेरणा उसे कहाँ से मिलती ? एक तरफ घर का माहौल सारी अंतः प्रेरणाओं को धो-पोंछकर नष्ट करने के लिए कम नहीं था, दूसरी तरफ जिन्हें साथी समझा, उनके प्रति शक उसकी कविता को खाने लगा था। उसे लगने लगा था कि 'चेतना' के सदस्य हमेशा साहित्येतर कारणों से किसी की वाहवाही अथवा ठोंका-पीटी किया करते थे। उसकी आँखें बचपन से चीनी देखते-देखते सफेदी की अभ्यस्त थीं, पर यहाँ उसे दाल के कहावती काले की जगह काली दाल नजर

आने लगी थी। इस बात को किसी तरह न मानने की कोशिश के बावजूद उसके अंदर यह बात घर करने लगी कि यदि वह 'चेतना' को नहीं छोड़ देता, तो वह दो साल की मियाद पूरी होने के पहले ही चीनी बेचना शुरू कर देगा। अपने पिता के चेहरे की प्रसन्न मुद्रा को कल्पना में साफ-साफ देखकर (जो अंदर ही अंदर कह रही होगी–'आ गए न बच्चू, लाइन पर') ललित 'उदास' की उदासी और सघन हो गई।

ऐसे घनघोर समय में सिद्धेश्वर 'सर' यानी सिद्धेश्वर प्रसाद पांडे उर्फ एस. पी.पी. (विश्वविद्यालय में प्रचलित नाम) उर्फ 'कालविज्ञ' (कविता-आलोचना लिखने में प्रयुक्त नाम) का ललित के जीवन में विश्वविद्यालय के मार्फत आना इस तरह था, जैसे धर्मसंस्थापनार्थाय ईश्वर का आगमन हर युग में संभव होता है। (साहित्य से निराश होकर ललित 'उदास' इन दिनों टी.वी. पर महाभारत सीरियल देखने लगा था)। सिद्धेश्वर 'सर' अच्छे और जाने-माने कवि ही नहीं थे, बल्कि एक निरंतर लिखने वाले आलोचक-समीक्षक भी थे। उन्होंने अपने एक ही वाक्य से–'कविता में व्यक्तिगत ही सामाजिक होता है'–ललित 'उदास' की उदासी को काफी हद तक छाँट दिया। 'चेतना' संस्था से मिली हिकारत-भरी आलोचना का घाव अचानक टीसना बंद हो गया। उसे अपनी कविता के लिए जगह और रास्ता दिखाई पड़ा।

ललित 'उदास' की प्रसन्नता का कोई ठिकाना नहीं रहा, जब सिद्धेश्वर 'सर' के आगे-पीछे घूमते तीन महीने निकलने पर 'सर' ने खुद एक परिवार को उसे अपने घर आने का निमंत्रण दिया, ताकि कविता के विषय में फुरसत से कुछ संवाद हो सके। (ललित ने इसे अपनी कविताओं के विषय में फुरसत से संवाद करने का वादा समझा)। 'सर' का घर शहर की चौहद्दी के बाहर एक कस्बेनुमा इलाके में था और अपने घर से वहाँ पहुँचने में ललित को एक घंटे से कम समय न लगता। लेकिन ललित पिता की चढ़ी हुई भौंह की परवाह न करते हुए (उस दिन उसके घर मेहमान आने वाले थे) अपनी कविताओं से अँटा हुआ झोला लटकाए 'सर' के घर पहुँच ही गया।

सिद्धेश्वर 'सर' ने उसे देखकर बहुत प्रसन्न होते हुए उसे अपनी बैठक में बैठाया। उस छोटी सी बैठक में हर संभव जगह पर कविताओं और आलोचना की पुस्तकें भरी थीं। ललित 'उदास' का मन उत्फुल्ल हो उठा। 'घर हो तो ऐसा' उसने सोचा। अपने घर की महँगी सजावट उसे इस घर की सादगी और सुरुचि की तुलना में भोंडी और अश्लील लगी। फिर गलत जगह पैदा होने का दुख उसके अंदर उभर आया। ''चाय पिओगे न ?'' कहते हुए 'सर' ने अपनी पत्नी इंदुमती को आवाज

दी। ललित 'उदास' के मन में इन्दुमती का नाम सुनकर तुरंत नागार्जुन की कविता की पंक्ति घूम गई—''इन्दुमती के विरह के शोक में अज रोया या तुम रोए थे।'' ललित 'उदास' को लगा कि अब उसके अंदर कविता बची रहेगी क्योंकि उसे एक ऐसा व्यक्ति मिल गया है, जो कविता लिखता ही नहीं कविता को जीता भी है। उसका सौंदर्यान्वेषी मन जैसे तृप्त हो उठा। तभी इन्दुमती देवी ने प्रकट होकर ललित 'उदास' का अभिवादन स्वीकार करते हुए 'सर' को अपनी सुंदर गरदन हिलाते हुए अति शिष्ट आवाज में सूचना दी कि दूध खत्म हो गया है। ''निराला को दुह लो न, दूध खत्म हो गया है तो'' कहते हुए सिद्धेश्वर 'सर' ने हँसकर ललित 'उदास' की ओर देखा।

ललित 'उदास' एक क्षण के लिए विश्वविद्यालय की उन अफवाहों के बारे में सोचने लग गया था, जो उसने 'सर' की पत्नी के बारे में सुनी थीं। कोई कहता था कि वे उनकी दूसरी हैं, कोई कहता था, तीसरी। और उनसे उम्र में बहुत छोटी हैं। ललित 'उदास' के मन में इन अफवाह उड़ानेवालों के प्रति उस क्षण बहुत नफरत पैदा हुई—''किसी को साहित्य-वाहित्य से कोई मतलब नहीं। बेकार भीड़ लगा रखी है, विश्वविद्यालय में। अंतः प्रेरणा का अर्थ क्या खाकर जानेंगे।'' (ललित 'उदास' ने उसी क्षण जान लिया कि कविता लिखने वाले को सारे खतरे उठाकर अपनी प्रेरणा के स्रोत को अपने पास रखना कितना जरूरी है।)

ललित 'उदास' एक झटके से वापस विश्वविद्यालय की दुनिया से 'सर' की बैठक में लौट आया क्योंकि 'सर' उसे हँसकर देखते जा रहे थे। 'निराला को दुहने कहा था न 'सर' ने ?' ललित 'उदास' ने एकदम से चकित होते सोचा। ''मेरी गाय का नाम 'निराला' रखा है मैंने''—सिद्धेश्वर 'सर' ने उसी तरह हँसते हुए बताया। ललित 'उदास' का मन श्रद्धा से उमड़ उठा। (एक क्षणांश के लिए उसके मन में कौंधा तो सही कि गाय स्त्रीलिंग है और निराला पुलिंग—पर उसने इस विचार को बिलकुल टिकने न दिया)। 'ऐसा होता है जीवन। इसे कहते हैं जीवन—' उसके अंदर भावों से भरे शब्द गूँज उठे। 'यहाँ सब कुछ साहित्यमय है। ऐसे में ही जन्म ले सकती है कविता—' उसने तड़पकर सोचा। पिता का चेहरा और उनकी नाक याद आते ही वह दुख से भर गया। क्यों किया विधाता ने उनके साथ ऐसा मजाक ? क्यों वह सिद्धेश्वर सर के घर में यह साहित्य-प्रेम लिये पैदा नहीं हुआ ? (फिर एक क्षणांश के लिए उसके मन में खयाल आया—पहली पत्नी से, दूसरी से या तीसरी से ? पर उसने ऐसा खयाल आने के लिए अपने को धिक्कारते हुए तुरंत इस विचार को नष्ट कर डाला)। ललित 'उदास' का उस समय सचमुच मन हुआ कि वह अपना

संकोच छोड़कर 'सर' के पैरों पर गिर पड़े—उनके चरणों की धूलि ले ले। सिर्फ हास्यास्पद दिखने का डर ही उसे ऐसा करने से रोक पाया।

'सर' ने ललित 'उदास' के चेहरे पर अपनी स्थिति पर शोक, उसके आवेग और उसके समर्पण भाव को बारी-बारी से देख लिया। उनके चेहरे पर एक गहरी आश्वस्ति का भाव उग आया। वे बहुत स्नेह के साथ उसका कंधा पकड़कर उसे बैठक से उठाकर अपने पढ़ने के कमरे या 'स्टडी' में ले गए। अपने लंबे जीवन के लंबे अध्यापन-काल में उन्होंने ललित 'उदास' की प्रजाति के साहित्य-प्रेमी विद्यार्थियों को कई बार देखा था। (चीनी का कारोबार उनसे भी छिपा नहीं था)। ऐसे विद्यार्थी कुछ समय के लिए (तीन महीने से लेकर दो साल तक) बहुत ऊँची मनःस्थिति में होते हैं। उनमें साहित्य के प्रति सच्ची निष्ठा होती है। वे सच्चे साहित्य-सेवी होते हैं क्योंकि वे साहित्य का इस्तेमाल किसी लाभ के लिए नहीं कर रहे होते। साहित्य के प्रति समर्पण के इस तरह के भावों पर सिद्धेश्वर 'सर' हमेशा की तरह बहुत भावुक हो गए। उनकी आँखें अधमुँदी या अधखुली-सी हो गईं। किसी नई कविता के जन्म की संभावना प्रबल हो उठी।

ललित 'उदास' अपने प्रति 'सर' के स्नेह की तरलता को महसूस किए बिना नहीं रह सका। वह इसका कारण समझ नहीं पाया। सिद्धेश्वर 'सर' जैसे किसी व्यक्ति की प्रेरणा बनने की तो खैर स्वप्न में भी वह सोच नहीं सकता था : 'सर' की सदाशयता को उनका स्वभाव समझकर वह कृतकृत्य हो गया। अपने उमड़ते हुए मन को किसी तरह सँभालते हुए उसने देखा कि 'स्टडी' में चारों ओर 'निराला' की पुस्तकें और 'निराला' पर लिखी हुई पुस्तकें बिखरी हुई थीं। ''सर आप कुछ लिख रहे हैं निराला पर ?'' ललित 'उदास' ने पूछा। ''हाँ''—सर ने अपनी गुरु गंभीर आवाज में हुँकारा भरा। फिर उन्होंने ललित 'उदास' को कुछ आश्चर्य में डालते हुए आवेग-भरी आवाज में कहा—''मैंने एक साल का व्रत लिया है कि निराला की जन्मशती के वर्ष में न निराला को छोड़कर किसी का लिखा कुछ पढ़ूँगा और न निराला को छोड़कर किसी के बारे में कुछ लिखूँगा।'' ललित 'उदास' को पहले-पहल उनके स्वर में कंपन और उत्तेजना को लेकर बहुत आश्चर्य हुआ। फिर पूरी बात समझ में आने पर उसका मन धक् से रह गया। (तो क्या सर मेरी कविताएँ न सुनेंगे ?) पर उसने अपनी स्वार्थपरता पर तुरंत अपने को धिक्कारा—क्या वह सर का व्रत टूट जाने देगा ? सचमुच वह एक व्यापारी का ही बेटा है—किसी व्यक्ति की गहराई, उसकी निष्ठा, उसके संयम, उसकी प्रतिबद्धता का उसके लिए कोई मूल्य नहीं। (उसने निश्चय किया कि वह अपनी नाक को कल सुबह शीशे में और

ध्यान से देखेगा कि क्या वह उसके पिता जैसी होने लगी है ?)

ललित 'उदास' उस कस्बेनुमा इलाके में बिताए उस रविवार के दिन (निराला नामक गाय के दूध की चाय पीकर) बहुत प्रसन्न मन से घर लौटा। उसे आज जन्म-जन्म की 'पूँजी' मिल गई थी। अधीरता और जल्दबाजी से कुछ नहीं होता। साहित्य की साधना एक तपस्या है। उसे अपने को इस आँच में इसी तरह तपाना होगा कि कोई उसे उसके निश्चय से डिगा न सके। पिता और भविष्य का डर उसके दिमाग से एकबारगी निकल गया। ललित 'उदास' की उदासी इस कदर छँट गई कि उसे लगा कि 'चेतना' संस्था की क्या, अब उसे किसी सहारे की जरूरत नहीं है। वह एक साल निराला जन्मशती के पूरे एक वर्ष में अपनी कविताएँ सिद्धेश्वर 'सर' को सुनाने-पढ़ाने की कोई अभद्र चेष्टा नहीं करेगा। वह कविता लिखेगा, पर किसी को नहीं पढ़ाएगा। उसे अब किसी की जरूरत नहीं। ललित 'उदास' ने अपने अंदर एक अनोखी ऊर्जा, स्फूर्ति और निश्चय का अनुभव किया।

एक साल बाद क्या हुआ ? (निश्चय ही यह प्रश्न इस मुकाम पर ललित 'उदास' का दिल तोड़ने वाले किसी अनुभव की संभावना को पैदा कर देता है। लेकिन जिंदगी का मजा यही है कि वह कभी सोचे अनुसार नहीं घटित होती। सच तो यह है कि यही वह पूँजी थी जो एक साल बाद ललित 'उदास' के हाथ लगी।) एक साल बाद अपनी कविताओं के पुलिंदे को उसी झोले में भरकर ललित गुप्ता (जी हाँ, उसने अपने नाम के आगे लगाए उस बेहूदे उपनाम से छुट्टी पा ली थी)। 'सिद्धेश्वर सर' उर्फ 'कालविज्ञ' के उसी कस्बेनुमा इलाके वाले घर में बस का एक घंटे का सफर तय करके पहुँचा। (इस बार भी मेहमान आने वाले थे और पिता ने भृकुटि चढ़ाई थी)। 'सर' ने बड़े स्नेह से उसका स्वागत किया।

"अरे ललित तुम तो कुछ बदले-बदले लग रहे हो। कुछ दुबले हो गए हो क्या ?" 'सर' ने उसे गौर से देखते हुए पूछा। ललित को भय हुआ कि कहीं उसकी नाक भी कुछ बदल न गई हो। लेकिन उस क्षण उसे सचमुच एक गहरी प्रतीति हुई कि वह पिछले एक साल में बहुत बदल गया है–जैसे उसने एक साथ ही दस साल काट लिये हों। इस एक साल में उसने बहुत लिखा था और अब अपनी पिछली कविताओं को अपनी मानना उसके लिए कठिन हो चला था।

'सर' ने उससे चाय के लिए पूछा। उसके हामी भरने पर उन्होंने इन्दुमती देवी को आवाज दी। इन्दुमती देवी ने दरवाजे पर आकर अपनी सुंदर गरदन हिलाते हुए अति शिष्ट आवाज में दूध खत्म होने की सूचना दी। 'सर' ने तुरंत कहा– "तो 'फिराक' को दुह लो न" और ललित की ओर हँसकर देखा। ललित के अंदर

एक साल में न जाने क्या-क्या बदल गया था कि वह 'सर' की बात पर बिलकुल न चौंका और न ही उसके अंदर कुछ हुआ। वह निर्विकार भाव से 'सर' को फिराक नामक गाय की बावत कोई प्रश्न पूछने या कुछ कहने की प्रतीक्षा करते हुए देखता रहा। उसे उस क्षण लगा कि वह पिछले एक साल में तीस-चालीस बरस काटकर सिद्धेश्वर 'सर' की उम्र को पार कर गया है। उसे मालूम था कि अब 'फिराक' की जन्मशती मनाई जा रही है। उसने अपनी कविताओं के पुलिंदे को झोले से निकाला तक नहीं। 'फिराक' नाम की गाय के दूध की चाय पीकर वह पहले की तरह प्रसन्न मन से घर लौट आया।

अगले दिन सुबह जब ललित आदतन शीशे में मंजन करते हुए गौर से अपने को देख रहा था, तो उसे यह सोचकर किंचित् अफसोस हुआ कि यदि वह साहित्य के क्षेत्र में कुछ नहीं कर दिखा सका, तो वह सिर्फ इसी कारण होगा कि उसकी नाक उसके पिता जैसी नहीं है। (यहाँ 'अफसोस' शब्द के साथ लगे किंचित् शब्द पर ध्यान दिया जाना चाहिए।)

इतना कहकर विष्णु शर्मा कुछ देर के लिए आँखें मूँदकर ध्यानस्थ हो गए और शिष्य अकेले उलझनों में डूबता-उतराता रहा। विशेषकर कथा का अंत उसे यह नहीं बता सका कि इस कथा से शिक्षा क्या मिलती है ?

द्वितीय कथा

ललित गुप्ता के पास अब सिर्फ छह महीने बच गए थे। डेढ़ वर्ष में डेढ़ दर्जन कविताएँ देश की अच्छी-अच्छी पत्रिकाओं में छप चुकी थीं। लेकिन ललित को इस बात का दुख साल रहा था कि यह उपलब्धि उसकी कोई साख नहीं बना पाई है। 'चेतना' संस्था के सदस्य उससे मिलते तो उनके चेहरे पर एक लापरवाही का भाव रहता जिसके निहितार्थ ललित से छिपे नहीं थे। वह जानता था कि उसके बारे में लोग सिर्फ किस्म-किस्म की अफवाहें ही नहीं फैलाते, बल्कि अफवाहों को उस तक पहुँचा देने के पूरे तंत्र की संरचना भी करते हैं : उसकी कविताएँ वह सिद्धेश्वर 'सर' से लिखवा लेता है; उसने चीनी से उपजे पैसों से देश-भर के संपादकों से संपर्क बना रखा है—उन्हें कुछ खिलाता-पिलाता रहता है वगैरह-वगैरह। जिस दुकानदारी से मुँह चुराकर ललित उस दुनिया से इस दुनिया में आया था, वहाँ किसी के अंदर इतना सा विश्वास भी नहीं था कि वह मान सके कि इस दुनिया में सब कुछ खरीदा और बेचा नहीं जा सकता। यह दुनिया पूरी तरह से पूरी दुनिया के पूरे दुकानदार होने का यकीन रखती थी।

"अब तुम्हारे पास सिर्फ छह महीने बचे हैं"–कहकर पिता जैसे ही ललित के कमरे से बाहर निकले, ललित ने एक संकल्प किया। अब वह बाकी के छह महीने एक भी कविता नहीं लिखेगा और न ही अपनी कविताओं को कहीं छपने के लिए भेजेगा। वह कविता तक पहुँचने के लिए एक दूसरा रास्ता अख्तियार करेगा, ताकि लोग उसे गंभीरता से लें।

गंभीरतापूर्वक लिये जाने की प्रक्रिया की खोज में सबसे पहले ललित गुप्ता ने दाढ़ी बढ़ाकर अपने आधे चेहरे को छिपा लिया। इसके बाद उसने एक बहुत कम पावर का चश्मा लेकर बाकी के आधे चेहरे को ढक लिया। इसके बाद उसने बोलना एकदम बंद कर दिया। वह मोटी-मोटी आलोचना की अंग्रेजी किताबें लिये हुए विश्वविद्यालय में घूमता। कोई उसे कुछ कहता, तो वह हलके से एक रहस्यमयी मुसकान चमकाकर रह जाता। उसने देखा कि एक ही महीने में लोगों का रवैया उसके प्रति बदला-बदला-सा लगने लगा। कक्षा में एक बार कोई बहस हुई और उसने बोलने की इच्छा प्रकट करने के लिए जैसे ही हाथ उठाया, बाकी के सब विद्यार्थी शांत हो गए, यहाँ तक कि 'एन.पी. सर' (जो आलोचनाशास्त्र पढ़ाते थे) ने भी सब तरफ से ध्यान हटाकर उसकी तरफ ध्यान टिका लिया। ललित ने उस दिन जो कहा, वह किसी विद्यार्थी की समझ के तो परे था ही, 'एन.पी. सर' भी एकदम 'लेटेस्ट' समीक्षात्मक शब्दों और प्रणालियों से अपरिचित होने के कारण बगलें झाँकने लगे।

पूरी कक्षा को उसके सारे भाषण से सिर्फ एक बात समझ में आई। वह यह थी कि ललित गुप्ता ऐसे-ऐसे शब्दों का प्रयोग करता है, जिनके अर्थ खोजने के लिए उन्हें अंग्रेजी के शब्दकोश पलटने पड़ते (हालाँकि उन शब्दों के हिज्जों से अपरिचित होने के कारण वे इसमें भी प्रायः असफल ही रहते)। जब ललित गुप्ता ने 'पाश्टीज' शब्द का प्रयोग किया, तो मधुसूदन ने उसकी हँसी उड़वाने के लिए 'क्या कहा, पेस्ट्रीज ? चाकलेट या पाइनेपल ?' कहकर ठहाका लगाया। लेकिन मधुसूदन का ठहाका अकेलेपन की मार खाकर गूँज न सका। पूरी कक्षा उसे तिरस्कार से देखती रही। तब ललित ने अपने शब्दों में चीनी का घोल घोलते हुए उसे मीठे स्वर में 'पाश्टीज' शब्द का अर्थ इस तरह समझाया जैसा कि कोई एक बच्चे को समझाता है–"पाश्टीज कला या साहित्य में ऐसी ही चीज है जैसे तुम चॉकलेट, पाइनेपल या सब तरह की पेस्ट्रीज को एक साथ मिला दो। बाकी इसका गूढ़ अर्थ तो मैं कक्षा के बाद समझा दूँगा।" इस बार पूरी कक्षा में उसके समझाने के तरीके पर समवेत ठहाका गूँजा। तब ललित ने एक ऐसी बात कही, जिसने उसके चीनी के व्यापारी के बेटे होने के कलंक को हमेशा के लिए धो दिया। उसने एन.पी.

सर की ओर मुखातिब होते हुए कहा–"सौ साल पुराने साहित्य और पुरातन समीक्षा-प्रणाली को पढ़ने-पढ़ाने से आज कुछ नहीं होगा (मधुसूदन के पिता आधुनिक हिंदी साहित्य का पहला खंड–भारतेंदु हरिश्चंद्र से लेकर द्विवेदी युग तक पढ़ाते थे।) यदि हमें 'फासिल्स' यानी कि जीवाश्म नहीं बनना है, तो हमें समय के साथ कदम-से-कदम मिलाकर चलना होगा। 'शुगर इम्पोर्ट' करने के सिलसिले में मेरे जीजा जब पिछले महीने लंदन गए थे, तो ऑक्सफोर्ड के एक प्रोफेसर से मेरी रुचि को जानते हुए एकदम नई आलोचना की पुस्तकें ले आए थे। उन्हें पढ़कर, 'सर' सच मानिए कि मेरी तो आँखें ही खुल गईं।"

आज तक ललित ने कभी किसी के सामने अपने पिता के कारोबार का नाम नहीं लिया था। दूसरे लोग यदि इस ओर कुछ इंगित करते, तो वह कटकर रह जाता था। लेकिन उसने अपने आपको भी घोर आश्चर्य में डालते हुए चीनी का जिक्र भरी कक्षा में क्या किया, वह जैसे एकदम हलका हो गया। आज तक उसने सबमें एक दिखने के लिए विश्वविद्यालय आने के लिए न पिता की गाड़ी का इस्तेमाल किया था और न ही महँगे कपड़े पहने थे। वह सोच भी नहीं सकता था कि वह कभी 'इम्पोर्ट' और 'लंदन' जैसे शब्दों का प्रयोग कक्षा में कर सकता है, पर उसने देखा कि कोई उसे इस तरह बड़ाई मारने के लिए हिकारत से नहीं देख रहा था। बल्कि सबकी नजरों में उसके प्रति सम्मान का भाव था। (यह वही भाव था जिसे देखने के लिए वह हमेशा अपने को सबके जैसा दिखाने की कोशिश किया करता था।)

इसके बाद एक ऐसा किस्सा हुआ जिसके बाद ललित को न दाढ़ी-चश्मे की जरूरत रही और न ही मोटी-मोटी अंग्रेजी की किताबें लेकर घूमने की। वह बस की जगह गाड़ी में बैठकर आराम से विश्वविद्यालय आने लगा। (जिसके लिए उसकी माँ ने हनुमान जी को इक्यावन रुपए का प्रसाद चढ़ाया) और अपने कपड़ों की ओर उसका ध्यान जाना बिलकुल बंद हो गया कि वे महँगे या सस्ते। (जो माँ निकाल देती, वही पहन लेता)। हुआ यह कि एक सभा में मधुसूदन ने 'ड्राइंग रूम' में बैठकर कविता लिखने वालों के बरक्स 'जीवन संघर्ष से तपी कविता' का जिक्र किया तो, सभा में कहीं से 'ललित गुप्ता' का उदाहण फेंककर हँसी की ध्वनि उठी। ललित तुरंत उठ खड़ा हुआ और उसने माइक लेकर कहा–"ड्राइंग रूम में बैठकर कविता नहीं लिखी जाती। हमारे यहाँ अक्सर ड्राइंग रूमों की ही कमी नहीं, अंग्रेजी के सामान्य ज्ञान की भी बहुत कमी दिखाई पड़ती है। ड्राइंग रूम का संबंध ड्राइंग या पेंसिल-कागज के इस्तेमाल से दूर-दूर तक नहीं है। यह तो एक ऐसी जगह है जहाँ आप मेहमानों को बैठाते हैं। वहाँ कोई एकांत नहीं होता। मैं कविता अपने

'स्टडी रूम' में बैठकर लिखता हूँ। और रही बात 'जीवन संघर्ष' की, तो इसके बारे में बोलने का हक सिर्फ उसे है जिसे दो वक्त भरपेट रोटी भी नहीं मिलती। इस मापदंड से यहाँ उपस्थित किसी व्यक्ति के जीवन में कोई सच्चा संघर्ष नहीं है।''

इस किस्से के बाद ललित ने अपने दाढ़ी-चश्मे से निजात पा ली। दरअसल वह बेकार की बेचैनियों, शिकायतों और मान पाने की इच्छा से मुक्त हो गया था। अब जाकर उसे लगा कि उसकी कविता और उसके बीच में कोई तीसरा नहीं रहा और वह कविता लिखने के लिए एकदम स्वतंत्र हो गया है। पर चूँकि उसका छह महीने का कविता न लिखने का संकल्प था, वह आलोचनाशास्त्र के जरिए ही कविता को समझने में लगा रहा। उसे पता चला था कि सिद्धेश्वर 'सर' ने अपनी गाय का नाम 'उत्तराधुनिकता' (प्यार से 'उत्तरा' भी) रख लिया है और जब भी मुँह खोलते हैं, उनके मुँह से 'फूको, देरिदा' जैसे नाम टपकने लगते हैं। उसने इसी दिशा में आगे बढ़ने का निश्चय किया।

ललित अब तक उत्तर-आधुनिकता को समझने के छिटपुट प्रयत्न कर चुका था। लेकिन वे उसे बाल की खाल निकालने जैसी बातें लगी थीं। उसका दिमाग एक अमूर्त तरीके से कुछ बातों को टिकाता था, पर वे बातें उसके दिमाग में ठहरती नहीं थीं। अब उसने सचमुच एक अंग्रेजी की नामी किताब विलायत से मँगवाकर बाँच डाली। महीने-भर की माथापच्ची के बाद उसे लगा कि अब वह एक प्रमुख कवि को उत्तर-आधुनिकता के खाँचे में रखकर देखते हुए एक लेख लिख सकता है। यह लेख प्रमाणित कर देगा कि उसने समय की एक नई विचार प्रणाली को आयत्त कर लिया है।

सच तो यह है कि ललित उत्तर-आधुनिकता के बारे में पढ़ते-पढ़ते इसके गुणों से बहुत अभिभूत हो उठा था। उसके जीवन में पिता ने सारे शब्दों और कर्त्तव्यों के अर्थ तय कर रखे थे। बचाव के लिए उसे उत्तर-आधुनिकतावाद में एक जीने का हौसला नजर आया। 'उत्तर-आधुनिकता' में किसी एक अकेले अर्थ का और केंद्रीकरण का विरोध उसे बहुत लुभावना लगा। ''नए यथार्थ का अस्थिर, चल-विचल और संदर्भ-रहित रूप है''–इस तरह के वाक्यों को समझने पर वह उनसे लगभग प्रेम करने लगा। ''कितनी देर तक दुनिया आदमी के विचारों को एक खाँचे में जकड़कर रख सकती है,'' इस तरह के विचार उसके मन में निरंतर उठने लगे। उसने रात को एक सपना देखा जिसमें वह अपने पिता को कह रहा था–''सत्य कोई एक नहीं होता। समाज में कई सत्य होते हैं और उनमें से कोई शाश्वत सत्य नहीं होता।'' उसने देखा कि सपने में पिता भी भौंचक थे कि वह कैसे इतनी बड़ी-बड़ी बातें करने लगा है। दो महीनों के अंदर यह परिवर्तन घटित हुआ कि ललित जब

भी कुछ बोलता, 'वाक्-केंद्रिक ज्ञानमीमांसा', 'मेटा-नरेटिव', 'सर्वश्लेषी विचार' जैसी शब्दावलियाँ उसके वाक्य-वाक्य में घुसी चली आतीं। इनका अर्थ उसके सिवाय कोई समझ नहीं सकता था, इसलिए धीरे-धीरे लोग उससे उकताने लगे।

ललित ने लोगों का अपने प्रति बदलता रुख देखा, पर वह उसका कारण समझ नहीं पाया। पूरे एक महीने वह इस बारे में सोचता रहा। कोई निष्कर्ष नहीं निकला। पर एक दिन जब वह 'हेबरमास' द्वारा प्रतिपादित मनुष्य के तिहरे विच्छेद या अलगाव पर बोल रहा था। (यानी प्रकृति, समाज और खुद अपने आंतरिक अस्तित्व से अलगाव) तो उसे अचानक लगा कि क्या इन सब शब्दों, सिद्धांतों और बड़ी-बड़ी बातों का घटाटोप ही वह चीज नहीं है, जिसके कारण उसका खुद अपनी कविता से, अपने आप से और आसपास से अलगाव हुआ है ? इस विचार ने उसके अंदर एक ऐसी उथल-पुथल पैदा कर दी, कि वह किसी तरह सँभल नहीं पाया। वह यह भी सोचने लगा कि सिद्धेश्वर सर जैसे लोगों को जब इस तरह की कोई परेशानी नहीं होती, तो उसके अंदर क्यों इस तह की घटनाएँ घटित हो रही हैं ? क्या वह कोई दूसरे किस्म का व्यक्ति है ?

इन प्रश्नों का उत्तर ललित को दे सके, ऐसा कोई व्यक्ति ललित के आसपास नहीं था। अपनी उलझनों में चकराता हुआ अगले दिन सुबह-सुबह उठकर वह माँ की गोद में सिर रखकर लेट गया। माँ उसका सिर सहलाती रही। जाड़े की धूप कमरे के पास के पीपल के वृक्ष के हिलते हुए पत्तों पर पड़ रही थी। कहीं दूर से धुनिए के रुई धुनने की आवाज आ रही थी। पास ही कहीं कोई बच्चा हँस रहा था। ललित को एक क्षण के लिए लगा कि दुनिया एकदम स्वर्ग जैसी है। उसे ऐसा सुकून मुद्दत से नसीब नहीं हुआ था। उसके दिमाग में ये पंक्तियाँ आईं :

'नीचे धरती
ऊपर आकाश
ऐसा सहज होता काश
जीवन में विश्वास।'

ललित के पास कविता लौट आई थी। उस दिन के बाद उसने कविता से दूर करने वाली किसी चीज को कभी अपने पास फटकने नहीं दिया।

विष्णु शर्मा ने ये दो कथाएँ सुनाकर शिष्य से कहा—अभी ये दो कथाएँ तुम्हारे लिए काफी हैं। तुम इन पर मनन करो। उसके बाद जरूरत होने पर मैं तुम्हें फिर दो कथाएँ सुनाऊँगा।

निर्वाण

यह कहानी एक बड़े शहर के एक पार्क में रोज सुबह घूमनेवाले एक आदमी और दो औरतों की कहानी है। नहीं, इस कहानी में वैसा कुछ भी नहीं होगा, जैसाकि आप शायद सोचने लगे हैं। यहाँ तक कि इस कहानी के पात्रों के बीच कोई संवाद तक नहीं होगा–यानी कि उन दो औरतों और उस आदमी के बीच। हाँ, इस कहानी के सभी पात्र युवा हैं–पच्चीस से अट्ठाईस की उम्र के। यह उम्र एक दिलचस्प समय है, इस अर्थ में कि अभी तक आदमी दुनिया को समझ-जानकर इतना घाघ नहीं हो लेता कि इस बात को मान ले कि दुनिया होशियारी पर ही टिकी है। अभी तक संसार के बारे में उसका एक कौतूहल सा बना रहता है और एक तरह की परेशानी भी। यह दुनिया को अभी पूरी तरह से न जान लेने और काबू में न कर लेने की परेशानी है। कहते हैं कि चालीस के बाद आदमी कम-से-कम इस कष्ट से तो मुक्त हो जाता है।

इन दोनों औरतों में अच्छी मित्रता है। औरतों की आपसी मित्रता के बारे में आपकी कैसी भी धारणाएँ क्यों न हों, पर इन दोनों

में एक-दूसरे की कमजोरियों और खासियतों की ठीक-ठाक समझ है। एक तो इससे उनकी अपने को दूसरे से बढ़-चढ़कर साबित करने की चेष्टा की संभावना काफी कम बनती है, ऊपर से उनमें ऐसा कोई लेन-देन भी नहीं कि कहीं स्वार्थों की भिड़ंत हो जाए। आप जानते ही हैं कि दुनिया में सारा झोर-झमेला इन दो कारणों से ही होता है। पर बात इतनी ही नहीं है। खास बात तो यह है कि इन दोनों में जीवन को समझ डालने की एक बेचैन चाह है। अपनी इस चाह को उन्होंने खुद शब्द देकर एक सूत्र के रूप में परिभाषित भी किया है–"यह जिंदगी आखिर 'जानने' के लिए है।" उनका यह 'जानना' शब्द यकीनन 'ज्ञान' या 'निर्वाण' के आसपास के अर्थ तक पहुँचना चाहता है। (आप घबरा तो नहीं रहे कि यह किस नस्ल के पात्रों के बीच फँस गए ?) देखिए जनाब, दुनिया में तरह-तरह के लोग हैं और यदि उन सबके अंदर से हो आने की या उन्हें जानने की इच्छा खुद आपमें न होती, तो आप कोई कहानी पढ़ते ही क्यों ? हाँ, तो मानव-जाति की इस नस्ल के बारे में एक खूबी हम आपको बता दें कि भले ही बहुत सुख-सुविधा-साधन के कारण ये लोग रोजमर्रा के नून-तेल-लकड़ी के झंझटों से मुक्त होकर एक खालीपन महसूस कर रहे हों या फिर एकदम फक्कड़ किस्म के अपनी सनक में जीने वाले लोग हों, उन्हें उन बातों में कोई रस नहीं होता जिनमें आमतौर पर दुनिया डूबी हुई मस्त रहती है। तो क्या वे निपट रसहीनता में जीते हैं ? अजी नहीं, उन्हें तो एक ऐसे रस का नशा होता है जिसे एक बार पी लेनेवाला एक अलग रूप-रंग की दुनिया देखता है–बल्कि कई बार उस दुनिया को भी, जो होती ही नहीं। आप चाहें तो नाम देने के लिए इस रस को 'कहीं नहीं रस' भी कह सकते हैं।

हमारी कहानी की इन दोनों औरतनुमा लड़कियों को या लड़कीनुमा औरतों को इस रस का ऐसा चस्का लग गया था कि कई बार सुबह पार्क में घूमते समय वे इतनी हलकी हो जाती थीं कि जमीन से दो अंगुल ऊपर उठ जाती थीं। यकीन कीजिए, यह बात सिर्फ कहने के लिए कही गई कोई साहित्यिक चेष्टा भर नहीं है। आखिर आदमी अपने कष्ट, दुख, वेदना से ही तो जमीन से बँधा होता है, वरना क्या आपने कभी सोचा है कि जब आदमी पानी में मछली की तरह तैर सकता है, तो आकाश में चिड़िया की तरह उड़ क्यों नहीं सकता ? इन औरतों के लिए कोई निजी कष्ट, कष्ट नहीं रह गया था क्योंकि वह भी आखिर दुनिया को जानने का एक माध्यम था। वे अपनी हर तकलीफ की बात इस तरह कहती थीं मानों वह किसी और की रामकहानी हो। जहाँ तक दूसरों की रामकहानी का सवाल है, वह उनके लिए कभी निन्दा रस का रूप नहीं ले सकती थी क्योंकि वे क्या नहीं

जानती थीं कि यह भी दुनिया को जानने का एक मौका ही था। पार्क में उगे हुए पेड़-पौधे, फूल-घास तक उनके प्रति एक खास भाव रखते थे क्योंकि उनके जीवन का एक खास मकसद था। उनके चेहरे पर एक खास किस्म की प्रभा थी जिसे बिखरातीं, वे आपस में डूबी, बातें करतीं, धीरे-धीरे पार्क के चक्कर काटती थीं।

हमारी कहानी के नायक को, जैसा कि आप समझ ही पा रहे होंगे, पार्क में घूमनेवाले अन्य सभी लोगों की तरह इन औरतों में गहरी दिलचस्पी हो गई थी। किंतु वह इस मामले में दूसरे लोगों से इस तरह अलग था कि वह किसी की तरफ न देखनेवाली, अपने में डूबी इन औरतों को एक छिपाकर फेंकी गई उचटती निगाह से देख-भर नहीं लेता था, बल्कि कई बार अपना रास्ता तक बदलकर वापस घूम जाता था ताकि उनके पीछे-पीछे चल सके। पार्क के बीचोंबीच एक बड़ी लाइब्रेरी और बड़े-बड़े घास के मैदानों के पार इधर-उधर जाते हुए, कहीं-कहीं पुराने पेड़ों के लगभग जंगल से ढँके गोल घूमते रास्ते थे। दूसरे घूमनेवालों की तरह इन औरतों के घूमने का कोई एक निश्चित रास्ता नहीं था और हमारे नायक ने यह खोज की थी कि वे अंग्रेजी के 'एट' (आठ) की तरह या कई बार 'नाइन' (नौ) की तरह अजीब-अजीब रास्ते बनाती घूमती थीं। हमारे नायक को चलने के इस ढंग से कौतूहल सा था और घूमकर फिर उनके पीछे चलने में सुविधा भी थी। जाहिर है कि वे औरतें इस तथ्य से बिलकुल बेखबर थीं। इस आदमी के स्वभाव में शायद उसके चेहरे की तरह ही कोई खुलापन बचा रह गया था—काली हँसती हुई आँखें, थोड़े घुँघराले से बाल और बिना मुसकराए भी हर समय मुसकराता-सा लगनेवाला चेहरा। या फिर यह कोई दुनिया के प्रति बचकाना-सा लगाव था जिसके बारे में वह कोई शर्मिंदगी महसूस नहीं कर रहा था। वैसे तो इस तरह के चेहरे लिये हुए लोग खतरनाक किस्म के दिलफेंक होते हैं जिनके कारण पार्क में अकेले घूमने में औरतें असुरक्षा का अनुभव करती हैं, पर हमारे नायक में तो महज यह जानने की बेतरह इच्छा ने जन्म ले लिया था कि ये औरतें क्या बातें करती हैं। इसीलिए वह उनके इर्द-गिर्द उनकी बातों के टुकड़े बटोरता हुआ घूमा करता था। उसने कई बार उनमें से एक को गहरी साँस लेकर तरह-तरह की बातों के बाद कहते सुना था कि 'यह जिंदगी आखिर जानने के लिए है' और उसे हर रोज कई बार बहुत से काम करते हुए यह बात याद आ जाती थी।

पिछले एक सप्ताह से वे दोनों औरतें छोटे कदवाली साँवली औरत की किसी समस्या पर अटकी हुई थीं। शायद उसके जीवन में कोई छोटा-बड़ा तूफान उठ खड़ा हुआ था और पूरी चेष्टा के बावजूद वह भारी होकर जमीन में धँसी-धँसी चलती

थी। कुछ साफ रंग की लंबी औरत को वह इतने धीमे स्वर अपने बारे में बताती रही थी कि इस सप्ताह में हमारा नायक उनके पीछे चलता हुआ एकदम उकता गया था। एक टुकड़ा भी उसे नसीब नहीं हुआ था। वह रास्ता बदलकर अपनी जिंदगी की कुछ जरूरी बातों के बारे में विचार करने की सोच रहा था कि छोटी औरत ने बड़ी औरत की कोई सलाह सुनकर कुछ झल्लाहट के साथ कहा था–"मैं भला क्या कर सकती हूँ ? मेरे बोलने या समझने से कुछ होनेवाला नहीं है। और फिर सबकी जिंदगी तो आखिर उनकी अपनी जिंदगी है, जिसे उन्हें ही जीना होता है।" यह सुनकर लंबी औरत कुछ देर तक चुपचाप चलती रही। फिर वह बोली–"न जाने क्यों तुम दुनिया से हमेशा बचने की कोशिश करती रहती हो। तुम सोचती हो कि तुम दूसरे व्यक्ति के इस अधिकार की रक्षा कर रही हो कि वह अपनी जिंदगी को अपनी तरह से जी सके। लेकिन मुझे लगता है कि तुम्हें डर है–डर कि यदि तुम दूसरों की दुनिया में कदम रख दोगी, तो वे तुम्हें चोट पहुँचा सकते हैं।" छोटी औरत ने इस बात का कोई जवाब नहीं दिया और जमीन में कुछ और गहरे धँस गई। पार्क से बाहर जानेवाले दरवाजे के पास तक चुपचाप जाकर वे खड़ी हो गई थीं। हमारा नायक उनसे कुछ दूर ही था, पर हवाओं ने उसकी उत्सुकता को जानकर शायद उस पर मेहरबानी करते हुए चंपा के फूले हुए पेड़ की खुशबू के साथ ही बड़ी औरत की कुछ खिन्न आवाज उस तक पहुँचा दी थी–"सच तो यह है कि सबकी जिंदगी हमारी अपनी जिंदगी ही होती है और हम चाहकर भी उनकी जिंदगियों से अपने हिस्से की जिंदगी को बाहर निकाल नहीं सकते। हम बच नहीं सकते। तुम्हें इस बात को कभी-न-कभी मानना ही पड़ेगा।"

हमारी कहानी का नायक यह बात सुनकर इस तरह सन्न हो गया जैसे उसने यह बात किसी आकाशवाणी की तरह सुनी हो। पिछली रात भी उसके बड़े भाई ने अपनी पत्नी को खूब पीटा था। कहते हैं कि कोई घटना आम हो जाए, तो आदमी पर उसका असर खत्म हो जाता है। पर पिछले दस महीनों से चलते इस सिलसिले का जब वह लगभग आदी हो चला था, तब अचानक एक महीने से उसे इन बातों को बर्दाश्त करना मुश्किल हो गया था। दोनों पति-पत्नी के बीच किसी तीसरे की उपस्थिति उनकी जिंदगी को नष्ट करने के लिए काफी थी, वह बीच में पड़कर बातों को और बिगाड़ना नहीं चाहता था। "और फिर ये लोग बालिग और समझदार लोग हैं, मेरे बीच में पड़ने से क्या फायदा"–सोचकर वह हल्ला शांत होने पर चैन से सो जाता था।

शहरों में रहने के लिए घर ढूँढ़ना इतना आसान नहीं होता और उसे यह

उम्मीद भी थी कि देर-सबेर ये लोग अपनी समस्या को सुलझा ही लेंगे। वह कभी भाई-भाभी के सामने प्रकट तक नहीं होने देता था कि उसने कुछ देखा-सुना है और उसके इस आचरण से वे भी उसे झेलने की परेशानी से बच जाते थे। पर पिछले महीने से भाभी के चेहरे पर पड़े हुए दागों और उठते-बैठते निकल गई कराह से वह दिन-रात बेचैन रहने लगा था। उसे घर में रहना-खाना-बैठना अचानक भारी लगने लगा था और वह सबसे कतराने लगा था। वह जानता था कि बहुत से कारणों से दोनों पति-पत्नी के बीच एक-दूसरे को छोड़ने की नौबत नहीं आएगी, पर अब यह बात उसे निश्चिंत नहीं बना रही थी। उसे लगने लगा था कि शादी या किसी और अनुबंध के नाम पर किसी व्यक्ति को कैद में रखने का किसी को अधिकार नहीं है। शादी की शर्तों के बाहर प्रेम के नाम पर भटकनेवालों को वह पहले की तरह गिरे हुए इनसान नहीं मान पा रहा था। भाभी के चेहरे पर साँवले पड़ते दागों को याद कर उसका दिल सचमुच भर आया। आज उसे अपने को इस झमेले से दूर रखने पर बहुत ग्लानि हुई। उसने इस बात को गहराई से जाना कि वाकई सबकी जिंदगी हमारी अपनी ही जिंदगी होती है और हम उससे बच नहीं सकते।

अगले दिन सुबह पार्क में उसने दूर से पेड़ों के बीच से गुजरने वाली सँकरी पगडंडी पर छोटे कदवाली औरत को अकेले नाग-चंपा के पेड़ से गिरे हुए एक फूल को उठाकर ध्यान से देखते हुए देखा। शायद हमेशा अपने में ही डूबे रहने के कारण उसने इस अद्भुत फूल को आज तक कभी नहीं देखा था और पाँच सुगंधित पंखुड़ियों के बीच हजारों सर्पों की आकृति के नीचे शिवलिंग के आकार को देख विस्मित हो रही थी। हालाँकि इतनी दूर से वह उसके चेहरे के भाव नहीं देख सकता था पर उसके साँवले चेहरे और बड़ी-बड़ी आँखों में उतरते आश्चर्य की वह कल्पना कर सकता था।

यह किस तरह की औरत है, वह सोचने लगा। उसके चेहरे पर एक किस्म का ठहराव था, जिसे एक तरह की शिष्टतापूर्ण सौम्यता भी कहा जा सकता था। वह आसानी से उत्तेजित होनेवाली औरत नहीं जान पड़ती थी। क्या वह उसके एक मित्र की तरह थी जो हमेशा अपने घरवालों और रिश्तेदारों से एक दूरी रखना पसंद करता था जबकि उसकी एक बड़ी मित्र मंडली थी और उनमें से कइयों से उसका गहरा लगाव था ? या वह भावनात्मक रूप से डरपोक थी जो ऊपर से शांत और शिष्ट दिखते हुए अंदर से लोगों पर आसानी से विश्वास नहीं कर पाती थी ? यह सब सोचते हुए उसे एक अनोखे आनंद का अनुभव हुआ कि वह इस औरत को काफी कुछ जान गया है। यह याद कर कि 'यह जिंदगी आखिर जानने के लिए है'—वह मुसकरा पड़ा।

प्रिय पाठक, आप अपने अनुभव से जानते ही होंगे, जीवन की एक बड़ी यंत्रणा अकेलेपन और सामाजिकता के बीच चुनाव की है। जब आप अकेले होते हैं, तो लगता है कि कोई आ जाए और जब लोगों के साथ होते हैं तो बेचैन हो जाते हैं कि किस तरह अकेले हो जाएँ। यों हमारी कहानी का नायक अब तक अपने और दूसरों के एकांत का सम्मान करनेवाला व्यक्ति रहा है। बहुत अधिक सामाजिकता में भी वह विश्वास नहीं करता है। तब फिर इस तरह पार्क में दो औरतों की बातें सुनने, उनके पीछे घूमने का मतलब ? मतलब यही है कि कभी-कभी आदमी एक झोंक में या किसी अनचीन्हे मनोभाव के दबाव में ऐसे भी काम कर डालता है, जो उसके स्वभाव का हिस्सा नहीं होते या जिन्हें वह बचपन में कहीं पीछे छोड़ आया होता है। हमारे नायक में इतनी अक्ल तो है ही कि वह जाने कि एक बड़े शहर के पार्क में घूमने वाले लोग यही मानकर घूमते होते हैं कि उनके अलावा पार्क में सिर्फ पेड़-पौधे और घास ही हैं। ऐसा मानना उनके सभ्य होने का अधिकार और प्रमाण दोनों ही है। कोई सहज मानवीय जिज्ञासा यदि उनके अंदर कुलबुलाने भी लगे, तो अव्वल तो वे अपने आप से यह बात कहेंगे तक नहीं और कह भी देंगे तो अपने अंदर बैठे सभ्य आदमी से डाँट ही खाएँगे। अभी तक हमारे नायक की समस्या अकेलेपन की नहीं रही है, बल्कि इस बात की रही है कि कभी-कभी मजबूरी में उसे बहुत सारे लोगों से मिलना पड़ता है। इस पार्क को, जो उसके घर से काफी दूर पड़ता है, चुनने का कारण भी यही रहा है कि यहाँ बहुत कम लोग और अपरिचित ही घूमने आते हैं। काम करने के नाम पर उसे अपनी वास्तुशिल्प कंपनी के दफ्तर में सारे वक्त बड़े-बड़े ड्राइंग बोर्डों पर मकानों के नक्शों की रेखाओं से ही उलझे रहना होता है और उसके लिए वे दिन महीने का सबसे कष्टकारी दिन होते हैं जब किसी ग्राहक को नक्शे में कुछ समझाने के लिए उसका बॉस, यह बात जानते हुए भी उसे बुला लेता है। उसने देखा कि अक्सर वह वजह-बेवजह लोगों से चिढ़ता है और मन-ही-मन उनके नुक्स निकालकर उनसे लगभग नफरत करता है। किंतु जिंदगी का कमाल देखिए कि हमारे नायक में पार्क में घूमते-घूमते कुछ ऐसा बदलाव आया कि उसका बॉस ग्राहक के प्रति उसका उत्साह और बात समझाने की कोशिश देखकर एकदम जड़ हो गया। उसने ऐसा करके जब मुसकुराकर अपने काम पर लौटने की आज्ञा माँगी तो बॉस के मुँह से आवाज तक नहीं निकली। वैसे हम यहाँ पाठक को बता देना चाहते हैं कि हमारी कहानी कोई यह संदेश नहीं देना चाहती कि पार्क में दूसरों की बातों में नाक घुसाकर सूँघने से कोई आदमी बदल सकता है। यह एक महज संयोग या बदलते हुए मौसम के

प्रभाव से घटी हुई घटना तक हो सकती है, इसलिए हम इसे सिर्फ जिंदगी का कमाल कह रहे हैं।

बहरहाल, उस दिन छोटे कदवाली को नाग-चंपा का फूल सूँघते हुए छोड़कर जब वह आगे गया तो उसने देखा कि लंबे कदवाली बहुत बेचैनी से अपनी साथिन को खोजती इधर-उधर देखती हुई घूम रही है। आज शायद किसी कारण से वे एक साथ नहीं आ पाई थीं। अब देखिए, सारी प्रगति के बावजूद आदमी की सीमा तो अब भी इतनी है कि एक पार्क में कुछ पेड़ों की आड़ हो या गोलाई में घूमते, इधर-उधर निकलते रास्ते हों और आप एक दिशा में किसी को खोजते हुए उसके पीछे गोलाई लिये हुए रास्ते पर चल रहे हों, तो दूसरे व्यक्ति को भटकते-भटकते खोज पाने में दस-पंद्रह मिनट का समय लगना मामूली बात है। यह भी संभव था कि सँकरी पगडंडी के सामने से गुजरते हुए उस ओर लंबी औरत ने देखा न हो और उसकी साथिन की पीठ उसकी ओर रही हो। लंबी औरत की परेशानी देखकर अचानक उसके शब्द हमारे नायक के दिमाग में कौंध गए कि सबकी जिंदगी हमारी अपनी ही जिंदगी होती है। उसने मुसकुराते हुए लंबी औरत को रोककर सँकरी पगडंडी के रास्ते की ओर इशारा किया। वह एक क्षण चकित सी उसे देखती रही, फिर बात समझने पर वह भी एकबारगी मुसकरा उठी और उसके कदम तेज हो गए। हमारे नायक ने अपने को अचानक इतना हलका महसूस किया कि कुछ और न सूझने पर उसने आकाश को ही इस हलकेपन के लिए धन्यवाद की नजरों से देखा और मुसकुराते हुए आगे बढ़ गया।

उसने दूर से दोनों को खुश होकर मिलते और बड़ी औरत को छोटीवाली को नायक का हुलिया समझाने के इशारे करते हुए देखा। पर छोटीवाली गरदन हिलाती रही जैसे वह समझ नहीं पा रही हो कि किसकी बात की जा रही है। शायद उसने आज तक नायक की ओर देखा तक नहीं था। वह चलता हुआ कुछ पास आया, तो लंबी औरत ने उसकी ओर इशारा कर साँवली औरत को दिखाया, पर वह उसी तरह गरदन हिलाती हुई शायद कहती रही कि वह उसे नहीं जानती। हमारा नायक अपने अंदर के हलकेपन के कारण बेसाख्ता मुसकुराता हुआ उनके बहुत पास आ गया, तो साँवली औरत ने चेहरा घुमा लिया। नायक को लगा कि वह कह रही हो–''लोग न जाने क्यों दूसरों की जिंदगी में घुसने के लिए तरह-तरह से परिचय निकालना चाहते हैं।'' उसकी मुसकुराहट मद्धिम पड़ गई। उसने बड़ी औरत की तरफ अनायास देखा, तो उसके चेहरे पर एक खिसियानी मुसकुराहट का ढेढ़ापन था। अचानक हमारे नायक को लगा कि उसके बड़े भाई ने ठीक ही कहा

था कि वह इस धारीदार हाफ-पैंट में सुबह-सुबह बिलकुल जोकर लगता है। वह नजरें नीची कर तेज-तेज दूसरी ओर चला गया। अगली बार चक्कर काटते हुए जब वह सामने से आता हुआ बगल से गुजरा, तो दोनों औरतों ने उसे देखकर दूर से ही चुप्पी साधकर जमीन की ओर देखते हुए चलना शुरू कर दिया था। उन औरतों के चलने के अनिश्चित अजीबोगरीब ढंग के कारण न चाहते हुए भी जब तीसरी बार वह उनके सामने पड़ गया, तो उसे लगा कि वह आदमी न होकर पारदर्शी हवा है जो किसी को दिखाई तक नहीं पड़ रहा। उनके पीछे चलने की उसकी अब हिम्मत न हुई कि वे कहीं अचानक पलट जाएँ–जैसी कि उनकी आदत थी।

अगले दो दिनों तक हमारे नायक ने अपने घर के पास वाले पार्क में परिचित लोगों के बीच मुसकुराते हुए चक्कर लगाए। तीसरे दिन जब वह नया बुर्राक सफेद हाफ-पैंट पहनकर लाइब्रेरी वाले पार्क में दोनों औरतों के बगल से अनदेखा गुजरा तो उसने न चाहते हुए भी सुना कि साँवली औरत कह रही थी–"उस उपन्यास का मुख्य पात्र क्या कहता है, जानती हो ?–'जिंदगी न अच्छी होती है न बुरी होती है। इसमें जो होता है, वह होता है। जिंदगी बस जिंदगी होती है।'–कितनी मिलती है न यह बात हमारी बात से !" हमारे नायक ने यह भी देखा कि वे दोनों जमीन से चार अंगुल ऊपर एक चमकदार प्रभा बिखराती, आपस में डूबी, धीरे-धीरे चली जा रही थीं और पार्क में उगे हुए पेड़-पौधे, फूल-घास उनके प्रति एक खास भाव में विभोर थे।

कनफेशन

मीरा ने कॉलेज मैगजीन के लिए लिखी गई अपनी कहानी के उस वाक्य को फिर से पढ़ा, जिसके कारण मिस कपूर ने उस कहानी को यह कहकर लौटा दिया था कि यह कहानी कॉलेज मैगजीन के लिहाज से 'कुछ ठीक नहीं है। मीरा को लगा था कि मिस कपूर असल में कहना चाहती थीं कि यह 'अश्लील' है, पर उन्हें इस शब्द का प्रयोग करना कुछ अश्लील-सा लगा था, इसलिए उन्होंने अटककर 'कुछ ठीक नहीं है'—भर कहा था। मीरा ने यह भी देखा था कि पचपन बरस की अविवाहिता मिस कपूर उसे बहुत गौर से देख रही थीं जैसे वे इस तरह की कहानी लिखनेवाली इस इक्कीस बरस की लड़की के आर-पार देख लेना चाहती हों। मीरा ने अपनी कहानी के उस हिस्से को पढ़ना शुरू किया, जिसके कारण ही शायद मिस कपूर ने उसे कोई दूसरी कहानी लिख डालने की सलाह दी थी :

"उसकी सहेली सविता ने सिनेमा हॉल से निकलते हुए कहा

“नहीं खाया। मैं वह सब ब्रेड-फ्रेड नहीं खाती। तुम लोग एकदम ही न खाओ, तो और भी अच्छा है। मुझे कुछ भी न बनाना पड़े। बाहर ही रोज खा लिया करो।”

मम्मी का रुआँसा स्वर मीरा की बेचैनी बढ़ाता जा रहा था। ऐसा ही हमेशा होता है। पापा इसी तरह मम्मी को छेड़ते जाते हैं और वे इस बात को बिना समझे आपे से बाहर हो जाती हैं। विपिन हँसता रहता है। और वह कभी समझ नहीं पाती कि ऐसा क्यों होता है ? पापा ऐसा क्यों करते हैं ? मम्मी ऐसा क्यों करती हैं ? उसका मन बहुत होता है कि उन दोनों के जीवन को वह एकदम दूसरी तरह से लिख डाले।

पापा और मम्मी एक-दूसरे से मजाक करते हैं। पापा धीमे से मम्मी से कुछ कहते हैं और मम्मी शरमाकर हँसती हैं। पापा मम्मी से पूछते हैं–'तुम आखिर क्या चाहती हो ?' मम्मी कहती हैं–'यह सवाल सही जगह और सही वक्त पर पूछा गया सवाल नहीं है। इसलिए इसका जवाब नहीं दिया जा सकता।' फिर दोनों इस बात पर हँसते हैं–पापा मम्मी को देखते हुए और मम्मी नीची निगाहें करके शरमाते हुए।

पर मीरा की यह कहानी भी कॉलेज मैगजीन की कहानी की तरह ही हवा में टँगकर रह गई। बीच में वह नीले फूलों वाली साड़ी आ गई, जिसे पहने हुए मम्मी ने पापा से कहा था–“क्या चाहती हूँ मैं ? इस सवाल को पूछ-पूछकर तुम मुझे तेईस सालों से डंक मार रहे हो। क्या चाह सकती हूँ मैं ? जब चाहा कुछ, तो क्या दिया तुमने मुझे ? तुम्हें औरों से कब फुरसत मिली ? अब तो मेरी कोई चाहत ही नहीं रही। कुछ नहीं चाहती अब मैं। कुछ भी नहीं, समझे ?” मीरा ने देखा था कि पापा इस जवाब से एकदम कटकर रह गए थे। उन्होंने हमेशा की तरह बहुत चाहा था कि वे कुछ न बोलें, पर अंत में रह नहीं पाए थे। “तो रहो, ऐसे ही मनहूसियत में। तुम्हें जीने का यही तरीका मालूम है। तुम्हें तो कोई भी कुछ नहीं दे सकता था। मेरी तो औकात ही क्या थी ?” यह कहकर वे मीरा से आँखें चुराते हुए वहाँ से उठ गए थे।

मीरा की आँखें डबडबा जाती हैं। उसे कोई कहानी नहीं लिखनी है। अपने कमरे में दौड़ते हुए जाकर फिर वही पच्चीसों बार पढ़ी हुई किताब फिर से उसी पन्ने पर खोल ली–नायिका को अभी तक यह नहीं मालूम कि वह नायक से प्रेम करने लगी है। पर उसका दिल किसी काम में नहीं लगता। वह अपने अंदर एक खालीपन महसूस करती है और बार-बार उसी बौद्ध मंदिर में जाती है जहाँ नायक ने उससे कहा था कि उसकी शक्ल बौद्ध भिक्षुणी तारा की प्रतिमा से बहुत मिलती है। जितनी देर वह उस प्रतिमा के सामने रहती है, वह उस खालीपन से मुक्त रहती

है, पर फिर घर लौटते ही वह बेचैन हो जाती है। वह नहीं जानती कि वह क्या चाहती है।

मीरा यहाँ आकर हमेशा की तरह रुक गई—उसकी नायिका नहीं जानती कि वह क्या चाहती है। क्या सचमुच कोई भी नहीं जानता कि वह क्या चाहता है ? छोटी मौसी को उसने एक दिन मम्मी से कहते सुना था—"मेरा मन ही नहीं लगता किसी काम में। न घर के काम में, न बाजार में, न किसी किताब में, न टी.वी. में, न सत्संग में। मुझे खुद नहीं मालूम कि मेरा मन कहाँ लगेगा, किस चीज में लगेगा। पता नहीं, मैं क्या चाहती हूँ ?" मौसी की बातें सुन मीरा का दिल घबराने लगा था। क्या सबकी जिंदगी असल में ऐसी ही होती है यानी सब औरतों की ? क्या उसकी जिंदगी भी ऐसी होगी ?

मम्मी और पापा इस नए घर में अपने कमरे में नहीं सोते। वे दोनों उस कमरे में ही शुरू से रह रहे हैं जिसे वे लोग मेहमानों के लिए बनाया गया कमरा कहते हैं यानी गेस्ट-रूम। मीरा को मालूम है कि पापा ने अपना कमरा बहुत शौक से बनवाया है, पर मम्मी को न जाने उस कमरे के बारे में क्या वहम है। किसी के कुछ कहने पर वे कहती हैं—"उस कमरे में कुछ-न-कुछ गड़बड़ ही रहती है—कभी पंखा खराब, तो कभी बाथरूम का फ्लश खराब, तो कभी कुछ और। मुझे वह कमरा अच्छा नहीं लगता, न जाने क्यों शुरू से ही। और अब तो इस छोटे से गेस्ट-रूम की ही आदत हो गई है। उतना बड़ा कमरा अच्छा नहीं लगता।"

मम्मी की बातों से मीरा के दिल में हमेशा भय जैसा कुछ होता है। क्या मम्मी को सचमुच कोई आशंका है उस कमरे में रहने के बारे में ? या वे जानबूझकर उस सजे-धजे कमरे को अस्वीकार कर यह सिद्ध करना चाहती हैं कि जिंदगी ने उन्हें चाहने पर कुछ नहीं दिया, और अब वे जिंदगी से कुछ नहीं चाहतीं। वे बीते हुए को भूलना क्यों नहीं चाहतीं ? क्यों उसे याद रखे रहना चाहती हैं ?

मीरा ने घबराकर फिर किताब खोलकर उसी जाने-पहचाने पन्ने को निकाल लिया। नायिका नायक से बिछुड़ चुकी है, पर वह कहती है—*"उस एक शाम जो मुझे मिला है, वह एक जन्म के लिए काफी है। प्रेम की उस अनुभूति ने मेरे जीवन को—मेरे होने को—अर्थ दिया है। उस स्मृति के सहारे ही पूरा जीवन काटा जा सकता है।"*

क्या मम्मी के जीवन में ऐसी कोई स्मृति नहीं है ? मीरा का मन छटपटा उठा—क्या कोई क्षण ऐसा नहीं, जिसके सहारे वे यह कह सकें कि वे जीवन काट सकती हैं ? वह और विपिन क्या ऐसे ही पैदा हो गए—बिना किसी ऐसे क्षण के

कि झूठ-मूठ कहीं गड़बड़ हो जाती है और सबको उसे झेलते जाना पड़ता है। क्यों नहीं पापा-मम्मी की जिंदगी की कहानी ऐसी हुई जैसी वह लिख डालना चाहती है। उस कहानी में कोई कर्त्तव्यबोध नहीं होगा–अपने मरे हुए दोस्त के परिवार के प्रति। उसमें मरे हुए दोस्त की पत्नी नहीं होगी, जो अकेली होगी, सुंदर होगी और जो मृत पति के दोस्त को राखी बाँधकर उसकी बहन बन जाएगी। मीरा की कहानी में सिर्फ एक पति-पत्नी होंगे जिनका बाकी दुनिया से कोई लेना-देना नहीं होगा। वह पत्नी दुनिया की सबसे सुखी पत्नी होगी। वह हँसेगी, तो फूल झरेंगे। वह चलेगी, तो हवा का झोंका आएगा।

मीरा ने अपने दिमाग को झटका देकर अपनी कल्पना की सबसे प्रिय कहानी को हटाकर कॉलेज मैगजीन वाली कहानी को फिर उठा लिया। उसे अपनी कहानी को ठीक करके ऐसा बनाना है कि मिस कपूर कुछ न कह सके। क्या सविता की चाचा वाली बात को बिना कहे खाली उसकी ओर संकेत भर कर दिया जाए ? लेकिन तब कहानी का क्या दम ही नहीं निकल जाएगा ? मीरा ने कहानी को फिर पढ़ना शुरू किया। अंत तक आते-आते जब उसने पन्ना पलटा, उसमें एक चिट लगी हुई देखकर दंग रह गई। यह तो पापा के हाथ की लिखावट है। तो क्या पापा ने उसकी कहानी पढ़ ली ? मीरा ने पहले शर्म, फिर घबराहट और अंत में अपने अंदर उठते गुस्से से लड़ते हुए चिट को पढ़ना शुरू किया–*'मैंने तुम्हारी कहानी पढ़ी। तुम्हारा एक पाठक होने का मेरा भी अधिकार है, इसलिए शायद मेरा यह व्यवहार तुम्हें बहुत बुरा न लगे। खैर, मैं कहना चाहता हूँ कि यह सच है कि जिंदगी में बहुत जगह बहुत घिनौनापन है। बुराई है। उसका कनफेशन कराना और करना जरूरी हो सकता है। लेकिन अच्छा होता कि तुम्हारी कहानी उन लोगों पर लिखी जाती जिनका अपराध सिर्फ इतना ही होता है कि वे समाज के दिए हुए, माने हुए रिश्तों के बाहर कुछ सुंदर पा लेते हैं। लेकिन सब लोग यानी सारी दुनिया उनसे कनफेशन कराना चाहती है, क्योंकि उसे शांति तभी मिलेगी जब वह उस रिश्ते को अपराध सिद्ध कर देगी। मैं तुम्हें बताना चाहता हूँ कि ऐसा कोई कनफेशन हो ही नहीं सकता क्योंकि न उसके लिए कहीं शब्द मिलेंगे और न कोई वाक्य बनेगा।'*

मीरा की आँखें भर आईं। उसने कलम उठाई और चिट के नीचे लिखा– 'मुझे पहले क्यों नहीं बताया पापा ? इतने साल क्यों लगाए बताने में ?'

और मीरा की कहानी उस चिट के साथ लगी-लगी पूरी हो गई।

●●●

? क्या उनके जीवन में कोई ऐसा पल नहीं आया होगा जब उन्होंने सोचा होगा कि इसी क्षण मरा जा सकता है ?

मीरा की दाहिनी आँख से एक आँसू अचानक गिर पड़ा और बाईं आँख में एक आँसू झूलता रह गया–ऐसा नहीं हो सकता। ऐसा हरगिज नहीं हो सकता। आखिर पापा इतने खुशमिजाज हैं। क्या उन्होंने कभी मम्मी को कोई ऐसा क्षण नहीं दिया ?

और नीना आंटी को ? क्या पापा ने नीना आंटी को ऐसे क्षण दिए हैं कि वे उनके सहारे जीवन काट सकें–अपना विधवापन काट सकें ? मीरा की आँखों के सामने वही दृश्य फिर घूम गया। न जाने कितनी बार उसने उस दृश्य को किसी फिल्म की रील की तरह वापस घुमाकर फिर वहीं से पूरा-का-पूरा देखा था और बार-बार यह जानने की चेष्टा की थी कि उस दृश्य के क्या अर्थ निकाले जा सकते थे ? पर हर बार उत्तर वही होता था–हाँ और ना के बीच की एक धुँधली दुनिया जिसमें बहुत जोर लगाकर भी साफ नहीं देखा जा सकता था। कोई रो रहा हो, तो कोई चुप नहीं कराएगा ? नीना आंटी के हाथ पापा के हाथों में थे, लेकिन नीना आंटी तो उन हाथों में राखी भी बाँधती थीं–लेकिन वे दोनों उसे देखकर चौंककर अलग क्यों हो गए थे ? मीरा को उनका चौंकना अच्छी तरह याद है। वे चेहरे वह कभी नहीं भूली। न ही वह दृश्य कभी उसके और नीना आंटी के बीच से गायब हुआ। वह यह भी जानती थी कि नीना आंटी भी इस बात को जानती हैं, हालाँकि वह हमेशा नीना आंटी से अच्छी तरह पेश आती रही। सिर्फ एक बार को छोड़कर।

उस दिन पापा के जन्मदिन पर नीना आंटी सुबह-सुबह आ गई थीं–टेबल पर रखे राधा चंपा के पीले सुगंधित फूलों को देख एकदम से कह उठी थीं–"भाभी, ये फूल मैं ले लूँ ? मुझे चंपा की खुशबू बहुत पसंद है।" मम्मी ने धीरे से अपनी चिढ़ को दबाते हुए गरदन हिलाई थी कि वह कह उठी थी–"हाँ, हाँ, ले जाइए। सब ले जाइए। एक भी मत छोड़िए।" सब कोई हक्के-बक्के रह गए थे। एक मिनट के लिए सन्नाटा छाया रहा। फिर नीना आंटी ने दो फूल उठाकर कहा था–"अरे नहीं, सारे नहीं। मेरे लिए तो दो फूल ही बहुत हैं।" और वे चली गई थीं। उस दिन मम्मी के चेहरे पर मीरा ने पहली बार एक अच्छी-सी मुसकुराहट देखी थी और न जाने क्यों उसे वह मुसकुराहट बहुत बुरी लगी थी।

उस बात को याद कर मीरा का दिल अब भी अनमना हो उठता है। क्यों किया उसने ऐसा ? पर आखिर कोई करे भी क्या–ऐसा क्यों होता है जिंदगी में